Sexo, salud y conciencia

Liz Goldwyn

Sexo, salud y conciencia

EDICIONES OBELISCO

Si este libro le ha interesado y desea que le mantengamos informado de nuestras publicaciones, escríbanos indicándonos qué temas son de su interés (Astrología, Autoayuda, Ciencias Ocultas, Artes Marciales, Naturismo, Espiritualidad, Tradición…) y gustosamente le complaceremos.

Puede consultar nuestro catálogo en www.edicionesobelisco.com

Los editores no han comprobado la eficacia ni el resultado de las recetas, productos, fórmulas técnicas, ejercicios o similares contenidos en este libro. Instan a los lectores a consultar al médico o especialista de la salud ante cualquier duda que surja. No asumen, por lo tanto, responsabilidad alguna en cuanto a su utilización ni realizan asesoramiento al respecto.

Colección Salud y Vida natural
Sexo, salud y conciencia
Liz Goldwyn

1.ª edición: julio de 2023

Título original: *Sex, Health & Consciousness*
Traducción: *Verónica D'Ornellas*
Corrección: *M.ª Ángeles Olivera*
Diseño de cubierta: *Enrique Iborra*

© 2022, Liz Goldwyn.
(Reservados todos los derechos)
© 2023 Ediciones Obelisco, S. L.
(Reservados los derechos para la presente edición)

Edita: Ediciones Obelisco, S. L.
Collita, 23-25. Pol. Ind. Molí de la Bastida
08191 Rubí - Barcelona - España
Tel. 93 309 85 25
E-mail: info@edicionesobelisco.com

ISBN: 978-84-1172-014-4
DL B 8984-2023

Impreso en los talleres gráficos de Romanyà/Valls S. A.
Verdaguer, 1 - 08786 Capellades - Barcelona

Printed in Spain

Con amor y gratitud por todas las versiones pasadas, presentes y futuras de ti, de mí y de nosotros.

INTRODUCCIÓN

¿En qué piensas cuando lees las palabras *sexo, salud y conciencia*? ¿Consideras que son temas completamente distintos? Si compraste este libro en una librería o por internet, ¿lo encontraste en la sección de autoayuda y espiritualidad, o en la de bienestar o sexualidad? ¿Alguna vez te has preguntado, como yo, por qué estas categorías están separadas unas de otras? Por lo general, tendemos a separar nuestra sexualidad de la mente, el cuerpo y el espíritu en lugar de integrarla. En mi opinión, no tiene ninguna lógica, sobre todo porque el sexo (y el amor) es el motor de casi todos los aspectos de la existencia humana.

Creo que, como cultura, tenemos que redefinir de manera radical la forma en que pensamos y hablamos de sexo. Tenemos que examinar con sinceridad la frecuencia con que compartimentamos nuestra sexualidad y lo desconectados que estamos de la energía primordial (o fuerza vital) que nuestra sexualidad, y el acto del sexo en sí mismo, contienen. Incluso pensar en el sexo como una actividad que requiere la presencia de otra persona o que debe acabar en el orgasmo es algo que debemos cuestionarnos.

Sexo puede ser un verbo; un sustantivo; un estado de ánimo; una energía; un sentimiento; una fuente de poder para algunos, de trauma para otros; puede servir como una función procreadora, de lujuria, e incluso de trascendencia. ¿Podemos estar de acuerdo en que, sea cual fuere nuestro punto de vista actual, el sexo es un acto, una acción o una experiencia poderosa? *Salud* es una palabra más fácil, pues nos lleva a un significado comúnmente aceptado: la condición de estar bien. ¿Qué pasos debemos dar para estar sanos? ¿Tenemos que ser conscientes de lo que comemos, de cuánto nos ejercitamos y de cuánto dormimos? ¿Y qué hay de las funciones corporales, los genitales, los orgasmos, la masturbación, la intimidad y la comunicación con nuestras parejas sexuales? ¿Y del tipo de contenido que consumimos y el sexo que tenemos? ¿Dónde encaja nuestra relación con la tecnología, la pornografía, las cintas y el amor? Creo que todas estas partes de lo que significa ser humanos en el siglo XXI afectan a nuestro estado de salud. La conciencia es el área en la que la mayoría de nosotros tiene unas ideologías completamente distintas. En términos sencillos, *conciencia* es el estado de estar despierto. Para ti, quizás eso signifique tratar de estar en el presente y ser del todo consciente de tu cuerpo, de tu entorno y de la gente que te rodea. Otras personas pueden pensar en la meditación, el yoga, la espiritualidad o la religión. O quizás no tengas ninguna relación con ninguno de los términos que acabo de mencionar. No hay problema. Para nuestros propósitos conjuntos, vamos a considerar que la consciencia es percepción intensificada.

Lo que haremos a continuación en estas páginas es sumergirnos profundamente en la intersección, y la alineación holística, entre sexo, salud y conciencia. A mi parecer, la forma en que nuestra cultura ve la sexualidad hoy en día equivale a usar una caja de doce colores para dibujar. Un arcoíris rojo, naranja, amarillo, verde, azul, índigo y violeta es fantástico, no me malinterpretes, pero ¿y si faltaran colores que podrían ayudarnos a crear una obra de arte? ¿Una obra que superaría a todas las obras de arte que hayamos visto? Este libro está diseñado para ayudarte a acceder al Miguel Ángel latente que está dentro de ti.

Para ayudarte en este viaje, en las páginas de este libro encontrarás tareas, prácticas que puedes incorporar a tu rutina diaria, semanal o mensual. Puedes integrar religiones o creencias espirituales ya existentes en el esquema que expongo, y si te consideras ateo, ¡también eres bienvenido!

Todas las prácticas están invitadas, cualquiera haya sido la relación que hayas tenido antes con el sexo, la salud y la conciencia, incluso si nunca antes habías tenido una conexión con estos temas. Te animo a que hagas tuyos los ejercicios que ofrezco aquí. Sólo tú sabes cómo mover, honrar y dar placer a tu cuerpo y a tu alma.

¿Por qué soy la persona indicada para guiarte en este viaje?

Permíteme que me remonte al pasado…

En mi infancia, yo era sumamente curiosa y tenía un deseo insaciable de adquirir más conocimientos, algo que no era habitual en niñas de mi edad. Estaba sobre todo fascinada con esa palabra misteriosa que los adultos pronunciaban en voz baja: *sexo*. Desde una edad muy temprana, me daba cuenta de hasta qué punto esa palabra impulsaba el comportamiento de los adultos. Pero nadie quería, o podía, explicarme exactamente qué significaba y por qué estaban todos obsesionados con ella y eran tan reservados (o se sentían tan avergonzados) sobre este tema.

A los once años empecé a ojear las revistas *Playboy* de mi padre, motivada por la aparición de mi ídolo de entonces, Madonna, en la portada. Nuestro ritual de los domingos era desayunar en la cafetería del Hotel Beverly Hills y luego esperar a que terminaran de cortarle las uñas a mi padre en la barbería de al lado. En una ocasión, mientras él estaba haciéndose su manicura semanal, me descubrieron abriendo una revista que tenía a Madonna en la portada. La manicurista, una mujer de setenta y tantos años, me regañó por estar mirando fotos de mujeres desnudas. Yo no entendía qué había de malo en estudiar las partes del cuerpo que iba a desarrollar muy pronto. ¿Cómo se suponía que debía entender algo si los adultos me alejaban de ello?

Al poco tiempo, descubrí dónde guardaba mi padre sus revistas porno e invité a jugar al niño más guapo de mi clase para que mirásemos las revistas *Playboy* juntos. Lo llevé a mi escondite secreto en nuestro patio trasero, lejos de miradas indiscretas, y le mostré la página central. Al ver que mi amigo se asustaba, guardé la revista, avergonzada. Más tarde, fuimos a tomar un helado y nos encontramos con dos niños de nuestra clase. Ellos se burlaron diciendo que estábamos teniendo «una cita» y me preguntaron si ya tenía mi «orina roja». Se sentían muy orgullosos de sus bromas, pues acababan de enterarse de lo que era la menstruación unas semanas antes, durante una clase de educación sexual que habíamos tenido un día en el colegio (claramente, un ejercicio académico fallido). Lo más cercano a una educación sexual que tuve en el colegio fue un curso de desarrollo humano en séptimo grado. Nuestra profesora, una *hippie* con una visión positiva de la sexualidad, nos ordenó a todas que fuésemos a casa y examinásemos nuestras vaginas utilizando un espejo de mano.

Cuando yo tenía una pregunta específica sobre sexualidad, mis padres se esforzaban por darme una respuesta con un contexto cultural y político. Recuerdo que, cuando tenía unos nueve años, le pregunté a mi madre qué significaba «cambio de sexo» (lo que ahora se llama «reasignación de género»).[1]

Ella me habló de la tenista Renée Richards, que había hecho la transición de hombre a mujer y se había convertido en una activista transgénero después de haber luchado para poder competir en el US Open de 1976, allanando el camino para un fallo histórico de la Corte Suprema de Nueva York a su favor. Mi madre formaba parte de la junta de Planned Parenthood y apoyaba de una forma activa los derechos reproductivos de la mujer. Sin embargo, mi padre y ella, por muy liberados que creyeran ser, nunca me sentaron para tener una charla sobre sexo que incluyera preguntas más íntimas, como: ¿cuándo debería perder mi virginidad?, ¿me dolerá?, ¿cómo sé si estoy enamorada?, ¿eso también duele?, ¿es normal masturbarse?, ¿hay una forma correcta de hacerlo?.

Mi primer empleo formal fue como pasante asalariada en Planned Parenthood. Tenía 13 años. Aunque la mayoría de mis amigas ya estaban perdiendo la virginidad, yo ni siquiera había hecho una felación, y mucho menos «ir tan lejos». Y, sin embargo, ahí estaba, trabajando en la oficina de la clínica de Santa Mónica, rodeada de pruebas de ETS[2]

---

1.   Este término se refiere a aquellas personas cuyo sexo asignado médicamente no está de acuerdo con su identidad de género. Estas personas pueden, o no, optar por explorar toda una gama de opciones médicas que consolidan el género y/o el sexo con el que se identifican (principalmente, terapias hormonales y operaciones de reasignación de género). Nuevas conversaciones dentro de la comunidad trans ya no consideran tanto a la identidad trans como un evento («antes de la transición» versus «después de la transición», «antes de la operación» versus «después de la operación»), sino más bien como un viaje (una «transición»), lo cual permite que haya infinidad de lugares personales en una progresión trans de identidad, experiencia y práctica.

2.   Estas siglas significan «infecciones de transmisión sexual», o infecciones que se han propagado a través del contacto sexual, típicamente vaginal, anal y/u oral. Pueden incluir (pero no se limitan a) la clamidia, la gonorrea, el herpes, la sífilis, las ladillas, el VIH, las tricomonas y el VPH. Algunos de los síntomas de una ITS incluyen: llagas o bultos en los genitales o en el área oral o rectal, dolor o

con piquetes de antiabortistas en el exterior –sumergida en lo más profundo de mi educación sexual profesional–. Jugaba al solitario por internet mientras atendía a las llamadas telefónicas, las cuales a menudo eran de antiabortistas con amenazas de bomba que ponían en riesgo la seguridad de la clínica y de nuestro personal.

Nota: mientras este libro está a punto de imprimirse, el histórico fallo de la Corte Suprema en 1973, Roe vs. Wade, que otorgó a las estadounidenses el derecho a un aborto legal, ha sido revocado. Dado que crecí con una madre que era presidenta del Consejo de Administración de Planned Parenthood en Los Ángeles, no recuerdo ninguna época en la que no fuera consciente de la historia oscura y sangrienta del aborto antes de Roe vs. Wade. Cuando tenía aproximadamente 9 años, mi madre me llevó a mi primera clínica de Planned Parenthood para que ayudara a las mujeres a entrar sin peligro entre los manifestantes que se encontraban fuera. Solía oír sus conversaciones acerca de los colgadores de alambre que utilizaban las desesperadas mujeres para hacerse abortos en casa; de los altos índices de mortalidad que había cuando estaba criminalizado; de las marchas y el sudor y las lágrimas de su generación cuando luchaban por el derecho a elegir. Yo entendía cuánto había costado ganar la batalla para tener libertad sobre nuestros cuerpos (y cuántas vidas de mujeres se habían perdido a lo largo del camino con los peligrosos abortos ilegales). Nunca pensé que estaría lamentándome de que nos quitaran este derecho humano tan básico mientras terminaba un libro cuyo impulso se había iniciado cuando trabajaba en una clínica de Planned Parenthood muchos años atrás. Mientras envío estas páginas a mi editor, nos enfrentamos a más amenazas a nuestra libertad sexual y de género: desde restricciones al control de la natalidad, a la tecnología reproductiva asistida como la FIV y la congelación de óvulos, al derecho a la privacidad sexual, el matrimonio gay y más. Me estremezco al pensar en dónde estaremos cuando tengas este libro en tus manos. Aunque en este momento me siento enojada, triste y cansada, nunca dejaré de

---

ardor al orinar, flujo por el pene, flujo vaginal inusual o con un olor extraño y/o sangrado vaginal y dolor durante las relaciones sexuales. Es importante señalar que muchas ETS no tienen ningún síntoma, razón por la cual es esencial hacerse pruebas regularmente.

luchar por estos derechos. Nunca dejaré de creer que cuanta más información y educación tengamos sobre estos temas, más progresaremos y creceremos como seres humanos y como cultura.

En Planned Parenthood, estaba en la posición de aconsejar a otras chicas sobre temas con los que apenas me estaba empezando a familiarizar. En la biblioteca multimedia de la clínica, mi trabajo consistía en organizar la bibliografía y los vídeos sobre sexualidad y enfermedades. Había padres solteros que venían a consultar material sobre educación sexual y me preguntaban cómo debían hablar a sus hijas adolescentes sobre sexo. En las fiestas de la escuela secundaria y durante el recreo, otros chicos me hacían preguntas sobre infecciones del tracto urinario, sexo oral y control de la natalidad. Mi consejo de beber zumo de arándanos para eliminar las infecciones urinarias tenía el efecto adicional de eliminar los rastros de marihuana en la orina. Esto me hizo popular entre mis compañeros que querían salir limpios en las pruebas de detección de drogas. Hubo muchas ocasiones en las que desconocía totalmente los temas que tratábamos. Era principios de la década de 1990, de manera que no teníamos Google para buscar «cómo hacer la mejor felación» o «¿puedo contraer una ETS si tengo sexo anal?». Incluso los empleados de Planned Parenthood no estaban preparados para responder las preguntas más personales y emocionales que teníamos mis amigos y yo sobre el sexo. Sabía que, algún día, simplemente TENÍA que haber un lugar centralizado en el que uno pudiera encontrar la información más reciente e importante sobre sexo, transmitida de una forma accesible y cuidadosa. Y, por mi experiencia en el recreo del colegio, sabía que tenía que crearlo.

Por eso creé The Sex Ed.

Fundé la plataforma TheSexEd.com y el podcast The Sex Ed en 2018, con una filosofía central: *el placer y la salud sexual son esenciales, no sólo para sobrevivir, sino también para florecer.* Creo que tenemos que considerar nuestra sexualidad de una manera holística y aplicar las técnicas de *mindfulness* a la forma en que pensamos, hablamos y nos informamos sobre sexo, y en que tenemos relaciones sexuales.

Quizás pensemos que hemos inventado la rueda cuando se trata de sexo, pero prácticamente todo lo que se te pueda ocurrir ha estado ahí de una forma u otra desde el inicio de la humanidad. El acto sexual no era tan distinto hace siglos.

El falo de piedra más antiguo que se conoce (parece un consolador, aunque es posible que fuera un objeto de adoración ritual) tiene entre veintisiete y veintiocho mil años de antigüedad. Hoy, la tecnología Bluetooth nos ha proporcionado juguetes sexuales con control remoto y robots que dan placer. (Los deseos humanos no han cambiado mucho, pero la tecnología, sí). Lo que se ha mantenido más constante en estos miles de años es un distanciamiento espiritual entre nuestra consciencia y la forma en que abordamos la sexualidad. Mi misión en la vida es cambiar esto. Tendemos a disociar nuestro cuerpo, y, sobre todo, nuestros genitales, de nuestra mente y nuestra alma –guardando el sexo en una caja estrecha que no nos permite expresarnos del todo o acceder al asombroso poder de la sexualidad como fuente de energía y creatividad.

Absorbemos la vergüenza en torno a nuestros cuerpos y nuestros sentimientos primarios desde que somos niños, en lugar de recibir el mensaje de que el deseo está bien y que hay maneras sanas de establecer límites. En lugar de enseñarnos a sentirnos cómodos con nuestra sexualidad, nuestro cuerpo y nuestro deseo, nos enseñan a medir nuestro valor, nuestra validez y nuestra deseabilidad a través de los ojos de los demás.

¿Cómo se supone que debemos alinear e integrar nuestra comprensión del sexo, la salud y la conciencia en una cultura en la que la educación sexual se obtiene sobre todo a través de la pornografía por Internet, sin que se nos proporcionen las herramientas para descifrar lo que estamos observando?

Considera este libro como una forma radical de imaginar una introducción a la educación sexual. Juntos vamos a desmantelar todo lo que *creíamos* saber acerca del sexo para poder construir nuevos cimientos. Unos cimientos que estén basados en la comprensión de que el sexo, la salud y la conciencia se entrelazan para formar un entendimiento de nosotros mismos y de nuestra sexualidad. Estoy aquí para enseñar que la sexualidad y la espiritualidad *se entrelazan* –y, a su vez, que la conexión entre ellas hará que tengas una vida más sana y más empoderada sexualmente–. A través de este proceso de reprogramar y reclamar lo que la palabra *sexo* significa, descubriremos cómo ser más auténticos, experimentar más placer y tener relaciones más iluminadas con nosotros mismos y con nuestra pareja.

Desde que era una adolescente, imaginé una época en el futuro en la cual lo tendría todo resuelto. Sabría quién soy y me sentiría por completo cómoda en mi piel. No me cuestionaría y no tendría ansiedad, depresión o inseguridades. La vida sería fácil.

Pasé muchos años observando a mis amigos, a mi familia, a mis mentores y a las personas que admiraba desde lejos, deseando ser tan segura de mí misma, tan estable, tan exitosa, tan feliz en las relaciones o tan serena como ellos. Quería conocer sus secretos. ¿Qué podía hacer para convertirme en la mujer sana, segura de sí misma y sexualmente empoderada que deseaba ser? ¿Cómo debía vivir mis relaciones en una nueva frontera de roles y reglas de sexuales o de género? ¿Cuál era la mejor manera de cuidar mi salud, mi cuerpo y mi mente?

Dado que soy una investigadora nata, recurrí a los expertos.

La investigación siempre ha sido un refugio para mí; un lugar en el que puedo desconectar de la incertidumbre y de los miedos, perderme entre montones de papeles y pilas de libros, y en mi imaginación desbocada.

Siendo una mujer joven y casada, era una anomalía entre mis amigos y mis colegas, pues tenía una relación monógama a los veintipocos años y, además, investigaba la sexualidad profesionalmente. A los dieciocho años, cuando estudiaba fotografía en la Escuela de Artes Visuales de Nueva York, empecé a coleccionar vestidos del *burlesque* que compraba en los mercados de segunda mano. Como parte de un proyecto de tesis para la escuela, me fotografiaba con esos vestidos en un intento de emular las poses glamurosas de las grandes reinas del *burlesque* de las décadas de 1930 y 1940. Quería verme como ellas: unas mujeres fuertes que parecían estar empoderadas por su sexualidad mientras que la mía todavía me turbaba.

Busqué a las últimas reinas del *burlesque* estadounidense del siglo xx que seguían con vida y grabé sus historias, narradas en primera persona, mientras pasaba tiempo con ellas en sus hogares, negocios y habitaciones de hospital al final de sus vidas. Aprendí de primera mano el arte perdido del *burlesque* mientras ellas me vestían con sus viejos atuendos y me enseñaban los movimientos característicos. Algunas de las reinas habían querido estar en el mundo del espectáculo, otras habían sido maltratadas y algunas habían intercambiado favores sexuales fuera del escenario para ganar un dinero extra. Todas tenían mucho que contarme sobre el sexo, los hombres heterosexuales y cómo practicar el estriptis había afectado a su psique. En cierto sentido, tuve mi primer despertar sexual como mujer casada a través de unas estrípers de ochenta años que me transmitieron su sabiduría duramente adquirida.

Dirigí *Pretty Things* (HBO, 2005), un documental sobre mis experiencias, y escribí un libro, *Pretty Things: The Last Generation of American Burlesque Queens* (2006). Mientras terminaba la gira de promoción de mi libro, mi matrimonio se empezó a desmoronar. Ése fue un proceso que se prolongó un par de años. Entonces me di cuenta de que todavía tenía mucho que aprender acerca de quién era y lo que quería de la vida y, sobre todo, de las relaciones.

Mientras exploraba mi sexualidad y mis nuevas relaciones posdivorcio, también me adentraba en los archivos académicos y las bibliotecas buscando información sobre las prostitutas, los proxenetas y las madamas de finales del siglo XIX para escribir un segundo libro, *Sporting Guide: Los Angeles, 1897* (2015), ambientado en el mundo del vicio y el trabajo sexual.

Mientras analizaba los registros de censos de 1840 a 1910, tomando notas para mi libro, también estaba realizando una investigación en primera persona: enamorándome, desenamorándome y teniendo nuevas experiencias. Interrogué a mi red personal de «expertos en sexo» y a mis amigos acerca de cuál era la mejor manera de explorar el sexo y el mundo de las citas a mis treinta y pico. Con frecuencia, me sorprendían las similitudes que había entre el siglo XIX y la actualidad. Al parecer, las experiencias humanas en los ámbitos del amor, la tristeza y el sexo no han cambiado con el transcurso del tiempo.

En 2012, una amiga, la estrella del cine para adultos y escritora Nina Hartley, me invitó a su ponencia en un seminario sobre educación, terapia y conducta sexual en la Universidad de California, en Los Ángeles. Cuando llegué, los conferenciantes anteriores, una actriz y un productor de cine para adultos, estaban terminando su presentación y repartiendo material de investigación (sus DVD pornográficos) a los alumnos, una multitud entusiasta de terapeutas sexuales licenciados y en ejercicio, y médicos residentes.

El catedrático de la clase, el ahora difunto Walter Brackelmanns, era el director del programa de formación de parejas y sexo. Había estado enseñando en la UCLA durante cincuenta años y era presidente y cofundador de la Asociación Estadounidense de Terapeutas Sexuales y de Pareja. Conocer a Walter y a su codirectora, Wendy Cherry, fue como aterrizar en el paraíso de la educación sexual. El Dr. Brackelmanns y la Dra. Cherry me dieron la bienvenida al seminario, al cual asistí como oyente (y más tarde fui conferenciante) durante muchos años. Ellos se convirtieron en mis mentores, mis colegas y mis amigos.

En la actualidad ya llevo casi tres décadas explorando la sexualidad, tanto profesional como personalmente. Todas las experiencias de mi vida privada, así como toda mi investigación académica y anecdótica, han reforzado mi creencia de que integrar la mente, el cuerpo y el espíritu es esencial para el bienestar sexual.

He entrevistado a médicos, catedráticos, científicos y profesionales de los campos de la salud mental y física, la sexualidad, el *bondage*, el yoga, la meditación y la exploración del espacio. He grabado conversaciones con una amplia variedad de amigos, incluyendo surfistas, estudiantes de secundaria, botánicos, historiadores, profesionales de la cultura y trabajadores sexuales. En el proceso, he recibido un gran número de consejos útiles y prácticos sobre la sexualidad, la salud y la conciencia. Cada una de estas personas tenía algo útil que compartir.

Descubrí que la felicidad y el placer no están fuera de nuestro alcance. Todos tenemos la capacidad de aceptarnos y querernos tal como somos, en el momento en el que estamos, con todos nuestros defectos.

Entonces, ¿por qué nos cuesta tanto hacerlo?

¿Será porque nuestra cultura no nos enseña, desde una edad temprana, a celebrar y apreciar nuestros cuerpos, nuestra sexualidad y nuestro bienestar mental? ¿O porque hay tantas oportunidades fáciles para criticarnos y criticar a los demás en lugar de ser amables y cariñosos?

¿Por qué, cuando sentimos que estamos en nuestro punto más bajo, buscamos reafirmación en el exterior? Buscamos validación o un escape en otra persona o en otra cosa (sexo, comida, drogas, alcohol, dispositivos electrónicos). Un escapismo sano o un vicio no tienen nada de malo, pero es fácil caer en el agujero del comportamiento autodestructivo y luego sentir vergüenza porque estamos haciendo algo que «no deberíamos» estar haciendo. ¿Por qué no podemos ser más amables con nosotros mismos?

Yo ansiaba tener un manual que me dijera cómo lidiar con los momentos difíciles: un divorcio a los treinta y un años de un hombre al que había conocido a los dieciocho, un trastorno de estrés postraumático por múltiples traumas, y la enfermedad y muerte de mi padre. Recuerdo que, cuando estaba pasando por una época especialmente difícil, le pregunté a una de mis mejores amigas cuánto tiempo tardaría en sentirme mejor, y su respuesta hizo que me sintiera muy frustrada: «Te llevará el tiempo que sea necesario». Lo que yo quería era una píldora mágica que curara mi soledad, mi inseguridad, mi dolor y mi pena.

Decidí ver cada momento difícil como una oportunidad para cambiarme a mí misma y mi actitud, y transformar mi vida. Después de mi divorcio, me mudé al primer piso en el que había vivido sola y utilizaba la vajilla de nuestra boda para el desayuno. Me enamoré y me desenamoré. Comencé a meditar. Corrí riesgos profesionales. Redefiní mi relación con mi sexualidad. Aprendí a tener paciencia, a confiar y a perdonar. Pasé todo el tiempo que pude con mi padre moribundo, aferrándome a él.

Me di cuenta de que las personas llegan a nuestras vidas para amarnos, hacernos daño, enseñarnos, dejarnos y sanarnos. Que las situaciones ocurren para ofrecernos lecciones. Que nadie tiene las cosas más resueltas que nadie. Y lo más importante: que ser *consciente* de mis deseos, mis límites, mis relaciones y mi sexualidad tiene la recompensa de una vida sexual más satisfactoria.

Lo más asombroso es que todos los misterios del universo están contenidos en nuestro interior. Pero en algún lugar a lo largo del camino, dejamos de escuchar a nuestro instinto y a nuestra intuición. Olvidamos cómo querernos, cómo tener autoestima y autoaceptación.

No pretendo ser una gurú suprema del sexo, la salud y la conciencia. ¡Tú eres, definitivamente, tu mejor guía! Pero la investigación profesional y de la vida real me ha proporcionado herramientas y me ha puesto en contacto con autoridades experimentadas a las que puedo recurrir cuando tengo dificultades. Escribí este libro para compartir los consejos prácticos que he reunido a lo largo del camino. Y me recuerdo a mí misma —y a todos vosotros— que no es necesario que estemos en perfecto equilibrio todo el tiempo para despertar al gurú inherente en cada uno de nosotros.

Entonces, te estarás preguntando cómo se relaciona esto con el sexo. Comencemos con un ejercicio sencillo.

Cierra los ojos e inspira profundamente. Contén la respiración mientras cuentas hasta tres y luego espira poco a poco, dejando que tu vientre se relaje por completo. Estupendo. Ahora hazlo dos veces más. ¿Te sientes más sereno? Ahora vamos a hacerlo otra vez, pero cuando espires, lleva la concentración a los genitales. Observa cómo los sientes: ¿sientes picazón?, ¿están húmedos?, ¿secos?, ¿pegajosos?, ¿sientes un hormigueo?, ¿están adormecidos? Cualquiera que sea la forma en que describas el estado actual de las cosas ahí abajo ¡está bien! El mero hecho de notarlo y expresarlo es el primer paso en el camino hacia una maravillosa nueva relación con tu salud sexual.

Con los ojos todavía cerrados, respira hondo una vez más, espirando hasta abajo, desde tu garganta, tu pecho y tu vientre, hasta tus genitales. Hazlo lentamente conmigo ahora, tres veces seguidas. ¿Sientes algún cambio en las sensaciones? ¿Hay nuevos adjetivos que te gustaría añadir a tu lista? ¿Comprobar el estado de tu pene hace que te sientas incómodo, raro, estúpido, avergonzado, tonto, emocionado o excitado?

¿Sigues ahí?

El primer paso es ser *consciente*. Estamos aplicando nuestra *conciencia*, ¿recuerdas?

Gran parte de lo que nos impulsa tiene que ver con el sexo y las relaciones. También tendemos a definirnos y a definir a los demás de acuerdo con unos estándares sexuales que equiparan el sexo con la autoestima. Si a eso le añades las redes sociales y el fácil acceso a la pornografía, es fácil ver por qué nuestra cultura actual tiende a ver el sexo como una transacción, separado de la espiritualidad y de un nivel de conciencia más elevado.

Vamos a aclarar algunas verdades básicas.

El sexo no es un acto para el cual necesitas la participación de otra persona.

El sexo no necesita culminar en el orgasmo para ser una experiencia poderosa o «buena».

El sexo afecta a todas las áreas de tu vida, incluyendo el proceso de toma de decisiones, tanto si compartimentas como si no lo haces.

Tu energía sexual es la misma que tu energía creativa. (Los yoguis y las culturas orientales suelen llamar a esta energía *prana*, *chi*, etc.). Los atletas y los artistas (entre ellos, supuestamente, William Shakespeare y Mae West) a menudo se abstenían de tener relaciones sexuales en pareja cuando se estaban entrenando para un partido importante o para realizar un trabajo creativo.

Si podemos expandir nuestras ideas de lo que el sexo y la sexualidad son, y lo que tienen el potencial de ser, podemos comenzar a aprovecharlos como fuentes de poder y crecimiento personal.

Prefiero tener unas relaciones sexuales trascendentales, modificadoras de la conciencia, y existir en una sociedad que valora y honra todo el espectro de la sexualidad y la identidad de género. Quiero vivir en una cultura que está eliminando activamente la vergüenza, el miedo, el trauma y los tabúes que hay en torno al sexo y normalizando un enfoque integrador, expansivo, de la sexualidad humana.

Entonces, ¿cómo logramos esto? Creando un nuevo arquetipo para la educación sexual, uno que esté basado en la alineación del *sexo*, la *salud* y la *conciencia*. Para que puedas tener la mejor relación con tu sexualidad –y, por ende, el mejor sexo posible– tenemos que asegurarnos de que tu mente, tu cuerpo y tu conciencia estén calibrados y funcionando en equilibrio.

Tener claro cómo abordamos cada una de estas áreas en persona *y* cómo las integramos son los cimientos necesarios para llegar a tener un sexo realmente trascendente –y eso es lo que aprenderás en este libro–. Una simple analogía para explicar mi filosofía es el sistema de los *chakras*. En términos simples, se trata de centros de energía ubicados por todo tu cuerpo, desde la base de tu columna vertebral hasta la parte superior de tu cabeza. Considéralos tu sistema nervioso energético. De abajo arriba, los *chakras* son:

- Raíz: ubicado en la base de tu columna vertebral, alrededor del perineo

- Sacro: ubicado justo debajo del ombligo
- Plexo solar: ubicado alrededor de tu abdomen, debajo de la costilla superior
- Corazón: ubicado en tu corazón
- Garganta: ubicado en tu garganta
- Tercer ojo: ubicado entre tus cejas
- Coronilla: ubicado en la parte superior de tu cabeza

Examinaremos el bienestar sexual desde la base, o la raíz, hacia arriba. En primer lugar, vamos a explorar nuestro sentido de la seguridad (nuestro *chakra* raíz) y el sexo (nuestro *chakra* sacro) como una base. ¿Cómo entendemos actualmente el sexo, la intimidad y el placer? ¿Qué «normas» sociales hemos incorporado que nos impiden sentirnos cómodos con nosotros mismos? ¿Qué traumas debemos enfrentar, comunicar y honrar para poder tener una mejor relación con nosotros mismos y con nuestra pareja? Empezar en los *chakras* raíz y sacro nos retará a deshacernos de todo lo que nos han enseñado y a redefinir nuestra versión de lo que es normal.

Si no comprendemos muy bien estas partes fundamentales de nuestro ser, no podemos pasar al segundo aspecto que examinaremos en este libro: la salud.

Este segmento del libro explora nuestro centro, o los *chakras* del plexo solar y del corazón, los cuales determinan la forma en que vemos nuestro propio ser, nuestra autoestima, nuestro nivel de autoconfianza y nuestras relaciones con los demás. Trabajar con nuestro centro hace que examinemos todo: cómo utilizamos el sexo en nuestras vidas, cuáles son nuestros deseos más profundos, e incluso cómo experimentamos y expresamos el amor.

Por último, llegamos a la conciencia, que está ubicada en los *chakras* superiores: garganta, tercer ojo y coronilla. Después de haber reflexionado sobre nuestra sexualidad y nuestro bienestar, siendo más conscientes y seguros de nosotros mismos y de nuestras necesidades, podemos empezar a examinar cómo nos comunicamos, confiamos y usamos nuestra intuición para sintonizar con nuestro Yo Superior. ¡La conciencia es nuestra invitación a jugar!

La conciencia no puede existir sin una comprensión total del sexo y la salud. Imagina a los siete *chakras* como un conjunto de ruedas doradas bien lubricadas, cada una de ellas girando de manera ideal en la misma dirección y a la misma velocidad. Nuestras experiencias, relaciones, historias familiares y contexto cultural y religioso intervienen en la forma en que estas ruedas funcionan de un modo individual y en conjunto.

Si existen traumas, vergüenza, excesos, miedo o falta de educación en un área (por ejemplo, la idea cultural de que la menstruación es desagradable, sucia y poco sexy), puede sacudir todo nuestro organismo, impactando en nuestro sentido de valía personal (nos sentimos asquerosas, sucias, poco atractivas) y la forma en que experimentamos el sexo (evitamos tener relaciones sexuales cuando tenemos la menstruación ¡y nos perdemos los beneficios de tener orgasmos para aliviar las molestias!).

Estamos tan programados culturalmente hacia la gratificación instantánea que queremos saltarnos los pasos y llegar al resultado final, ¡AHORA! Una y otra vez me piden consejos para un tantra rápido, y mi respuesta suele frustrar a las personas que prefieren tomar una pastilla o ver un tutorial corto en YouTube: tienes que hacer el trabajo desde la base hacia arriba para poder lograr los resultados más transformadores.

Lo emocionante (y, en ocasiones, desafiante) de nuestra sexualidad es que no hay dos personas iguales. Cada uno de nosotros tiene una identidad sexual que es como una huella digital: completamente única. Nadie experimenta la sexualidad o se identifica justo de la misma manera. Además, estamos evolucionando sin cesar, desde que llegamos a este mundo hasta que lo dejamos, incluyendo la forma en que nos relacionamos sexualmente con nosotros mismos y con los demás. Este libro y la plataforma The Sex Ed están aquí para ayudarte (¡y ayudarme a mí!) a descubrir cómo sentirnos cómodos con nuestros cuerpos, cómo amar y cómo nos gusta practicar el sexo en cada etapa de nuestras vidas.

Uno de los mayores desafíos a los que nos enfrentamos en nuestra experiencia sexual es el de soltar lo que *pensamos* que sabemos, que nos gusta o que creemos sobre el sexo. Esto incluye los juicios rápidos, los sesgos inherentes y el condicionamiento cultural en torno a la vergüenza y los tabús.

No prometo que vaya a ser fácil; este libro no envuelve al sexo en un bonito paquete de color «rosa-millennial» y elimina la incomodidad y las áreas grises que vienen con el tema. Es posible que encuentres en estas páginas fetiches sexuales o estilos de vida con los que te sientas verdaderamente incómodo. Pero si estás comprometido a aprender (y a continuar haciéndolo después de haber terminado de leer este libro), prometo que te ayudaré a abrirte a unas posibilidades de placer que quizás nunca pensaste explorar.

Quiero concederte poder: para tomar decisiones informadas, aumentar tu repertorio sexual, decir no o sí, tener mejores orgasmos, e incluso expandir tu conciencia espiritual a través de la conciencia integrativa de tu cuerpo y tu sexualidad.

Cuando se trata de sexualidad, siempre hay cosas nuevas que aprender. Una mayor educación y mejor comunicación en torno a la intimidad y el sexo generan una cultura y unas personas más sanas. Creo que estamos a punto de entrar en un nuevo paradigma sexual que expandirá en gran medida nuestra capacidad de alinearnos de una forma más verdadera con nuestros deseos más profundos, y todo ello nos permitirá encarnar mejor el *placer*.

Así que vamos a deshacernos de todo lo que has aprendido sobre sexo y vamos a sentar las bases para que tengas *una experiencia más orgásmica, más asombrosa, más satisfactoria y auténtica de tu propia salud y conciencia sexual.*

Nada de esto será fácil. No me importa lo que prometan las celebridades, los gurús tecnológicos o los sanadores espirituales: no existe ningún taller de soluciones rápidas, o viaje con plantas medicinales, o plegaria profunda que haga que seamos «sanados». Alinearnos con nuestro sexo, nuestra salud y nuestra conciencia es un proceso que durará toda la vida.

Habrá momentos en los que nuestra antigua programación y nuestras viejas historias asomarán la cabeza. En esos momentos tendrás que ser amable contigo mismo. Está bien estar de luto por nuestros viejos hábitos, y al mismo tiempo mantener la fe en los nuevos.

Éstas son algunas cosas importantes que debemos recordar mientras nos embarcamos en este viaje:

TÚ eres el amo de tu placer.
TÚ eres el amo de tu sanación.
TÚ eres el amo de experimentar el amor, el sexo y la intimidad divinos.

LA NUEVA NORMALIDAD

¿Recuerdas cuántos años tenías cuando oíste por primera vez la palabra *normal* pronunciada en relación al sexo, a un tipo de cuerpo, a los genitales, al deseo, a las relaciones, al amor o a un comportamiento? ¿Se la oíste a tus padres, a tus amigos, o a través de los medios de comunicación? ¿Puedes buscar en tus recuerdos para ubicar dónde se estableció tu definición de lo que es normal?

Todos tenemos una versión distinta de lo que consideramos normal, dependiendo de dónde y cómo hayamos sido criados, los estándares de belleza y de comportamiento que nos enseñaron a una edad muy temprana y la forma en que consumimos esa información. Es muy poco probable que cualquiera de nosotros usara el pensamiento crítico para examinar si esos mensajes sobre «normalidad» eran acertados. En lugar de eso, aceptábamos que existía un tamaño corporal, un deseo sexual, un proceso de desarrollo emocional y físico «esperados» o «típicos» a los que nos teníamos que ajustar.

Es extraño que, con independencia de quiénes somos y de dónde venimos, todos hemos sido educados para estar a la altura de una «norma» estandarizada. Si todos vemos los colores de una manera distinta (lo que yo llamo azul tú podrías llamarlo turquesa, azulino o violeta) y todos tenemos unas huellas digitales (e identidades sexuales) únicas, entonces, ¿por qué usamos el mismo punto de referencia para lo que es normal?

En lugar de crear nuestras propias referencias de lo que significa «normal» para cada uno de nosotros, de un modo inconsciente aprendemos a compararnos con otras personas y con expectativas culturales cuando se trata de sexualidad, amor y nuestros propios cuerpos. Y lo hacemos *una y otra vez.*

¿Y si decidiéramos tirar por la borda este barómetro invisible de lo que es «normal» y aprendiéramos a estar verdaderamente cómodos con nuestra sexualidad, nuestros cuerpos, nuestros sentimientos y nuestros deseos? Todos nuestros cuerpos y nuestros cerebros tienen conexiones distintas, y cada uno de nosotros tiene parámetros únicos para el crecimiento, la forma del cuerpo y la estimulación. Las influencias externas son las que hacen que nos valoremos, nos juzguemos y nos avergoncemos, y determinemos cuán «normales» somos.

Por desgracia, la vergüenza ha sido una parte esencial de nuestro aprendizaje de lo que es la sexualidad y de lo que decidimos que es «normal». Desde que somos pequeños, el sexo y nuestro cuerpo nos provocan muchos sentimientos de humillación, angustia y torpeza. Nos quedamos atrapados en un bucle interminable de juzgarnos a nosotros mismos y juzgar a los demás a partir de lo que creemos que es «correcto», es decir, que no nos avergüence o nos haga salir de lo «normal».

Resulta muy confuso averiguar cuál es nuestro verdadero punto de referencia de lo que es normal, o lo que es correcto para nosotros como individuos, en una cultura que no proporciona acceso a información real sobre el sexo, la negociación en las relaciones, la comunicación o el deseo. Recibimos sobre todo imágenes explícitas a través de la pornografía, sin las herramientas emocionales para descifrarlas; nuestra familia y nuestros amigos nos enseñan a avergonzarnos de nuestro cuerpo desde una edad muy temprana, a menudo de una forma no intencionada; y los medios y la literatura nos imponen imágenes que refuerzan unos ideales uniformes a los que debemos aspirar.

¿Cuándo fue la primera vez que tuviste un ideal consciente de lo que era «normal» para el tamaño del pene o acerca de cuándo tener sexo? Muchos chicos crecen aprendiendo, a través de la mitología de la cultura pop y del porno, que sus penes deberían medir entre dieciocho y veinte centímetros. Estadísticamente, un promedio más exacto sería más o menos entre doce y catorce centímetros. ¿Alguien se lo aclara? ¿Y a sus parejas sexuales, que lo juzgan según esos parámetros? Si tenemos en cuenta que la mayor parte de la actividad sexual, si no toda (y esto incluye la masturbación y experimentar sexualmente con amigos) tiene lugar sin ninguna comunicación (y, a menudo, en secreto), ¿cómo se supone que vamos a descubrir la gran cantidad mentiras sobre lo que es «normal» que nos han condicionado a aceptar?

Todas esas comparaciones y ese desaliento[1] que se producen cuando nos evaluamos en función de lo que es «normal» crean una inmensa vergüenza que interiorizamos y nos sofoca. Y esa vergüenza nos impide ser una versión de nosotros mismos más plenamente realizada, alegre y orgásmica.

Examinemos lo que consideramos normal y que hemos estado usando como nuestro estándar.

Cuando decidiste lo que era normal, ¿te comparaste con los cuerpos de tus amigos o amigas? ¿Con estrellas de cine o deportistas? ¿Con estrellas del porno? ¿Con las Kardashian? ¿Te sentiste avergonzado o avergonzada porque pensaste que tu vagina, pene, senos o nalgas eran demasiado pequeños, grandes, peludos o poco peludos? ¿Te preocupaba que tu cuerpo o tu sexualidad no fueran lo normal? ¿Con quién hablaste de todas esas inseguridades?

Ciertamente, no les pregunté a mis padres si yo era normal o si estaba bien masturbarse o si mi cuerpo era deseable. En mi infancia, nadie me dijo jamás que masturbarse era normal y saludable, que mi cuerpo era hermoso, o que era mejor que no me comparara con las fisiologías y el desarrollo sexual de otras personas.

¿Cuándo oíste hablar por primera vez de la pubertad, la menstruación, el vello púbico, la eyaculación, el sexo oral y la higiene genital? ¿Alguien te sentó y tuvo una charla contigo? Quizás te dieron un par de novelas gráficas de Peter Mayle, como me ocurrió a mí: *¿De dónde vengo?*, que hablaba de cómo nacen los bebés, y *¿Qué me está ocurriendo?*, que trataba sobre la adolescencia. Recuerdo haber visto las ilustraciones de Arthur Robins en esos libros y haberme comparado con las imágenes de las partes del cuerpo en desarrollo, preguntándome cuándo necesitarían mis senos un sujetador y si mi vagina estaría creciendo al ritmo adecuado.

---

1. Si naciste después de 1994, probablemente Internet y las redes sociales han hecho que las comparaciones y el desaliento sean diez billones de veces mayores de lo que fueron para las generaciones anteriores.

Nick Kroll, cocreador y escritor de la serie animada de Netflix *Big Mouth* (nominada a los Emmy) que trata sobre las etapas incómodas de la pubertad, me dijo que esos libros también tuvieron un gran impacto en su infancia –el suficiente como para influir en la creación de los personajes de la serie–. «Tenemos *¿Qué me está ocurriendo?* en la oficina. Hace poco lo vi y pensé: "Oh, vaya". Esos libros fueron formativos para mí; me hicieron ver dónde está el pene a esa edad, en esa progresión de niño a adolescente, de hombre joven y a hombre viejo, y recuerdo haber usado todo eso como referencia sobre los hombres y las mujeres y haber pensado: "¿Dónde encajo yo en todo esto?"», me dijo Nick.

Cuando somos niños, no nos enseñan que nuestros deseos no tienen nada de malo o cómo establecer límites en relación con nuestros cuerpos y nuestros deseos. Entonces, ¿es de sorprender que tengamos un mundo lleno de adultos jodidos que están tratando de conectar y entender su propia sexualidad, o encontrar el amor, tener relaciones saludables y buen sexo con otras personas?

La mayoría de los libros sobre sexo de uso general anteriores a 2016, de los planes de estudio de educación sexual (cuando los hay) y de los libros de texto de medicina –de hecho, todo el sistema médico– se basan en un modelo patriarcal,[2] supremacista blanco,[3] heteronormativo y binario del género y el sexo. Las relaciones sexuales han sido representadas y explicadas como algo que ocurre tan sólo entre un hombre y una mujer con el propósito de procrear; en este paradigma, sólo existen dos géneros y dos formas de identificarse.

El marco sexual «normal» (antiguo) en el que la mayoría de nosotros crecimos y en el que todavía operamos no tiene en cuenta, y no entien-

---

2. Este término se refiere a la prevalencia de normas sociales cis-masculinas en la sociedad. Éstas se manifiestan en hombres cisgénero que ocupan roles de liderazgo en contextos políticos, religiosos, profesionales, académicos y familiares (entre otros), y han hecho que, históricamente, cualquiera que sea percibido como no-cis sea considerado como un ciudadano de segunda clase dentro de muchas facetas de la cultura y la experiencia.

3. La creencia e ideología que sostiene que la blancura eurocéntrica está por encima o es superior a todos los demás grupos raciales y étnicos. Gran parte de la cultura occidental se ha construido a partir de este principio.

de, de qué manera se puede apoyar a cualquier persona que no encaje en una métrica estrecha: hombre. Mujer. Tener sexo. Misionero.

La verdad es que la identificación de género y sexual existe en un amplio espectro. Ver nuestras identidades de género y sexuales a través un lente restrictivo nos impide dejar que estas identidades sean fluidas y evolucionen. Esto no es como completar una ficha médica o el formulario de un censo con casillas limitadas para marcar. Actualmente puedo identificarme como una mujer heterosexual, ¿pero en qué medida permite eso que me sienta atraída hacia las mujeres? ¿Me considero cien por cien heterosexual? No, y con frecuencia las personas (por lo general heterosexuales) que son enérgicas al afirmar que están al cien por cien en un extremo del espectro están luchando contra la represión y el miedo interiorizado de que su identidad pueda ser más gris de lo que les gustaría reconocer. Si tratamos de hacer encajar nuestra cualidad única en una caja pequeña que hace que a los demás, o a la sociedad en general, les resulte más fácil etiquetarnos y, por ende, «entendernos», nos estamos confinando dentro de una ideología que no funciona.

Yo digo *que se joda la vieja normalidad*. Si hubiese funcionado para cualquiera de nosotros, no existiría un mercado para los libros de autoayuda, espiritualidad o «cómo mejorar su salud sexual y emocional» como éste.

La (vieja) «normalidad se construyó a partir de ideales patriarcales y de supremacismo blanco que permitía que los avances en la salud reproductiva estuviesen ligados al uso de personas esclavizadas y mujeres negras libres como «sujetos de investigación», sin su consentimiento. Si rascas la superficie del «padre de la ginecología moderna» e inventor del espéculo, el médico blanco estadounidense James Marion Sims, descubrirás a un hombre que realizaba cirugías genitales en mujeres negras sin anestesia en nombre de la «medicina». Se dice que una de sus «pacientes» fue operada trescientas veces antes de morir. La mortalidad infantil, los embarazos de alto riesgo y los problemas de salud reproductiva en las madres negras siguen siendo un gran problema (sobre todo en Estados Unidos) hasta el día de hoy.

La (antigua) «normalidad» en lo que la cultura occidental tenía como un tipo corporal «ideal» también estaba dictada por la supremacía blanca –tanto si consideramos los desnudos voluptuosos del Renacimiento italiano (pintados por europeos blancos) como si consideramos las medidas «perfectas» de busto-cintura-cadera de la muñeca Barbie (90-60-90 centímetros). Cuando se trata de las formas en que los cuerpos de mujeres que no son blancas han sido erotizados, explotados y a menudo rechazados por la cultura occidental, uno tiene que familiarizarse con la historia oscura de la Venus de Hottentot. A principios del siglo XIX, Alexander Dunlop, un cirujano militar en una casa de esclavos en Ciudad del Cabo, tenía un negocio paralelo de proveer especímenes animales al mundo del espectáculo en Reino Unido. Este médico coaccionó y capturó a una mujer sudafricana de la etnia khoikhoi (también conocida como Sarah o Saartjie Baartman) para exhibirla. Era mostrada en público con muy poca ropa para la emoción perversa de los espectadores europeos y científicos empeñados en «estudiar» las curvas de su cuerpo y los pliegues de los labios de su vagina. Esta mujer murió cinco años después de haber sido sometida a estos horrendos «estudios» a manos de esos hombres. Después de su muerte en Francia, los restos de Baartman (y, sobre todo, sus órganos sexuales) fueron sometidos a una autopsia espeluznante, como otros ejemplos de «interés científico». En el año 2002, más de doscientos años después del nacimiento de Sarah, Francia finalmente devolvió sus restos a su tierra natal para que sus huesos pudieran recibir sepultura. Así que no, no hemos recorrido un largo camino, muchacha. De hecho, apenas estamos empezando a reexaminar la mayoría de los textos de historia, ciencia y medicina que consideramos «la realidad».

Cuando nuestra autoestima básica ha estado ligada a compararnos con los productos de un sistema roto y con las experiencias de otras personas de la pubertad y el sexo, es indispensable que tengamos una buena relación con nuestra sexualidad. Cuando examinamos lo que ha sido considerado sexo, amor, genitales y físicos «normales» durante miles de años, tenemos que preguntar quién estableció esas ideas de lo que es «normal» y a quién sirven.

Antes de culpar a nuestros padres, abuelos, religión o trasfondo cultural de lo que percibimos como una falta de educación sexual, o una educación sexual perjudicial, deberíamos recordar que es altamente improbable que cualquiera de ellos haya tenido las herramientas para comunicarse de una forma sana sobre estos temas.

Partamos de la premisa de que todo lo que hemos aprendido sobre el sexo hasta ahora proviene de individuos y organizaciones que envuelven el autoerotismo y el sexo fuera del matrimonio en un manto de vergüenza, miedo y tabú, o no son sexólogos, terapeutas o educadores sexuales titulados. Si partimos de esa premisa, entonces tenemos que *cuestionar todo* lo que damos por sentado.

El bagaje colectivo que tenemos en torno a la sexualidad se remonta tan atrás (literalmente, siglos) que tenemos que desechar todas nuestras ideas preconcebidas y nuestros sesgos acerca de lo que pensamos que es «normal» cuando se trata de nuestros deseos o nuestras inhibiciones, y debemos empezar de nuevo.

Paso el 80 % de mi tiempo en The Sex Ed respondiendo a las preguntas de la gente que quiere conocer alguna versión sobre si su cuerpo, sus deseos, sus fluidos (o la falta de ellos), o sus experiencias sexuales eran «normales». Estas preguntas pueden incluir cualquier cosa, desde si existe un tamaño «correcto» de vulva o pene (No existe tal cosa. El tamaño del tuyo o la tuya es perfecto, y mientras lo ames, alguna otra persona en este mundo también lo amará) hasta si es «normal» perder el deseo en una relación a largo plazo. (Sí, definitivamente, tienes que poner un poco de esfuerzo en tu vida sexual si quieres que mejore, de la misma manera que lo harías si estuvieras entrenando para una maratón. Suelo decirle a la gente que programe sus relaciones sexuales o incluso sesiones de besos y caricias como una disciplina habitual. Es sexy enviarle a tu pareja un recordatorio de que vais a tener relaciones sexuales. Sé creativo/a). Y en el lado más perverso, también hay muchísimas preguntas del tipo: «¿Los demás pensarán que soy normal?».

Éstas son las conclusiones a las que he llegado al estar en el extremo receptor de ese tipo de preguntas todos los días:

1. Al parecer, todos nos comparamos subliminalmente con el estándar de lo que es «normal» o con los ganadores de medallas de oro sexuales.

2. Equiparamos «normal» con «bueno». ¿Cuándo y cómo establecimos este estándar de lo que es «normal»? ¿Quién es esa persona imaginaria que siempre tiene unas relaciones sexuales alucinantes y perfectas y cuyo cuerpo siempre funciona a la perfección? ¿Nos estamos comparando con lo que vemos en los medios de comunicación (fantasía) o en la pornografía (más fantasía)?
3. Nos preocupa tanto lo que piensen los demás y nuestra propia vergüenza interiorizada que nos impedimos ser todo lo alocados que quisiéramos ser bajo las sábanas.

Tenemos que volver al principio para averiguar si nuestros patrones y sistemas de creencias *realmente* están funcionando en nuestro caso. Luego tenemos que reprogramarnos, reeducarnos y reivindicarnos para poder experimentar la verdadera libertad sexual. Ponte en el lugar de un niño que está empezando a leer. Es un poco difícil, y en ocasiones frustrante, pero también excitante, porque tienes muchas ganas de poder leer los interesantes libros de los niños mayores. Pero primero debes dominar el abecedario.

Cada uno de nosotros tiene una biblioteca infinita para explorar (es una de mis fantasías personales) y vamos a empezar juntos con la primera pila redefiniendo lo que es «normal» cuando se trata de sexualidad. Hay algunos «NO» ABSOLUTOS cuando se trata de lo que es «normal»:

1. No puedes tener sexo con ninguna persona sin su consentimiento.
2. No puedes tener sexo con menores de edad, personas muertas o animales (ninguna de las cuales puede dar su consentimiento).
3. No puedes tener un comportamiento sexual abusivo o violento.

Fuera de estos NOES que acabo de mencionar, el 99 % de los humanos en este planeta (incluida yo) quieren estar seguros de que no están solos en sus experiencias e inseguridades. Te sorprendería saber lo comunes (y, de hecho, normales) que son tus neurosis cuando empiezas a recibir el volumen de mensajes que yo recibo. Muchas otras personas en el planeta ¡están haciendo *exactamente la misma* pregunta que tú estás haciendo en este momento! Si crees que eres la única persona con un fetiche de objetos blandos, pies, pañales, prótesis de piernas, o [escribe el tuyo aquí], puedes entrar en FetLife, también conocido como Tinder / Grindr para la comunidad fetichista y *kink*.

La sexualidad humana está en constante evolución. Lo que nos fascina sobre nuestros cuerpos y el sexo cuando somos adolescentes es distinto a lo que nos atrae cuando tenemos veinte, treinta, cuarenta y ochenta años. Y recuerda que cada uno de nosotros tiene una identidad sexual única. No hay dos personas iguales. De manera que tenemos que desechar la idea de «normal» y dejar de juzgar cuánto sexo, o de qué tipo, estamos teniendo en comparación con otras personas. (P.D.: Todo el mundo miente).

Incluso alguien como yo, que pasa la mayor parte del día hablando, leyendo y escribiendo sobre sexo, tiene que enfrentarse a lo que considera «normal». La mayoría de la gente espera que tenga una vida personal súper loca simplemente por ser una investigadora e historiadora del sexo que forma parte del movimiento de positivismo sexual. Una amiga muy cercana me dijo que la primera vez que vino a mi casa esperaba que le abriera la puerta vestida con un traje de estampado de leopardo mientras me balanceaba colgada del techo. Aunque creo que el estampado de leopardo es neutral y tengo una predilección por los columpios, encajo mucho más con el arquetipo del ama de casa monógama de la década de 1950, feliz en una relación de pareja comprometida, preparando la cena y cortando rosas en el jardín de casa vestida con lencería, en lugar de volverme loca teniendo sexo sin ataduras y múltiples amantes.

La primera persona con la que me acosté es con quien acabé casándome. Debo reconocer que tenía dieciocho años y había tenido muy pocas parejas sexuales, pero nunca supe separar el sexo del amor.

Cuando mi matrimonio estaba llegando a su fin después de trece años (que transcurrieron durante mi veintena, cuando todas las personas que conocía estaban teniendo sexo entre ellas), me sentía tan profundamente infeliz y sola que pensé que la respuesta era tener un matrimonio sexualmente abierto. Estaba comprometida con mis votos nupciales y a nuestra promesa de monogamia sexual, pero al mismo tiempo buscaba la manera de pedirle a mi marido permiso para acostarme con otras personas. Incluso tenía a alguien en mente, alguien que me había dejado claro que tenía sentimientos románticos hacia mí. Aunque todavía no había cruzado la línea en el sentido físico, me estaba acercando.

Una noche, mi marido y yo regresábamos a casa después de haber ido a ver tocar a un grupo de música en el Troubadour de Hollywood Oeste, y estábamos hablando de lo bueno que había sido el concierto. Y en particular, estábamos comentando el hecho de que los cantantes principales eran marido y mujer. Él mencionó que eran *swingers* y yo me entusiasmé y le hice muchísimas preguntas al respecto. Finalmente, tuve el coraje de decir: «¿Y tú qué piensas de eso?». Mi marido se detuvo en un semáforo en rojo, se volvió hacia mí en el coche, me miró directamente a los ojos y me dijo: «No me importaría que te acostaras con otros hombres si eso va a salvar nuestro matrimonio».

Me quedé muda. Me di cuenta de que yo quería intimidad, compañerismo y también amor. No me iba a sentir satisfecha teniendo relaciones sexuales con otra persona. Había un problema mucho más profundo que tenía que resolver. Cuando nos divorciamos, la gente no podía creer que él y yo hubiéramos sido monógamos durante todo ese tiempo. No podría decir cuántas veces oí la frase: «Un clavo quita otro clavo». ¡Y vaya que lo probaría!

¿Por qué no podía ser un tipo de mujer felizmente poliamorosa o tener un sometido doméstico que recogiera mi ropa de la lavandería y me fregara los platos? ¿Por qué me mantenía alejada de las principales estrellas porno femeninas y súper sexys que querían conocerme mejor? Sentía celos cuando mis amigas me contaban historias de desenfreno y lujuria con un extraño. Me encanta una buena historia porno, pero cada vez que veía a alguien y pensaba: «Me gustaría tener sexo con él», a las pocas semanas estaba teniendo una relación con esa persona.

Siempre que llevaba unos meses en una relación seria, cuando ya estaba enganchada con el subidón del sexo, ignoraba de manera deliberada las señales que me daban mi corazón y mi mente («esto no se corresponde con lo que quieres en una pareja, Liz») y trataba de moldear la relación sexual para que encajara con mis expectativas de una relación comprometida. Mi incapacidad de separar mi sexualidad de mi corazón permitía que mi libido se impusiera una y otra vez, siempre con los mismos resultados decepcionantes.

Un polvo rápido con un desconocido parece excitante cuando fantaseo sobre ello, pero soy una persona que ni siquiera deja que la gente lleve los zapatos puestos dentro de mi casa. Soy tan sensible a la energía de los demás que simplemente no puedo evitar confundir el sexo con el vínculo emocional y romántico, incluso cuando sé que estoy equivocada. Me llevó mucho tiempo (en realidad, en mis relaciones durante los treintena años y después de cumplir los cuarenta) llegar a entender mis límites y mis deseos más profundos en torno al sexo y el amor.

Para llegar hasta ahí tuve que dejar de compararme con la «norma», lo cual es lo opuesto a lo que verdaderamente deseo para mí. Solía sentirme insegura por tener unos ideales personales de monogamia tan anticuados. Dado lo que hago para ganarme la vida y el alto porcentaje de fluidez sexual y de género entre mis colegas, a menudo me sentía una mojigata. Es decir, hasta que dejé de comparar mi vida sexual con la de otras personas.

La carrera profesional de Nina Hartley es tal vez más larga que la de cualquier otra mujer en la industria de la pornografía. Como intérprete de actos sexuales frente a la cámara y lejos de ella, Nina ya ha tenido más sexo con más personas del que tendrá la mayoría de nosotros a lo largo de su vida. Ella se define como «bastante *kinky*», y ha tenido relaciones de dominación y sumisión, poliamorosas y lésbicas... ¡pero me dijo que envidiaba mi capacidad de tener múltiples orgasmos! Así que ya ves. Incluso las personas que crees que tienen medallas de oro sexuales caen en la trampa de compararse y desalentarse.

Una nueva normalidad amplía la definición actual de sexo más allá del estrecho requerimiento de penetración y desenlace orgásmico. El sexo puede consistir en besarse, lamerse, acariciarse, darse golpecitos en las nalgas, usar los dedos (hay tantos sabores), y la intimidad y el placer se pueden cultivar también en todos esos actos.

Una nueva normalidad te permite definir el perímetro de tu espacio de juegos y los juguetes con los que quieres jugar, entendiendo que en cualquier momento puedes desechar un juguete que ya no encaja contigo y probar algo nuevo. Y no, no me refiero a personas como juguetes –jugar sexualmente con las personas y desecharlas es mala educación sexual, además de cruel.

Si te abres más allá de las actuales restricciones que tu familia, la sociedad, tú y/o la religión imponen a tus sueños eróticos, quizás descubras que te gusta chupar los dedos de los pies, o que te encanta que te arrojen una tarta de crema en la cara, o que te estremeces cuando te azotan o cuando te ponen un corsé muy apretado. Existe una alta probabilidad de que todavía no hayas raspado la superficie de lo que podrían ser tus fetiches. ¿No es emocionante saber que tienes el resto de tu vida para descubrir, redescubrir y volver a descubrir lo que te excita? Es como ir a una heladería con diez millones de sabores de helados y de coberturas. ¡Piensa en todos los postres dulces y cremosos que podrás probar!

La sexualidad es un recorrido personal. Lo que funciona para mí, para Nina, para él o para ellos puede no gustarte. Por encima de todo, es fundamental que te sientas cómodo o cómoda con tus propios deseos. También es importante que te asegures de que cuando decidas probar algo nuevo sexualmente, estás decidiendo por ti y no estás siendo coaccionado a hacerlo. Habla del tema con alguien en quien confíes, aparte de tu pareja, si no estás seguro. Negocia el consentimiento antes, durante y después de una experiencia nueva. Todas éstas son las partes complejas de tener un encuentro sexual. *El sexo no ocurre de una forma perfecta y misteriosa, como en las películas, y hablar de ello antes no hace que sea menos sexy.*

Una nueva normalidad incluye la autoestima, los límites y una comunicación clara en torno al sexo. Una nueva normalidad desalienta nuestro estándar actual de tener sobre todo unas relaciones sexuales disociativas, en las que nuestro cuerpo está desconectado de nuestra mente y nuestro corazón. Una nueva normalidad integra nuestra espiritualidad y nuestra consciencia con nuestra sexualidad. ¡Una nueva normalidad anima a jugar!

Me gusta vivir mi vida con la actitud de que puedo unirme al circo algún día, cuando tenga más de setenta años. Entonces, aunque tengo ciertos NOES difíciles, estoy abierta a hablar de mis fantasías y de las de mi compañero antes de decidir si quiero probar algo nuevo en el sexo. A medida que vamos evolucionando, nuestros deseos también lo hacen.

Asa Akira es una legendaria estrella del porno, directora, escritora y creadora de pódcasts. Ha actuado en más de quinientas películas, es conocida como «La Reina del Anal» y en 2013 se convirtió en la tercera persona asiática en ganar el premio AVN a la mejor intérprete femenina del año, otorgado por Adult Video News. Ella me dijo: «A nivel personal, mis gustos sexuales siempre están evolucionando. Solía pensar que las preferencias o gustos sexuales eran algo con lo que uno nacía y que eso era todo. Desde que trabajo en el porno, he descubierto que no es así. En ocasiones eso evoluciona en una dirección y luego se revierte. No tiene nada de malo cambiar de opinión sobre algo o tener una preferencia distinta cada semana. Estoy aprendiendo que eso está bien y que es normal, en lugar de encasillarme en algo como si eso fuera lo que me tiene que gustar siempre».

Otra cosa que debemos tener en cuenta en nuestra nueva normalidad es la siguiente: *la monogamia no es un estado natural para los seres humanos, sino una elección*. Al igual que la virginidad, es una construcción social que hemos desarrollado a lo largo de miles de años de evolución y una conveniencia para el beneficio de las personas y los sistemas en posiciones de poder. Puede ser algo que funcione para mí o para ti, o puede que no –pero si es el estándar cultural aceptado para las relaciones serias, tenemos que ser conscientes de que estamos luchamos una y otra vez contra nuestro instinto primario básico–. Hay muchas opciones y conversaciones que puedes tener contigo y con tus parejas para decidir qué es lo que funciona mejor en tu caso.

La parte buena de la situación en la que nos encontramos *ahora* en términos de cultura, tecnología, historia y avances en salud es que muchas personas están cuestionando las estructuras de las relaciones que nos habían dicho que eran normales, y están descubriendo nuevos lenguajes y parámetros para crear nuevos tipos de relaciones íntimas.

Por ejemplo, examinemos el poliamor, que es la práctica de tener múltiples relaciones amorosas, sexuales o íntimas *consensuadas*. Esto también podría denominarse no monogamia consensuada, o relación abierta; la terminología está cambiando una y otra vez mientras los viejos sistemas son derribados y recreados. Las parejas que están en ese tipo de relaciones suelen establecer límites explícitos (en lo referente a la frecuencia, a actos específicos, a la transparencia, etc.) para preservar la comodidad del compañero o la compañera principal dentro del acuerdo. Conozco a muchas parejas poliamorosas que se encuentran en relaciones basadas en el *kink* o los fetiches que logran manejar las expectativas y los deseos en evolución porque tienen la base para un diálogo más abierto en torno al sexo y la intimidad.

Pero fuera de las comunidades del positivismo sexual y del sexo *kink*, esta palabra a menudo se utiliza sin tener en cuenta todos sus parámetros y límites.

Con frecuencia, las mujeres de veintitantos años me preguntan sobre el poliamor después de haber oído hablar sobre este concepto de boca de un compañero hípster que lo ve como una oportunidad para conseguir más mujeres de una forma «ética». Winston Wilde, un terapeuta conocedor del tema del *kink*, pregunta a los pacientes jóvenes que llegan a su consultorio diciendo que quieren probar el poliamor: «¿Alguna vez has tenido una relación con una persona? Primero tienes que dominar eso, que ya es bastante difícil».

No argumento que el poliamor es un estilo de vida más evolucionado que la monogamia, sólo que todas estas opciones son elecciones y, ciertamente, son normales. Tenemos que entender cuáles son las dinámicas de relación que funcionan para nosotros, hablar de ellas con nuestras parejas y verificar repetidamente que estamos de acuerdo, porque nuestros criterios de lo que necesitamos van a cambiar a medida que nosotros lo vayamos haciendo, y lo mismo ocurrirá con los de la otra persona.

Kenneth Play es un educador y *coach* sexual al que la revista *GQ* ha llamado «el mejor *hacker* del sexo del mundo». Además, se identifica como poliamoroso. Kennet afirma: «Creo que la idea errónea es que si eres poliamoroso nunca sientes celos, nunca necesitas pasar tiempo a solas, nunca precisas estar con una sola persona, nunca necesitas entrega. Creo que todos esos deseos siguen existiendo en las personas. Pienso que la no monogamia tan sólo ofrece un poco más de flexibilidad y posibilidades sobre cómo gestionarla. Es más bien diseñar, aprender y ver qué es lo que encaja con todas las personas en la relación».

Tienes la libertad de elegir diferentes paradigmas de relación para distintas personas que llegan a tu vida y en diversas etapas de *tu* evolución.

Una nueva normalidad incluye aceptar y celebrar la *humanidad* complicada y caótica de nuestro propio cuerpo: nuestros genitales;

nuestro sistema reproductor; nuestros ruidos, fluidos y olores. Al contrario de lo que tantas empresas impulsan, las vaginas se limpian solas y no necesitan duchas vaginales con sustancias irritantes; finalmente, lo que nos están vendiendo es el mito histórico de que son «sucias». Muchas de nuestras creencias culturales ancestrales sobre la menstruación han hecho que sintamos una intensa vergüenza, ¡tanto si somos las que menstruamos como si no! Además, nuestra nueva normalidad no nos hace entrar en una espiral (sí, lo has adivinado) de vergüenza cuando nos cuesta tener una erección, o eyacular, o estar húmedas –porque hay mil factores distintos que podrían estar participando en cada uno de estos escenarios–. Todos ellos son normales y no tenemos que culparnos porque nuestra fisiología no funciona de acuerdo con un ideal de perfección todo el tiempo.

Ahora que entendemos que nuestras ideas básicas sobre la sexualidad tienen algunas deficiencias, el siguiente paso es reconstruir una que funcione para ti, querido lector. Cada uno de nuestros cimientos reconstruidos será distinto y será respetuoso con los de los demás.

Vamos a reemplazar nuestras antiguas respuestas y pensamientos con otros que nos sirvan. Al final de este capítulo, enseñaré un ejercicio para crear *la nueva normalidad*. Para ello, primero tenemos que mirarnos de un modo *objetivo, desapegado y honesto*, y desechar un par de cosas que nos están impidiendo avanzar:

1. La vieja normalidad: mírala por el espejo retrovisor. Reconoce que no funciona, o, de lo contrario, no leerías este libro. La vieja normalidad en ocasiones hace que cometamos errores, pero no importa: tu evolución sexual tiene una curva de aprendizaje y nadie espera que seas perfecto o perfecta, que conozcas la nueva nomenclatura para las identidades de género y sexuales, o que estés al día con los últimos estudios, noticias y tendencias sexuales. Te animo a que te informes si no sabes algo o si quieres entenderte mejor. Personas del mundo entero utilizan The Sex Ed como un recurso para estos propósitos. Y no, no creo que deberías tener todo bajo control a estas alturas de tu vida (y yo tampoco).

2. Vergüenza: aprendemos a sentir vergüenza desde muy pequeños. La vergüenza define lo que sentimos sobre nosotros mismos y la forma

en que nos relacionamos con nuestro cuerpo, nuestra sexualidad, nuestros patrones amorosos y nuestras relaciones. Tenemos que remontarnos muy atrás y averiguar cuáles fueron las experiencias que hicieron que nos sintiéramos mortificados, menospreciados, despreciados, humillados, degradados, no queridos, no deseados, abandonados o con carencias. Nuestra vergüenza es una parte importante de lo que nos está impidiendo crear unas relaciones íntimas y sexuales increíbles con nosotros mismos y con los demás.

¿Algo de esto parece fácil? ¡NO! ¡Es trabajo! ¿De dónde sacamos la idea de que simplemente tenemos que ser «buenos» en la cama sin ningún esfuerzo? ¿Encuentras tiempo para ejercitarte, meditar, comer bien, dormir lo suficiente, hidratarte? ¿Por qué no eres igual de disciplinado para descubrir qué es lo que te proporciona placer? El sexo es una aventura que dura toda la vida, y parte de la nueva normalidad consiste en reconocer que no sabemos lo que no sabemos, además de comprometernos a estar dispuestos a aprender, ¿no es así?

Como sugiere el título del álbum seminal del Parliament-Funkadelic: *Libera tu mente... y tu trasero la seguirá*. Mantengámonos con esa actitud mientras cada uno de nosotros desarrollamos nuestra nueva normalidad, empezando por desenterrar la vieja programación que nos está impidiendo alcanzar nuestro potencial como seres sexuales auténticos y satisfechos. Éste es un ejercicio que te ayudará a hacer exactamente eso:

1. Escribe tus primeros recuerdos sexuales. Por ejemplo, ¿cuándo y cómo te masturbaste por primera vez? ¿Qué utilizaste para excitarte? ¿Sobre qué o sobre quién fantaseaste? ¿Cómo te sentías respecto a tu cuerpo? ¿Y tus genitales? ¿Y la primera vez que viste los de otra persona? Tómate todo el tiempo que necesites para elaborar esta lista. No te apresures. Es posible que surjan algunos recuerdos, patrones o traumas dolorosos al hacer este ejercicio. A mí me ha ocurrido. Si es demasiado para ti, por favor, detente y llama a un amigo o terapeuta en quien confíes. Si eres capaz de seguir adelante a pesar de las cosas que surjan, trata de verlas como algo desligado de ti, como

parte de un viejo sistema que aprendiste en la infancia y que ya no te sirve.

2. QUEMA LA LISTA.

3. A continuación, anota todos tus deseos secretos. Esto puede incluir el tipo de sexo que te gustaría tener, la clase de relación o de amor que deseas experimentar y la relación que te gustaría tener con tu propio cuerpo.

4. Es tu decisión si quieres quemar esta segunda lista como una intención de lo que te gustaría atraer, o si deseas guardarla como un recordatorio mientras aprendemos a comunicar nuestros deseos a nuestra pareja.

LLENAR EL VACÍO

¿Qué necesidades estamos satisfaciendo cuando tenemos sexo?

¿Un instinto animal?

¿Una conexión emocional?

¿Una forma de estrechar lazos con nuestra pareja?

¿El deseo de explorar nuestra sexualidad y el potencial placer?

¿Y qué ocurre cuando elegimos tener una relación amorosa?

¿Lo hacemos porque estamos profundamente enamorados y sentimos una conexión a nivel del alma con nuestra pareja?

¿Es por conveniencia o por motivos económicos?

¿Es para explorar lo que significa tener una verdadera intimidad y ser apreciados por otra persona?

¿O tememos a la soledad?

¿Estamos conformándonos porque es lo mejor que creemos merecer?

¿Nos conformamos con cualquiera?

¿Creemos que el hecho de que alguien nos ame o nos desee significa que somos dignos de ser amados?

Si nos remontamos a nuestros primeros recuerdos, comprobaremos que gran parte de lo que hemos aprendido se centra en vincular nuestra sensación de valía y de autoestima con la atención, el deseo y el amor de otra persona. Cuando somos niños, nos sentimos bien cuando nos dicen que somos hermosos, guapos o buenos; cuando somos unos adolescentes torpes, nuestro deseo de ser aceptados por nuestros compañeros, de pertenecer, de ser vistos como «normales» es *muy intenso*. A través de estas experiencias inconscientes, *muchos de nosotros aprendimos a equiparar la autoaceptación con conseguir la aceptación de otra persona*.

Por desgracia, este condicionamiento hace que necesitemos la validación de otras personas para *querernos*. Esto puede hacer que veamos nuestro atractivo, nuestra sexualidad e incluso nuestra valía a través del lente de si otra persona, o la sociedad en su totalidad, nos considera «valiosos» o «sexys». ¿Alguna vez has deseado a alguien, o algo, porque sabías que haría que tuvieras una mejor imagen de ti mismo? ¿O que te sintieras más completo o completa? «Si tuviera ese trabajo, esa casa, ese coche, esa pareja, esa vida sexual, etc., entonces todo estaría bien».

Es posible que, como adultos, descubramos que sentimos una profunda carencia, o incluso desesperación, independientemente de si tenemos una relación seria, o el trabajo de nuestros sueños, o unos orgasmos increíbles todo el tiempo.

Bienvenidos *al vacío*. Es nuestra sombra y está muy vinculado a quienes somos como seres humanos.

Gurús de la autoayuda, blogs y retiros de *mindfulness*, clases de yoga, *influencers* y celebridades por igual pregonan productos (¡vitaminas para el cabello!, ¡té para adelgazar!) e ideologías que prometen acabar con el vacío y con todos nuestros pensamientos oscuros ¡con la promesa de tener mejor sexo! ¡Relaciones más felices! ¡Un mayor atractivo para ti!

Todas son mentiras.

Cualquier ideal de «perfección» y «dicha» constantes es totalmente inalcanzable, y no es todo lo que dicen. Algunas personas afirman que tratar de suprimir o evitar nuestra sombra es una «derivación espiritual». La verdad es que no podemos experimentar momentos de gran felicidad sin reconocer y aceptar la profundidad de los momentos bajos. La luz necesita la sombra para existir.

Con mucha frecuencia, pensamos que nuestra vida sexual y amorosa satisfará nuestro deseo de experimentar una felicidad, una alegría y un éxtasis constantes. Si pudiéramos permanecer en un estado de felicidad perpetua, podríamos evadir nuestro vacío, el cual puede manifestarse como incertidumbre, ansiedad, miedo o vergüenza. Nombra una emoción que preferirías no sentir, y ése es tu vacío, que te está hablando. El sexo es un buen lugar para evadir el vacío. No puedo nombrar la cantidad de veces que me pan pedido consejo sobre «cómo alcanzar el orgasmo más intenso cada vez».

Ésta es la realidad:

Es imposible llegar siempre a un orgasmo de máxima intensidad. Cualquiera que te prometa eso está engañándote. Si viviéramos siempre en el nivel más alto, acabaríamos hartándonos. En unas ocasiones el orgasmo es más intenso que en otras; para las personas que tenemos vaginas, a veces sólo conseguimos llegar al orgasmo mediante la estimulación del clítoris, y en ocasiones logramos alcanzarlo de forma intrauterina. Hay muchos factores que afectan a nuestra libido: el estado de ánimo, el ciclo menstrual, los factores de estrés ambiental y vital, tanto si estamos tomando anticonceptivos orales o antidepresivos como si no los estamos tomando. Cuando esperamos alcanzar el éxtasis con cada orgasmo, ponemos más presión sobre nosotros mismos en lugar de disfrutar del momento y experimentar lo que está ocurriendo realmente.

Es del todo *normal* no llegar al orgasmo, no eyacular con cada experiencia sexual —tanto si lo estás haciendo con otra persona como si te estás masturbando—. En ocasiones no logras llegar hasta ese punto psicológica, mentalmente, o de otras maneras. En lugar de aceptar que esto ocurre porque somos humanos y no robots, tendemos a autoflagelarnos, a sentir vergüenza o a preguntarnos qué nos pasa.

Tenemos que dejar de ver el sexo como una meta o como algo basado en el orgasmo. Recuerda: no es necesario que el sexo incluya la penetración o un resultado orgásmico. Tenemos que ampliar nuestra idea de lo que puede ser una experiencia sexual normal. No digo que, en ocasiones, lo que uno necesita no sea un polvo rápido con un orgasmo increíble, pero si esperas que en cada encuentro sexual todo sea perfecto y maravilloso, lo único que conseguirás es sentirte más frustrado o frustrada.

Cuando adviertas que te estás concentrando en un objetivo durante el sexo, te sugiero que disminuyas la velocidad, respires hondo unas cuantas veces, sintonices con tu cuerpo y veas lo que surge cuando renuncias a la idea de obtener un resultado deseado. Más adelante en este libro vamos a profundizar en la práctica de la respiración para ayudarnos a conectar con nuestros genitales y alcanzar mejores orgasmos.

Las experiencias y las emociones son como olas. Podemos estar en lo alto de la ola, alegres y extáticos, o sentir que estamos siendo arrastrados por la resaca, sintiéndonos solos, inseguros, enojados, desconsolados, vengativos, aburridos, ansiosos, deprimidos, asustados, dolidos, autodestructivos o tristes. La mayoría de nosotros aprendió en su infancia a etiquetar las emociones de la resaca como «malas» y las de los momentos en los que estamos en lo alto como «buenas», y a ignorar, sanar u ocultar las emociones «malas» con la mayor rapidez posible. ¿Cuántas veces te han dicho que no estés triste?

Incluso si sabemos que, al igual que las olas, nuestros sentimientos «negativos» acabarán pasando, nos resulta muy difícil sentirlos. Es posible que tardemos sólo unos minutos en empezar a buscar algo que distraiga a nuestro cerebro del dolor que estamos experimentando. Como adultos, hemos llegado a un punto en el que somos *tan buenos* desatendiendo a los sentimientos incómodos, que a menudo ni siquiera somos capaces de identificar la causa principal de que sintamos ese malestar. Buscaremos a cualquier persona o cualquier cosa que aleje nuestra atención de nuestra sombra, nuestro *vacío*.

¿Alguna vez has usado de un modo inconsciente el sexo, las drogas, la comida o el alcohol para tranquilizarte o validarte? Yo lo he hecho, definitivamente. Cuando me sentía abrumada, uno de mis métodos favoritos para serenarme y evadirme era comprar tabaco de liar (había dejado de fumar a los diecinueve años) para mezclarlo con marihuana (algo que aprecio). Lo hacía para convencerme de que estaba fumando un porro en lugar de tan sólo admitir que quería fumar esa cosa que es «mala» para mí, es decir, nicotina. Pero no me detenía ahí. Acababa fumando un canuto tras otro para recibir mi dosis de nicotina hasta que me dolían los pulmones y sentía náuseas. Después, tiraba el tabaco a la basura, enojada, sólo para acabar sacándolo de la basura más tarde y volviendo a empezar. El ciclo terminaba sólo cuando, o le daba el paquete de tabaco a una amiga (quien, por suerte, me conoce y me aprecia por mis excentricidades), o vertía agua dentro del paquete y *luego* lo tiraba a la basura. *Podría* haberme limitado a fumar sólo un porro de marihuana y haber disfrutado de la experiencia, pero lo que me gustaba era convertirlo en un exceso prohibido.

O quizás hayas oído la expresión «tragarme mis sentimientos». Durante los debates presidenciales de Estados Unidos de 2016 y 2020, comí muchísimas tabletas de chocolate para calmar mi intensa ansiedad. Me encanta el chocolate, pero esto era otra cosa: podía comer dos o tres tabletas en veinte minutos mientras veía esos debates, y puedes imaginarte el dolor de estómago que tenía después. Y después… lo repetía.

Este tipo de comportamiento se llama *llenar un vacío*. Cuando utilizamos de un modo insensato [inserta aquí tu método de escapismo preferido] para llenar un vacío, *evitamos* sentir las emociones difíciles. Mis tabletas de chocolate eran una dosis de gratificación inmediata que sustituía con dulces algo que en realidad no quería sentir (angustia por el estado en que se encontraba el país).

Por Desgracias, llenar un vacío con una gratificación inmediata hasta llegar al exceso, con cosas con las que realmente disfrutamos, puede convertirse en un hábito. Aunque nos resulte muy difícil, en ocasiones tenemos que hacer una pausa, observar nuestro malestar y procesarlo antes de continuar. Si somos capaces de estar lo bastante serenos como para ser conscientes del sentimiento que estamos tratando de evitar, podremos empezar a observarlo como si fuera una ola. En lugar de ser arrastrados por la resaca, podemos observarla romper en la orilla y luego retroceder hacia el mar otra vez.

Ésta es la dura verdad: no es fácil estar con un sentimiento «malo» sin querer distraerte. Y, a veces, tan sólo tienes que hacerlo. Pero hacer una pausa y observar nuestro malestar, incluso durante unos pocos minutos, nos ayuda a entender *por qué* estamos comiendo chocolate, bebiendo un martini, fumando un porro o follando con esa persona. Si podemos cambiar nuestra forma de pensar de *Realmente necesito tener sexo porque no quiero sentir mi angustia* a *Estoy triste y es horrible, y simplemente necesito sentirme validado por el hecho de que otra persona me desea*, entonces estaremos mucho más cerca de conocer nuestros límites y nuestros deseos en torno al sexo y el amor.

Nuestra sombra o nuestro vacío están muy ligados a nuestros sentimientos de valía y autoestima. Cuando algo o alguien nos altera, a menudo eso puede llevarnos a un estado tan oscuro y «negativo» que es posible que nos sintamos paralizados, desesperanzados o indignos de tener sexo o amor —*incluso* si leemos libros de autoayuda, meditamos, rezamos y practicamos todas las técnicas de *mindfulness* que hemos aprendido—. *Esto es normal. Somos humanos.* Una vez más, no podemos existir siempre en la luz. Si examinamos a las figuras religiosas o espirituales a lo largo de la historia (de todas las religiones), veremos que la mayoría de ellas buscaban el equilibrio entre su sombra y su luz. Entonces, cuando la gente te diga que su vida es perfecta o que no tiene ninguna sombra, tienes que preguntarte qué vacío está tratando de evitar.

Mientras trabajaba en este capítulo, tuve una conversación con una amiga bienintencionada que me sugirió que mi historia previa de enamorarme de «personas rotas» podría haberse resuelto con facilidad si me hubiera conformado con «una persona buena, normal» como su marido, «que no tiene ninguna sombra». Antes de que desentrañemos este consejo problemático, permíteme que te lleve a una época en la que creía que no podía caer más bajo. Mi vacío, o mi lugar de carencia, era todo lo que era capaz de ver.

Día 25 de diciembre de 2014. Estaba en el hospital con mi padre, que se estaba muriendo. Acababa de salir de la unidad de cuidados intensivos después de haber estado ahí varios días, y yo sabía, de manera intuitiva, que sólo le quedaban unas semanas de vida. El día de Navidad también es mi cumpleaños (cuando eres una niña, eso es una maldición, porque todos olvidan tu cumpleaños o te dan un solo regalo, pero ahora no me molesta). Todos en mi familia se habían ido de vacaciones con sus parejas y sus hijos. Dado que en aquel momento yo estaba divorciada y no tenía hijos, tomé la decisión de quedarme en Los Ángeles y estar con mi padre. Sabía cuánto le temía él a la muerte, pues me lo había confesado la noche antes de entrar en la UCI. Pensé en cómo me sentiría en mis últimos días de vida, en el hecho de que no podría enfrentarme a la idea de no tener a nadie que me reconfortara.

Volvamos al día de mi cumpleaños, cuando me encontraba en el hospital con mi padre, sosteniendo su mano y conteniendo las lágrimas mientras veíamos *Qué bello es vivir* en un pequeño televisor. Él apretó mi mano, se volvió hacia mí y dijo: «Quisiera verte sentar cabeza, Lizzie». Sus palabras me llegaron al alma. Yo ansiaba lo mismo: sentirme establecida, que mi padre me viera feliz en una relación seria, que conociera a mi futuro bebé.

En los días siguientes, mi vacío se apoderó de mí. Anhelaba que algo pusiera fin al desprecio que tenía por mí misma y a la carencia que sentía. ¿Elegí la meditación, la oración o recurrí a alguna de las muchas relaciones cariñosas que tengo en busca de consuelo?

Por supuesto que no.

Decidí dejar que el *fuckboy*[1] que llevaba ocho meses tratando de acostarse conmigo me hiciera una visita. Definitivamente, no le dije que mi padre se estaba muriendo. Mientras estábamos sentados en mi sofá, ¿me sentí reconfortada? ¿Olvidé mi tristeza? No. Él procedió a frotarse contra mí y terminó masturbándose encima de mi pierna y sobre mi sofá. Elegí recurrir a una persona y a una experiencia que hicieron que me sintiera peor de lo que ya me sentía. Y no podía culpar a nadie más que a mí. Hoy pienso en esa época en mi vida cada vez que la baja autoestima y la falta de autovaloración se empiezan a apoderar de mí. Sola durante las fiestas el día de mi cumpleaños con mi padre muriéndose y teniendo sexo en mi sofá.

Todo el amor o el sexo del mundo nunca podrán llenar nuestro vacío si no aprendemos a querernos y a amar nuestro vacío.

En la actualidad, sobre todo cuando se trata de sexo, hay muchísima presión para que tengamos una intimidad inconsciente, desconectada y poco satisfactoria: desde la naturaleza transaccional de las aplicaciones de citas y de encuentros sexuales (no las critico, sólo señalo la premisa de una dosis rápida de dopamina) hasta el dogma que nos pretenden imponer las redes sociales y la cultura más amplia de que nuestra valía está relacionada con cuán sexualmente atractivos somos o con cuántos «me gusta» recibimos. El problema es que cuando asociamos el sexo con una forma de escapar de un sentimiento que no queremos

---

1. Este término generalmente se refiere a una persona que se identifica o se presenta como hombre y que se encuentra a entera disposición de las personas que lo encuentran atractivo, accediendo fácilmente a ellas (por lo general, a través de mensajes de texto) en cualquier momento para obtener satisfacción sexual sin ataduras. A menudo desarrollan una distancia emocional rígida, sin permitir que sus parejas sexuales tengan una intimidad amorosa a largo plazo con ellos.

sentir, también diluimos nuestro potencial para conocer un *placer* del todo conectado (e incluso trascendente).

Puede ser muy difícil llegar al fondo de cuáles son nuestras verdaderas motivaciones personales (seguiré recalcando que *nuestra identidad sexual es única para cada uno de nosotros, como nuestras huellas digitales*) cuando se trata de sexo. Debemos ser capaces de ignorar lo que funciona para otras personas, sus consejos y lo que vemos en los medios de comunicación, y sintonizar con lo que funciona *para nosotros*. (Recuerda, nuestra *nueva normalidad*).

Se dice con frecuencia que ahí donde el pensamiento va, la energía fluye.

Para mí, a veces un descanso de tener intimidad con otras personas puede ser una oportunidad sana para ser más consciente del sexo que tengo. He pasado por varios períodos de celibato autoimpuesto (justo después de mi divorcio y de dos rupturas dolorosas) para reiniciar mi corazón. Mi versión del celibato incluye la masturbación y también los besos y las caricias con otra persona, dependiendo de las circunstancias y de cuán cómoda me sienta. Incluso podría incluir nalgadas y sexo oral. Lo que el celibato autoimpuesto significa para mí es no ser penetrada por otra persona. Esto me permite tener muy claras mis intenciones y mis relaciones, para en realidad considerar si uso el sexo para llenar un vacío.

He descubierto que es interesante observar con cuánta frecuencia las personas mezclan cuánto sexo estás teniendo con un juicio de valor sobre la autoestima. ¿En cuantas ocasiones un conocido te ha preguntado con quién te estás acostando o con quién estás teniendo una relación? ¿Alguna vez te has sentido avergonzado porque tu respuesta fue «conmigo mismo»?

Si hubiese recibido un dólar cada vez que he oído a alguien que lleva años en una relación de pareja (a menudo *cis-het*[2] y casada) pre-

---

2. *Cis-het* es una abreviatura en jerga para referirse a una persona «cisgénero heterosexual», lo cual significa alguien que se identifica con el género que le fue asignado al nacer por la comunidad médica. El término puede aplicarse a aquellas personas de cualquier orientación sexual, lo cual significa que una mujer cisgénero puede identificarse como heterosexual, homosexual, bisexual o cualquiera de las definiciones en constante evolución de la atracción sexual. *Heterosexual*

guntarle a una persona soltera sobre su vida sexual como si estuviera tratando de vivir a través de ella, tendría diez mil millones. Tengo ganas de interrumpir y preguntar: «¿Cuánto sexo estáis teniendo tu marido (o tu mujer) y tú? ¿Te gusta el sexo anal?». O incluso: «¿Qué vacío estás tratando de llenar cuando presionas a alguien para que te cuente detalles personales de su vida sexual? ¿No tienes suficiente sexo en casa?». Que esto sirva como un recordatorio no muy amable de que hacer preguntas íntimas sobre sexo sin un claro «consentimiento para indagar sobre mi vida privada» es simplemente inapropiado. ¡Esto es etiqueta sexual básica!

Pero me estoy yendo por las ramas. Volviendo a mi práctica ocasional del celibato autoimpuesto, cuanto más abierta he sido respecto a tomarme estos períodos para mí misma, más he oído a otras personas decir que están teniendo mucho menos sexo del que dejan entrever —con independencia de cuál sea su situación sentimental.

Cuando digo la palabra *celibato*, ¿qué te imaginas? ¿Un monje tomando votos de castidad? ¿Alguien que se niega a sí mismo el placer? ¿Piensas en los *incel* que publican comentarios misóginos en Reddit en la oscuridad? ¿Imaginas a alguien que no tiene relaciones sexuales porque se está reservando para el matrimonio o para Dios? ¿Piensas que si permaneces durante un período demasiado prolongado sin tener sexo con penetración tus genitales se llenarán de telarañas? ¿Crees que el celibato es la ausencia total de orgasmos, incluso a través de la masturbación? ¿Alguna vez has pasado por un período de celibato autoimpuesto?

A nivel profesional, a través de The Sex Ed, y en persona, quiero animar a todo el mundo a que esté abierto a las elecciones de otros individuos y que los acepten, tanto si se trata de poliamor, de fiestas sexuales, de fetiches o de la decisión de tomarse un descanso.

Éstos son unos extractos de algunas conversaciones sobre el celibato que he tenido con amigos y colegas que han iluminado mi punto de vista y han hecho que me sienta menos aislada cuando he pasado por períodos en los que he estado concentrada en el *autoamor*. También

---

significa alguien que se adhiere a una definición de las relaciones hombre-mujer o del matrimonio entre un hombre y una mujer.

hemos hablado de si, cuando tenemos sexo con otra persona, estamos utilizándola o utilizando el acto en sí mismo sólo para *llenar un vacío*. Mi amiga Gila Shlomi, también conocida como Weezy, es una experta en sexo y es presentadora del pódcast *WHOREible Decisions*, que se dedica a acabar con los estigmas del sexo *kink* para la gente de color. Gila está abierta a todo tipo de experiencias nuevas, desde ser arrastrada (por mí) a una clase de kundalini hasta asistir a una orgía por Zoom… y otras cosas más. A pesar de ser una aventurera, me contó esto: «Al pasar por ciertas rupturas, necesito estar célibe hasta que siento que he superado ese momento. Porque si no lo hago, entonces sólo tendré sexo para ocultar el dolor». Pensamos que el sexo va a resolver esos sentimientos o va a hacer que nos sintamos mejor, lo cual no es cierto. Creo que cuando pensamos que una persona es totalmente célibe, tenemos esta imagen de una monja que no puede hacer nada. Eso es lo que, en cierto modo, tuve que aprender: «Oh, puedo ser sexy y sexual, pero sin tener sexo». La gente no ve el celibato como un viaje de descubrimiento de uno mismo, sino como un episodio de autocompasión indulgente.

Carolyn Murphy es una supermodelo que ha posado para las portadas de la revista *Vogue* en sus ediciones estadounidense, francesa e italiana; fue el rostro de la campaña cosmética de mayor duración en el negocio (para Estée Lauder); y desfila en las pasarelas del mundo entero. Uno pensaría que una persona que es admirada por su belleza y su atractivo tiene una vida sexual envidiable, ¿verdad? Pues, según Carolyn: «He sido célibe en el ínterin entre la mayoría de mis relaciones. Creo que el tiempo máximo de celibato fueron cinco años sin tener relaciones sexuales. Y no tuve ningún contacto con ningún hombre, ni siquiera un beso. En ocasiones, [cuando las personas se enteran de que una ha sido célibe] se sorprenden y dicen cosas como, "Dios mío, ¿cómo pudiste hacerlo?". No estoy interesada en encontrar a alguien con quien tener sexo. Esto es algo que elijo. Simplemente tengo muchas otras formas de realizarme en estos momentos. Creo que esto suele sorprender a las personas. Tengo amigas que me han dicho: "Tienes que poner eso en movimiento. Tienes que ponerte en marcha". Y yo les respondo: "No, no voy a entregar esta vagina de oro a cualquiera, es sagrada". Alguien tiene que ganarse el derecho a entrar en ella».

Más mujeres que hombres me han hablado abiertamente del celibato, quizás porque la identidad masculina está muy ligada a la idea de la proeza sexual, lo cual hace que sea más vergonzoso o «anormal» (¡otra vez esa idea de lo «normal» impidiéndonos evolucionar!) para ellos admitir que han *elegido* no tener sexo. Sin embargo, hay hombres muy exitosos que podrían tener a la persona que quisieran y han escogido tener períodos de celibato.

Ramy Youssef, comediante, director y escritor, es el creador y protagonista de la serie *Ramy* en Hulu, ganadora del Globo de Oro. Esta serie explora muchos remas relacionados con el sexo (desde la fe hasta llenar el vacío) mientras su personaje trata de encontrar el término medio entre los deseos mundanos y lo divino. Hay un episodio que empieza con Ramy en la cama, comiendo frenéticamente gominolas Haribo y masturbándose mientras ve porno. Al final, ambas cosas hacen que se sienta mal. «No quería tener sexo hasta que me casara, así que no lo tuve hasta que tuve más de veinte años –me dijo–. Era algo que estaba ocurriendo mucho en secundaria, pero yo no quería hacerlo, y entonces asistía a una clase de actuación y eso lo echó todo a perder. Cuando estás en una clase de actuación piensas "Tengo que expresarme"». Incluso después de empezar a ser sexualmente activo, eligió tener períodos de celibato para entender mejor sus relaciones y los límites en torno al sexo y la fe. «Se trata simplemente de ser capaces de hacer una pausa. Creo que a los tíos nos cuesta mucho hacer pausas. Siempre pensamos: "Espera, un momento, ¿qué he hecho?". Un hombre antes del sexo y después del sexo es como una máquina del tiempo. Piensa: "Oh, vaya. Soy diferente". Creo que puede ser una experiencia realmente embriagadora».

Conozco al músico, productor y científico musical Mark Ramos Nishita desde hace más de dos décadas. Además de su trabajo en solitario, *Money Mark*, ha colaborado con los Beastie Boys, con David Byrne de los Talking Heads y con los Yeah Yeah, entre muchos otros. Ha reconocido: «Ha habido numerosas ocasiones, quiero decir, decenas y decenas, en las que preferí masturbarme a tener sexo con otra persona. Cuando era joven, sólo tenía sexo con alguien si la otra persona quería tener sexo conmigo. Y luego, más tarde, pensaba: "¿Qué estoy haciendo, si realmente no estoy conectando con esta persona?". Era como sexo vacío, ¿no es así como lo llaman? Simplemente sentía que eso no tenía ningún valor, y que prefería masturbarme y se acabó».

No fueron sólo las personas corrientes con las que hablé las que observaron que estaban utilizando el sexo para llenar un vacío; incluso algunas de las figuras más destacadas de la industria del cine para adultos, a las que literalmente les *pagaban* para que tuvieran relaciones sexuales, se sienten a gusto absteniéndose de tenerlas. Joanna Angel es una estrella del cine para adultos, ganadora de varios premios, directora, productora, escritora, empresaria y fundadora del estudio de pornografía alternativa Burning Angel Entertainment, que creó en 2002 cuando estudiaba en la universidad. «Hubo un período en el cual no contaba como relaciones sexuales el sexo que tenía frente a las cámaras —reveló—. Cuando estaba entre una relación y otra, pasaba mucho tiempo sin tener sexo fuera de cámara. Sé que no le voy a dar lástima a nadie. Aun así, seguía teniendo realmente buen sexo delante de las cámaras. Para mí, eso era celibato». También pasó por un período de celibato antes de empezar a trabajar en el cine porno: «Tenía una relación y cuando terminó me sentí muy triste. Él me había puesto los cuernos y yo estaba destrozada, con el corazón roto. Recuerdo que traté de superarlo teniendo aventuras de una noche chapuceras, desesperadas y plagadas de alcohol. El sexo no estaba llegando desde un buen estado de ánimo. Esto me hizo pensar: "Está bien, voy a dejar de pensar en el sexo. Me masturbaba. La masturbación realmente te hace bien. Las personas olvidan que cuando sientes la necesidad de acostarte alguien, eso puede desaparecer si sólo te ocupas de ti. Relájate para que cuando salgas al mundo y estés preparado para conocer a alguien, puedas darle la mejor versión de ti y no esa versión desesperada, ansiosa, tensa. Quiero que el sexo sea divertido y que sea un momento hermoso que estoy compartiendo con alguien, no algo que es casi como una adicción que uno tiene que llenar».

Si la masturbación es autoamor, es posible que sea una de las maneras más sanas de llenar el vacío. Éste es un nuevo mantra para recordar cuando te das cuenta de que estás entrando en un estado de ánimo realmente oscuro. Antes de buscar algo o a alguien que llene tu vacío, *medita, escucha música, mastúrbate.* Es decir, tómate un momento antes de comer, follar, drogarte, beber, y determina si lo estás haciendo por placer o como un escape. Para mí, eso significa meditar (podrían ser veinte minutos sentada en silencio o un ejercicio de respiración rápido del que hablaré más adelante en este libro); poner música que me gusta para bailar o cantar mientras la escucho (mi amiga Grace Harry sugirió que realice una lista de reproducción de canciones alegres), y luego una actividad relajante, es decir, ¡masturbarme! Si el ansia sigue estando ahí (a menudo, no lo está después de hacer todo lo mencionado), entonces cederé.

Entonces, ¿cómo aprendemos a vivir con nuestros vacíos? Éstos son algunos pasos útiles a recordar cuando la sombra se asoma desde nuestros rincones más oscuros:

1. Reconoce y ama a tu sombra. Es parte de ti, y cuanto más la rechaces (o ella te rechace *a ti*), más difícil te resultará escapar de ella.
2. Trata de sentir las emociones difíciles el tiempo suficiente para entender de dónde vienen. Si el mantra *medita, escucha música, mastúrbate* antes mencionado no funciona en tu caso, ésta es una práctica sencilla: por tu alarma para que suene dentro de dos minutos. Cierra los ojos y sintoniza con el sentimiento que estás tratando de evadir. ¿Es miedo, soledad, falta de autoestima? ¿Ansiedad? ¿Aburrimiento? ¿En qué parte de tu cuerpo lo estás sintiendo? ¿Tu pecho está tenso? ¿Tu estómago está hecho un nudo? Cuando suene la alarma, escribe libremente durante otros dos minutos de dónde crees que provienen estos sentimientos. El mero hecho de hacer una pausa (si tienes hijos pequeños, piensa que te estás dando un descanso) puede ayudarte a determinar quién lleva la batuta, tu vacío o tú.
3. Ponte cómodo con tu vacío. En ocasiones simplemente nos sentimos vacíos, y eso no tiene nada de malo. Ser humanos es vivir en una zona gris. No todo tiene que ser o parecer perfecto.

Ahora voy a volver a plantear las preguntas que hice al inicio de este capítulo:

¿Qué necesidades estamos satisfaciendo cuando tenemos sexo?
¿Un instinto animal?

¿Una conexión emocional?

¿Una forma de estrechar lazos con nuestra pareja?

¿El deseo de explorar nuestra sexualidad y el potencial placer?

¿Y qué ocurre cuando elegimos tener una relación amorosa?

¿Lo hacemos porque estamos profundamente enamorados y sentimos una conexión a nivel del alma con nuestra pareja?

¿Es por conveniencia o por motivos económicos?

¿Es para explorar lo que significa tener una verdadera intimidad y ser apreciados por otra persona?

¿O tememos a la soledad?

¿Estamos conformándonos porque es lo mejor que creemos que nos merecemos?

¿Nos conformamos con cualquiera?

¿Creemos que el hecho de que alguien nos ame o nos desee significa que somos dignos de ser amados?

Conocer nuestras motivaciones nos ayuda a tener las cosas claras en nuestras relaciones sexuales: ¿qué estamos satisfaciendo o qué estamos tratando de evitar sentir?

TRAUMAS

Antes de empezar, me gustaría destacar que no soy una experta en terapia para traumas, y animo a las personas a buscar ayuda profesional. Éste es un tema realmente delicado, y nadie debería tener que procesar los traumas solo o antes de estar listo. Las siguientes historias, herramientas y prácticas me han ayudado a empezar a trabajar en mis propios traumas y a comunicarlos. Las comparto con la esperanza de que puedan ofrecer consuelo a otras personas con experiencias similares. Siempre que ha sido posible, he mencionado a expertos cualificados y titulados que se especializan en estos temas y qué es lo que hay que buscar (y preguntar directamente) cuando precisas ayuda profesional.

Un trauma no procesado es una de las mayores barreras para el placer. ¿Qué traumas debemos reconocer y comunicar para tener unas relaciones sexuales más sanas y más amorosas con nosotros mismos y con nuestras parejas?

La mayoría de los seres humanos han pasado por algún trauma. Cuando pensamos en traumas, solemos asociarlos con experiencias desoladoras o lesiones físicas. Éstos pueden incluir agresiones sexuales, la muerte de un ser querido, un divorcio, un aborto, un aborto natural, una fisura familiar, odio, violencia doméstica, enfermedades mentales, alcoholismo o drogadicción (tuyos o de un ser querido), encarcelación, o vivir en un entorno en el que experimentas un nivel alto de estrés debido a un desastre climático, una pandemia o la inestabilidad política.

Los traumas también pueden incluir algo que en la superficie puede parecer poco importante, como microagresiones que se han ido acumulando a lo largo del tiempo; un accidente automovilístico o una lesión deportiva; o una pérdida personal o profesional. Sólo porque algo *aparenta* que es menos trágico no tiene un impacto menor en tu bienestar emocional y sexual. Hace poco recibí un correo electrónico dirigido a nuestra página web de una mujer joven que se sentía angustiada porque cada vez que tenía un orgasmo rompía a llorar. Lo que más le molestaba era que no era capaz de saber cuál había sido el hecho traumático que lo había originado, como, por ejemplo, una agresión sexual. Lo que quiero decir es que la forma en que nuestro cuerpo y nuestra psique reaccionan a un trauma depende, en gran medida, al igual que nuestra identidad sexual, de nuestras experiencias individuales.

No nos resulta cómodo hablar de un trauma. Podemos estar siendo consumidos por pensamientos sobre una gran tragedia o pérdida, y, sin embargo, cuando nos preguntan: «¿Cómo estás?», respondemos: «Bien», porque es más fácil que decir la verdad. Y todos estamos muy bien entrenados para evitar la incómoda verdad, ¿no es así? Aunque todos experimentamos secretamente el mismo proceso difícil de transitar por la vida, ay… los humanos somos tan buenos ajustándonos a las normas…

Ésta es la verdad: *nuestro trauma hace que nos sintamos incómodos. Los traumas de los demás hacen que nos sintamos incómodos.*

Tendemos a barrer bajo la alfombra temas complejos como el sexo, la muerte y la tristeza. Y, sin embargo, cuanto menos hablemos de la tristeza profunda y los traumas que todos compartimos como humanos, más poder les estaremos dando.

Aquí es donde entra nuestro viejo amigo, el vacío. Cuando empezamos a enfrentarnos a nuestro vacío, en lugar de ignorarlo o llenarlo, el trauma tiende a salir a la superficie (a veces por primera vez), exhibiéndose como un dolor leve o agudo. En otras ocasiones puede manifestarse como un evento emocional que no sabías que existía y es enorme, te noquea y sientes que no puedes levantarte.

Aunque a nivel personal es posible que queramos evitar sentir, nombrar u honrar nuestro trauma (o hemos sido antropológicamente entrenados para ello), culturalmente estamos inundados de imágenes de traumas en todos los frentes, desde las historias de violencia y de desastres en las películas más taquilleras hasta las muertes masivas, los cataclismos y el derramamiento de sangre que vemos a nivel mundial. Además, gran parte del material sexual que consumimos como entretenimiento o en las noticias se centra en la «glorificación del trauma». Esto incluye el aluvión de violencia sexual que está representada en nuestras series favoritas y los innumerables casos de agresión y acoso sexual que llenan nuestras redes sociales a diario.

Existe una desconexión entre nuestra incapacidad para reconocer o reconciliar nuestros traumas personales mientras se nos obliga a aceptar traumas en cuanto vemos dispositivos. ¿Es ésta nuestra manera de enfrentarnos a los traumas de una forma «segura», para no tener que hacer frente a nuestros propios traumas? ¿Es más fácil llorar y venirnos abajo por cosas que ocurren fuera de nuestras vidas, en lugar de enfrentarnos a la oscuridad que experimentamos de primera mano? En el apogeo del confinamiento por la COVID-19 en 2020, la mayor parte del mundo estaba pegado a las noticias, viendo cómo se desarrollaba nuestro trauma colectivo, compartiendo las cifras de muertos y los artículos apocalípticos, en lugar de compartir nuestra incertidumbre y nuestro miedo.

Por desgracia, la mayor parte de lo que vemos en la cultura dominante, sobre todo cuando se trata de sexo, está ligado a los traumas. La mayoría del entretenimiento, las noticias, e incluso las conversaciones educativas en torno al sexo, especialmente en los últimos diez años, se centran en la agresión, el consentimiento o los métodos para evitar los embarazos y las enfermedades de transmisión sexual.

¿Dónde están los ejemplos saludables sobre el tema del *placer* cuando se trata de sexo? ¿Dónde, fuera de la pornografía, podemos ver celebraciones sensuales, consensuadas y gozosas de la sexualidad? ¿Dónde está el espacio que estamos creando para experimentar las posibilidades de expansión de la consciencia que tiene el sexo? ¿Dónde estamos viendo que el sexo y nuestra sexualidad son fundamentales para que podamos llegar a ser la versión más realizada de nosotros mismos que podemos llegar a ser?

Quizás esto sea un reflejo de nuestra situación como sociedad y en qué medida hemos estado manteniendo a nuestros traumas lejos de la luz. Pero en la luz podemos encontrar comunidad, apoyo y aceptación para nuestras experiencias más vulnerables.

Además, hay un tipo de trauma que todos tenemos en común de alguna forma, más allá de nuestras historias individuales: el ancestral.

Nos son transmitidos las historias, los patrones y los traumas de nuestros padres, nuestros abuelos y otros antepasados (incluso si no somos conscientes de ellos). El trauma ancestral se relaciona con los sistemas raciales, de género y sexuales que nos han confinado, definido y oprimido desde hace mucho tiempo. Los que tienen antepasados que nacieron en la esclavitud o fueron sometidos a ella; los indígenas cuyas tierras les han sido arrebatadas; las personas a las que despojaron de su lengua, que han sufrido ataques raciales y otras injusticias durante siglos: todos ellos tienen traumas en su ADN. En el otro extremo del espectro de la opresión está el trauma ancestral de aquellas personas a cuyos antepasados explotaron, maltrataron y/o poseyeron esclavos. Para que pueda existir una sanación, debe haber un reconocimiento tanto de nuestras cicatrices como de los pecados de nuestro linaje.

Muchas de nosotras también cargamos con traumas por los abusos y las agresiones sexuales que sufrimos desde hace siglos nosotras y nuestras amigas, madres, abuelas, tatarabuelas, y así sucesivamente en la línea. Me refiero al colectivo matriarcal. Aunque no todos los supervivientes de agresiones sexuales tienen vaginas, históricamente eso ha sido lo más prevalente. La premisa sobre la cual muchas culturas se han construido es que el vencedor, como botín de guerra, tiene el derecho de violar y capturar a las mujeres del pueblo como merecidas recompensas.

En nuestra línea patriarcal, tenemos otro tipo de trauma con el que lidiar: un ciclo de comportamiento que premia la conquista, el saqueo, la violencia, el abuso y lo que algunos llaman una masculinidad «tóxica», pero que yo prefiero llamar «herida». Esta línea no fomenta la debilidad o la sensibilidad (de hecho, desalienta de manera activa esas características yin).[1] Me imagino que debe ser asfixiante tener todas esas proyecciones sobre lo que es ser «masculino».

---

1. Yin y yang: este concepto del dualismo y el equilibrio (siendo yin el principio receptivo y yang el activo) se originó en la antigua filosofía china. Su simbolización de fuerzas binarias mutuamente dependientes puede aplicarse a una variedad de contextos, desde la visión convencional del sexo (dominante, sumiso), el género (masculino, femenino) y la sexualidad (penetrador, receptor) hasta

De la misma manera en que las mujeres han experimentado durante miles de años la violencia y la opresión, los hombres también han sido encerrados en cajas por el marco patriarcal de nuestra cultura; impedidos de experimentar los espacios amorosos, suaves y vulnerables como contenedores para ayudarlos a sanar de hechos traumáticos; y se les ha dicho «aguántate», «sé un hombre». Me pregunto cuántos traumas enterrados han sido expresados en forma de violencia, frustración sexual y agresión.

Mientras escribo este capítulo, sé que puedo recurrir a una amplia red de apoyo, tanto en la vida real como virtualmente, para ayudar a procesar el trauma que está saliendo a la superficie por haber sondeado estas profundidades. Hay mucha más comunidad que antes para que las mujeres, las personas no binarias y LGBTQIA+[2] podamos compartir de manera abierta y normalizar nuestras heridas. ¿Pero dónde existen estos espacios para los hombres heterosexuales? ¿Dónde y cómo podemos ofrecer apoyo y ánimo a los hombres heterosexuales para que puedan sanar su propio dolor profundo y oscuro? ¿Esperamos que los hombres heterosexuales evolucionen con los tiempos en los que estamos viviendo, pero los dejamos solos para que encuentren ayuda y comunidad?

Antes de la década de 1990 (*riot grrrl*, las comparecencias de Anita Hill, la ola posfeminista), *no se hablaba* de agresiones sexuales ni en privado ni en público. No había grupos de apoyo abiertamente promovidos o servicios de salud para los supervivientes. A mediados de esta década, ayudé a crear un grupo de apoyo para personas que han sido violadas o agredidas sexualmente en mi escuela secundaria progresista

---

consideraciones más esotéricas de la psicología grupal e incluso de la sombra y la luz. Se centra en nociones de equilibrio, equidad y reciprocidad en esos contextos, señalando fundamentalmente la capacidad de cada persona de exhibir ambos lados de cualquier moneda y la importancia de la interconexión de ambos lados –por ejemplo, la idea no sólo de que la luz y la oscuridad coexisten, sino de que la oscuridad necesita a la luz y viceversa, lo cual nos lleva a la traducción de la frase de «oscuro y luminoso».

2. Estas siglas representan a quienes se identifican como lesbiana, gay, bisexual, transgénero, *queer*, intersexual y asexual. El símbolo más indica el compromiso de que la gama de identidades del término se ampliará indefinidamente.

y positivista sexual. Mi colegio estaba entre los primeros en Estados Unidos en repartir condones entre los estudiantes para promover el sexo seguro y en tener una clase de historia LGBTQIA+, pero, sin embargo, hablar sobre traumas sexuales seguía siendo embarazoso y un tema tabú. Recuerdo haberme enojado en aquella época porque no había verdaderas penas en vigor en el sistema judicial para los abusos. (Ésta sigue siendo un área en la que todavía hay mucho por hacer). Los supervivientes de abusos eran repudiados y/o avergonzados por sus familias, por la sociedad e incluso por ellos mismos. Imagínate que no existiera ningún acceso a las terapias o a la sanación. Ninguno. Imagínate cuántos incidentes de agresiones no tratadas se han sumado a lo largo de los años. Todo ese dolor y todos esos traumas ocultos en el armario proverbial, dejando que el miedo, la vergüenza, la rabia, la depresión, el pánico, la falta de deseo, las proclividades sexuales excesivas y una profunda tristeza fueran en aumento. Muchos supervivientes describen un sentimiento de estar rotos.

Cuando llegamos al mundo ya llevamos estos traumas ancestrales en nuestros genes, con independencia de si tenemos la experiencia personal de una agresión. Si rastreas tu genealogía yendo muy atrás (y es posible que te sorprendas o te entristezcas al ver que no necesitas remontarte demasiado en la historia), descubrirás muchas historias de traumas sexuales en tu propia familia, tanto si se trata de tu madre, tu abuela, tu tía, tu hermana, tu tío, tu hermano o tu prima.

Quizás ellos te contaron su historia de abuso cuando eras pequeña y no supiste cómo procesarla. Muchos niños que ven o se enteran de que un miembro cercano de su familia fue violado absorben ese sentimiento y durante años piensan que fueron ellos los que sufrieron el abuso. Quizás no creíste las historias que oíste, o te molestaran, o las juzgaste. O tal vez tú seas un superviviente.

Durante muchos años, después de que mi madre me contara su historia de haber sufrido abusos sexuales en su infancia, yo tuve una reacción visceral, como si me hubiera ocurrido a mí. Recuerdo haberme sentido enferma del estómago y haber apretado la vagina mientras ella me relataba su experiencia. Incluso ahora, cuando pienso en mis seres queridos que han sufrido o están sufriendo abusos, o cuando recuerdo los momentos en los que mis propios límites sexuales no fueron respetados, eso me lleva a un estado de ánimo en el cual la idea de ser sexy es lo último que pasa por mi mente. Mi cuerpo entra en un estado de pánico y amenaza, incluso si estoy con una persona que me apoya.

Aunque ahora disponemos de más sistemas y apoyos para procesar los traumas sexuales que hemos sufrido en el pasado, todavía tenemos la expectativa de que, tarde o temprano, habrá una resolución, que un día eso desaparecerá y tú/ellos estaréis «sanados». Incluso si nosotros, nuestra pareja, nuestra amiga, nuestro amigo o un miembro de nuestra familia nos hemos ocupado exhaustivamente de procesar nuestro trauma, sigue habiendo cosas que nos afectan. Podrías estar en medio de un acto sexual con el que disfrutas y que has realizado con total entusiasmo cientos de veces con una persona a la que amas y las viejas heridas pueden volver a salir a la superficie. *Eso es normal. Estás bien.*

Si te ocurre esto, detén la actividad sexual, recompónte y dile a tu pareja que estás experimentando una reacción emocional. Pide lo que necesites para sentirte seguro o segura. Cualquier persona que tenga la fortuna de tener intimidad contigo siempre debería respetar tus límites sexuales, como tú respetarías los suyos. Si tú o tu pareja estáis tratando de sanar traumas personales, renovar continuamente el consentimiento sexual es en especial importante mientras vas descubriendo esas capas.

Cualquier tipo de trauma, sin importar si es pequeño o grande, tiene la capacidad de sacudir nuestro núcleo esencial e impactar en nuestra capacidad de *estar en nuestro cuerpo*, sentirnos sexuales, experimentar placer y dejarnos ir con nuestra pareja.

Incluso si hemos asistido a terapia y hemos dedicado tiempo y energía a lidiar con nuestros traumas y con el estrés postraumático, no hay ningún momento en el cual esas experiencias no sean *parte de nosotros*. Por desgracia, no podemos controlar en qué momento salen a la superficie nuestros traumas o nuestro dolor: un sonido, unas hormonas fluctuantes, un color, una caricia, un olor o un cambio de estación pueden hacer que, literalmente, nos sintamos abrumados. Las emociones intensas y el sexo también pueden hacer que las represas de dolor vuelvan a inundarse. Poco después de la muerte de mi padre, estaba iniciando una nueva relación y el sexo era increíble (pero, sin embargo, en medio de unas oleadas de intensos orgasmos múltiples rompí a llorar de una forma incontrolable). Mi orgasmo había abierto una compuerta de emociones. Miré al extremo de mi cama y vi que mi gato estaba mordiendo los pies de mi amante mientras yo tenía un orgasmo, lo cual súbitamente hizo que mis lágrimas se convirtieran en una risa histérica. El sexo y la intimidad pueden inducir unos estados tan intensos que perdemos por completo el control sobre nuestras reacciones. Al igual que la chica que escribió para pedir un consejo sobre su llanto durante los orgasmos, en aquel momento mi mente consciente no conectó ese incidente con la tristeza o un trauma del pasado. Sólo *a posteriori* pude juntar las piezas.

En nuestro transitar por la vida, la mayoría de nosotros experimentará algún trauma. Tanto si lo enterramos como si nos enfrentamos a él de una forma directa, es posible que sintamos que jamás lo superaremos, que nunca estaremos «completos» o «sanados». Un trauma puede hacer que nos sintamos tan intensamente avergonzados que pensemos que nadie podrá amarnos jamás o dejar de vernos como «mercancía dañada». De hecho, nuestros traumas, aunque son dolorosos, son sólo una parte más de las historias (y cicatrices) individuales que *hacen que seamos quienes somos*. Sí, experimentar traumas puede causar una vulnerabilidad extrema, pero esa vulnerabilidad puede ser más un activo que un pasivo para nuestro crecimiento y para que nuestras relaciones íntimas sean más profundas. Revelar nuestras inseguridades, nuestros «defectos» y nuestra complicada historia personal permite que *nos vean*. Nos enamoramos de otras personas (y ellas de nosotros) cuando somos capaces de ver y de revelar nuestra vulnerabilidad, así como nuestro dolor más profundo. Ciertamente, esto no es algo que ocurra de la noche a la mañana. Necesitamos tiempo y confianza para mostrarnos tal como somos. Por eso debemos tener cuidado con el bombardeo de amor,[3] en especial si tenemos una historia de trauma, ya que podemos

---

3. Este término describe el acto de prodigar atención mediante regalos, gestos grandiosos, persistencia, elogios y el contacto constante en los inicios de una relación con el objetivo narcisista de tener poder y control sobre la persona receptora. Ésta puede ser una forma insidiosa de abuso emocional, con el potencial de convertirse en maltrato en el futuro. El bombardeo de amor se complica aún más por el hecho de que ha sido celebrado en la literatura y las películas románticas durante años. Actualmente muchas personas están reconsiderando el afecto que solían sentir por los caballeros de brillante arma-

ser bastante vulnerables a las declaraciones de amor exageradas e inmediatas. Ir despacio nos permite observar nuestros sentimientos en lugar de embriagarnos con la sensación de que esa persona va a componernos / salvarnos/ curar-nuestras-heridas.

Los japoneses tienen una estética hermosa llamada *wabi sabi* que celebra la imperfección, la impermanencia y la cualidad de incompleto. Se utiliza una técnica llamada *kintsugi* para rellenar con oro las grietas en una pieza de cerámica rota. También se aplica como una filosofía para dejar el apego a la perfección o la integridad. Son las roturas las que deben ser adoradas.

¿Sería posible que encontráramos la manera de amar nuestro trauma, o al menos esa parte de nosotros que vemos como dañada? Si hay cicatrices literales en nuestro cuerpo (por ejemplo, del posparto), ¿podemos considerar una práctica de amar, e incluso adorar, esas cicatrices como símbolo de nuestra fortaleza? Tanto si tienes un parto vaginal fácil como uno complicado o una cesárea planificada, todos los partos suponen algún tipo de impacto físico y emocional. ¿Podemos ser tiernas con nosotras mismas y redefinir los puntos y las marcas en nuestros cuerpos de una forma amorosa? Para las mujeres que acaban de ser madres, que están sanando del trabajo de parto y no tienen el deseo o la capacidad física de tener relaciones sexuales con penetración, puede ser empoderador dedicar tiempo a simplemente cuidar de la vulva. Esto puede incluir aplicar lubricación o sostener un espejo delante de ti para familiarizarte con los cambios que ha experimentado tu glorioso cuerpo. Sé que nos resulta más fácil autoflagelarnos delante del espejo que elogiarnos, pero es bueno adquirir la práctica de la autovaloración en lugar de buscar la aceptación externa. Cuando somos capaces de ver la belleza que yace dentro de nuestro dolor, es más fácil amarnos y aceptarnos, con nuestras cicatrices, nuestros traumas y todo lo demás.

La cultura hawaiana nos da una idea de cómo podemos honrar los traumas. Lei Wann, director del Limahuli Garden and Preserve en la isla de Kauai, me explicó cómo uno de los mitos hawaianos de la crea-

---

dura y los príncipes azules como Edward Cullen, Noah Calhoun y Christian Gray.

ción, sumado a un alimento básico de su dieta, la planta taro (o kalo), ayudan a la gente a integrar la pérdida de un niño.

Según la mitología hawaiana, Wakea (el padre cielo) y la hermosa diosa Ho'ohokalani (la diosa celestial que creó las estrellas) querían tener un hijo. Su primer intento acabó en muerte fetal. El cuerpo del bebé muerto fue enterrado cerca de su hogar. Ahí creció un taro (kalo), y a esa planta le pusieron de nombre Haloanaka («tronco largo que tiembla»). El segundo intento de la pareja de tener un bebé tuvo como resultado un niño humano, al que los dioses llamaron Haloa. Las familias hawaianas ponen nombre a los bebés que han perdido por los abortos naturales y los honran, y a menudo los entierran en el rincón oriental de sus viviendas. Si le preguntas a alguien cuántos hijos tiene, si ha perdido un hijo por muerte fetal, lo incluirá.

Esta manera de *vivir* con el trauma permite que la tristeza, la rabia y todas las demás emociones desafiantes asociadas con la pérdida formen parte del ciclo natural.

¿Deberíamos estar presentes con el sentimiento del trauma de un aborto? Abortar o no abortar es una decisión difícil de tomar, sin importar cual sea tu postura frente a los derechos reproductivos. Hay muchísimo apoyo para las mujeres que dan a luz, pero muy poco diálogo abierto sobre los cuidados posteriores cuando se trata de la elección de interrumpir un embarazo. ¿Podemos imaginar honrar un aborto con una ceremonia de aceptación y liberación del trauma que hemos experimentado en nuestro útero? Mi amiga Erica Chidi es una doula, escritora y cofundadora de LOOM, una plataforma educativa sobresalud reproductiva. Ella señala lo siguiente: «Hay doulas que trabajan con las personas que han tenido abortos naturales, abortos provocados o un bebé que ha nacido muerto. Todas esas experiencias están relacionadas con la reproducción. Gran parte de la misma fisiología está ocurriendo en un continuo a través de todas esas experiencias. Las personas necesitan apoyo emocional y educativo, independientemente de la apariencia que tenga el desenlace. Para muchas mujeres, someterse a un aborto es un comportamiento cuyo objetivo es la salud. No quieren estar embarazadas por una serie de motivos. Si empezamos a verlo como un comportamiento que lo que busca es la salud, entonces tiene sentido que sea necesario el apoyo de una doula. El solo hecho de estar

68

ahí, acompañándolas mientras están lidiando con todas esas sensaciones fisiológicas incómodas, y también con las sensaciones emocionales que son muy difíciles. Todas necesitamos un apoyo emocional bueno, basado en la evidencia y que no nos juzgue cuando estamos experimentando grandes cambios en la vida».

De la misma manera en que nuestros músculos se contraen durante un accidente automovilístico o una lesión deportiva, también nuestro útero puede ser un lugar en el que se albergan los traumas y las tensiones, ya sea por un embarazo, un aborto espontáneo, dar a luz a un bebé muerto, un aborto provocado, vaginismo, una agresión, o incluso por un incidente que no está asociado a la reproducción o a la sexualidad. En el mundo entero hay fisioterapeutas del suelo pélvico que se especializan en una técnica de masaje conocida como masaje del suelo pélvico, el cual se centra en los músculos, los tejidos conectivos y los ligamentos que se encuentran en esa área. También puedes practicar el masaje del suelo pélvico en ti misma, después de haber consultado con un médico y haberlo probado con un profesional titulado.

Cuando trabajas con un fisioterapeuta del suelo pélvico, el masaje basado en el interior debería estar precedido de una sesión inicial en la que el especialista explique todos los aspectos del tratamiento y tú firmes un formulario de consentimiento informado. Esto significa que entiendes muy bien cuál es el tipo de masaje que se aplicará, el cual puede incluir que unas manos limpias, con guantes, sean insertadas en el perineo y/o la vulva con el propósito de lograr una relajación muscular.

A pesar de que soy una ávida entusiasta del trabajo con el cuerpo, no me había percatado de lo esencial que era ocuparme de mis propios órganos reproductores como parte de mi bienestar físico y emocional hasta que me sometí a un masaje del suelo pélvico. ¡Y ya llevaba años remitiendo a personas a los especialistas! Sin duda, al principio puede resultar un poco intimidante pensar en que un desconocido te va a masajear tu vulva, tu útero o tu perineo, pero es parecido a visitar a un médico de cabecera con buenos modales. (Debo aclarar que esto no es algo sexual y, como he dicho, se produce una conversación previa muy clara sobre los límites y el consentimiento).

En un examen ginecológico típico, la mano enguantada de tu médico está dentro de ti durante menos de cinco minutos, para comprobar si existen irregularidades y realizar la prueba de Papanicolau. Durante el masaje del suelo pélvico, tienes una oportunidad más prolongada de conectar con tus órganos internos y reproductores, y para hacerlo de una forma que quizás nunca habías experimentado. Es normal que afloren traumas, que se derramen lágrimas e incluso que los músculos tensos se relajen profundamente.

Durante mi sesión, mi fisioterapeuta se estuvo comunicando conmigo, asegurándose de que yo estuviera cómoda, preguntándome qué estaba aflorando y explicándome dónde iba a masajear a continuación. Me pareció fascinante observar, por ejemplo, que mi punto G estaba tenso internamente. Cuando la fisioterapeuta estaba trabajando en mi ovario derecho, sentí una ansiedad intensa y surgieron recuerdos de cuando tenía ocho años y mi madre me habló de los abusos sexuales que había sufrido. A pesar de que habían transcurrido tantos años, todavía estaba guardando ese recuerdo en mi útero. Mi fisioterapeuta me dijo que algunas personas con las que trabaja pueden tener, durante meses, sesiones en las que sólo se habla, no se toca. Otras pueden necesitar múltiples sesiones de masajes o ir sólo una vez para una puesta a punto general.

Lo que ocurre con los traumas es que son demasiado abrumadores como para que nuestra mente pueda manejarlos o procesarlos de inmediato. Examinemos la pandemia de COVID-19, por ejemplo. Experimentamos globalmente una pérdida, una tristeza, una inestabilidad económica y emocional, un aislamiento y un estrés mental tan grandes que nos va a llevar años llegar a comprender lo que nos ocurrió y sanar el estrés postraumático colectivo. Y para muchas personas en el mundo, el trauma de la pandemia de la COVID activó recuerdos de heridas personales anteriores y de sufrimiento. Esto es normal y puede ocurrir si experimentas cualquier tipo de trauma. En su influyente libro *Walking the Tiger: Healing Trauma,* el psicoterapeuta Peter Levine escribió que «al enfrentarnos al trauma frontalmente, éste continuará haciendo lo que ha ya hecho: inmovilizarnos con el miedo». Incluso un accidente automovilístico leve puede hacer que salgan a la superficie sentimientos de tristeza por algo que tenías guardado y que esperabas no tener que volver a sentir jamás. Una vez más, no podemos controlar cuándo nuestro trauma decide que es el momento de lidiar con él. Un trauma puede tardar años en volver a salir a la superficie, para que la mente y el cuerpo sean testigos.

Cuando enfermé de COVID-19 en febrero de 2020, en los inicios de la pandemia, por alguna razón me trajo recuerdos de cuando vivía con mi exmarido a pocas manzanas de distancia de las Torres Gemelas el 11 de septiembre de 2001. Durante casi veinte años había alejado de mí los sonidos y las imágenes de ese día. Nunca hablé sobre ello, ni siquiera cuando estaba con un grupo de amigos que estaban comentando dónde habían estado cuando las Torres Gemelas se derrumbaron.

Aislada por la COVID, por primera vez tuve pesadillas febriles y sueños lúcidos sobre ese día. Visiones que nunca había querido revivir. Llegaban en fragmentos, como vídeos breves de noticias, sólo que yo había visto de primera mano el edificio en llamas y a la gente lanzándose de las ventanas, y me había quedado cubierta de ceniza de pies a cabeza cuando nuestras ventanas estallaron con la caída de la primera torre. La conmoción y el horror de ese día y de los días posteriores fueron tan abrumadores que tuve que cerrarme completamente para poder funcionar. No podía ver las noticias, tenía ataques de pánico en el metro y en los estacionamientos, y experimenté una ansiedad severa. Durante años estuve tomando medicación para la ansiedad cuando viajaba en avión para sofocar el ruido de los motores. Hasta el día de hoy, trazo mentalmente las rutas de salida cuando estoy en una multitud, un concierto o un cine.

A mi cerebro le llevó casi veinte años decidir que era hora de enfrentarse al trauma de una forma directa.

Es interesante pensar en cómo se comportan los animales cuando son atacados en la naturaleza: no responden con la misma respuesta de «lucha o huida»[4] que tenemos los humanos. Es posible que hayas visto

---

4. Este término, acuñado por el psicólogo Walter Cannon en la década de 1920, se refiere a las reacciones instintivas que tienen los humanos (y los animales) durante los momentos de mucho estrés o peligro. Con frecuencia, la liberación de hormonas amplificada del cuerpo hace que la persona, instantáneamente, o se prepare para quedarse y luchar contra el agresor, o huya para ponerse a salvo. La parálisis es otra respuesta común, pero menos conocida. Mientras que las respuestas de «lucha o huida» recurren al sistema nervioso simpático (estimulante), la respuesta de parálisis recurre al sistema nervioso parasimpático (calmante).

a tu mascota buscar refugio cuando hay una tormenta con rayos o hayas visto cómo se eriza su pelo cuando tiene miedo. Cuando se sienten amenazados, muchos animales exhiben una respuesta biológica de sacudirse el trauma con la finalidad de reajustar su sistema nervioso hacia un estado de bienestar. Esto significa que no siguen pensando en el ataque o quejándose cuando regresan con su manada o su colmena.

Cuando el sistema nervioso humano percibe que está siendo atacado (es decir, cuando experimentamos un trauma, un maltrato, un accidente automovilístico, una lesión, una operación, una catástrofe grave o cosas por el estilo), nos tensamos, sonreímos y aguantamos, o lo enterramos. El trauma se almacena en la memoria de nuestro cuerpo y, por mucho que lo procesemos intelectualmente en una terapia, nuestras reacciones biológicas no nos permiten olvidarlo. Nuestra memoria muscular puede ser tan profunda y tener tantas capas que incluso el hecho de pensar en recibir un masaje relajante puede provocar un ataque de pánico.

La activista y periodista Ashlee Marie Preston es la primera persona abiertamente trans que se postula para un cargo estatal en California, así como la primera persona trans que se convierte en directora de una publicación nacional. Ella me dijo lo siguiente: «Hay muchos traumas que todavía guardo en mi cuerpo. Hace poco recibí mi primer masaje y no me gustó. Estaba muy tensa. Cuando la gente me dice "Relájate", en realidad me siento tensa. Es mi defecto. Todavía estoy aprendiendo lo que es el placer. Para mí, como extrabajadora sexual superviviente, el placer era solo un sentimiento. No puedo salir de mi mente porque hay tantas cosas… Los supervivientes de una violación (porque he sido violada en mi vida adulta) disociamos. De hecho, la forma en que me muevo por el mundo y tal vez el motivo por el que soy capaz de hacer todo lo que estoy haciendo profesionalmente es porque ni siquiera escucho a mi cuerpo. Ni siquiera soy consciente de que no estoy dentro

---

Esto significa que cuando el sistema nervioso simpático ha sido estimulado hasta tal punto que el cuerpo ya no puede reaccionar, entonces el sistema nervioso parasimpático intenta proteger a la mente y al cuerpo bloqueando o paralizando (más específicamente, no haciendo nada).

y de que simplemente estoy fuera. Quiero sentirme lo bastante segura como para poder regresar a mi propio cuerpo».

Algunas personas quizás necesiten acercarse poco a poco a cualquier tipo de caricia o intimidad, tanto si se trata de una situación profesional como si se trata de una situación amorosa, para poder honrar su trauma. Otras pueden beneficiarse muchísimo del contacto físico como una forma de liberar el trauma que está guardado y al que no es posible acceder mediante una terapia de conversación. Nuestra relación con el trauma y la forma de procesarlo varía de una persona a otra. Una vez más, no existe una forma «correcta» de hacerlo. Si te das cuenta de que te estás sintiendo tenso en un encuentro íntimo, algo que te podría ayudar es hacer una pausa e identificar de qué parte de tu cuerpo está emanando la tensión.

Una técnica sencilla para conectar con nuestra esencia que muchos terapeutas utilizan y que considero que es muy útil cuando estoy en un estado de pánico es sentarme en una silla con los pies apoyados en el suelo. Centro mi atención en sentir las cuatro esquinas de cada pie y mi cuerpo sostenido por la silla. El simple hecho de notar cómo tu cuerpo conecta con el objeto en el que estás sentado y con el propio suelo hace que la mente salga de la rueda de los pensamientos. Otro ejercicio que puede hacerse en cualquier posición o con cualquier capacidad es observar tres cosas en tu entorno y pronunciar su nombre en voz alta. Por ejemplo, si miro hacia arriba desde mi *laptop* en este momento, en mi visión periférica veo un ventilador negro girando, una orquídea morada y una botella de agua de color rosa. Puedo continuar mirando a esos tres objetos o puedo nombrar otros. Esto me ayuda a volver al momento presente (aquí y ahora) en lugar de dejar que mi mente me lleve al pasado o al futuro. Durante cualquiera de estos ejercicios, cuantas más respiraciones profundas puedas hacer, mejor. Mover tu conciencia de un estado interior, que a menudo gira alocadamente, y llevarla hacia tu horizonte exterior (el cual puede ser, de manera literal, un lugar en la distancia o una mancha de humedad en el techo), puede hacer que te adentres en el campo de la conciencia.

Wendi Cherry es terapeuta sexual y directora ejecutiva y cofundadora de la Asociación Estadounidense de Terapeutas de Pareja y Sexuales, o AACAST según sus siglas en inglés. La Dra. Cherry es también codirectora, coordinadora y profesora del programa AACAST de la UCLA (Universidad de California en Los Ángeles), el cual está dirigido a médicos residentes y estudiantes, sí como a terapeutas sexuales titulados y en ejercicio. Como he comentado en la introducción, conocí a Wendy en 2012 cuando empecé a asistir como oyente a un seminario de educación, terapia y comportamiento sexual en la UCLA, y nos hicimos amigas al instante. Ella fue la primera colega en introducirme en los principios de la terapia somática, un tipo de terapia que integra a la mente, el cuerpo y el espíritu para tratar los efectos de los problemas mentales y emocionales, el estrés postraumático y los traumas a través de un enfoque centrado en el cuerpo, así como una terapia de conversación. Esta forma de terapia puede incluir un trabajo psicológico somático acreditado, así como masajes, sanación energética, reiki, sanación del suelo pélvico y movimiento corporal. «El cuerpo alberga recuerdos de los traumas –comenta Wendy–. Por desgracia, a diferencia de los animales, por lo general no se nos permite tomarnos el tiempo necesario para ponernos de pie y desprendernos de los traumas. No se nos permite la metabolización natural del trauma. O lo juzgamos de alguna manera. A algunos pacientes les he prescrito un masaje consciente. A las personas extremadamente desdeñosas con una personalidad tipo A, les digo: "Quiero que recibas un masaje". A veces me responden, "Ya me han hecho masajes antes". Y yo comento: "No. Quiero que te concentres en el masaje segundo a segundo. Dónde te están tocando, qué está haciendo tu piel bajo la caricia, y quiero que tan sólo te concentres en eso durante todo el masaje". Y en algunos casos eso ha sido transformador. De hecho, tocar es una de las cosas más sanadoras que un ser humano puede hacer por otro. Y por eso el masaje es tan efectivo en el tratamiento de los traumas».

Ya he hablado del masaje del suelo pélvico, que es una forma de terapia somática. Quizás hayas oído hablar de la terapia sexual, la cual se basa sobre todo en la conversación. Existen otras prácticas terapéuticas somáticas (quizás menos conocidas y comprendidas fuera del campo de la sexualidad) que tratan problemas relacionados con el sexo, e incluyen el contacto físico, la terapia de conversación y el trabajo con los límites. Aquí, los terapeutas titulados se especializan en crear un contenedor consensuado, con límites, para la fantasía, el placer, la exploración personal y la sanación. Dos de los tipos de terapeutas más comunes en este ámbito, para los propósitos mencionados en este capítulo, son los especialistas en trabajo corporal sexológico, llamados *sexological bodyworkers*, y los sustitutos sexuales.

En ocasiones, al *sexological bodyworker* se le llama también *coach* de intimidad o de sexo. Estos *coaches* a menudo utilizan varias modalidades, incluyendo el tacto, el trabajo con la respiración, la liberación del suelo pélvico y del tejido cicatricial, y el masaje erótico. Mi amiga Tyomi Morgan, experta en sexo y «Glamazon», es escritora, sexóloga graduada del American College of Sexologists, y «*coach* internacional del placer», y tiene el firme propósito de representar a las personas de color dentro de la sexualidad convencional. Como parte de su práctica, Tyomi ofrece varias formas de trabajo corporal sexológico. Le pregunté sobre el proceso de incorporación de nuevos clientes. Su respuesta debería proporcionar una idea de cuánta comunicación y cuánto consentimiento debe existir antes de se realice cualquier trabajo individual: «Tengo preguntas predeterminadas para conocer un poco la historia de las personas que acuden a mí para recibir *coaching*. Si son capaces de responderlas, entonces les hago algunas preguntas adicionales para tener más claridad y determinar si podemos trabajar juntos. Si es así, les envío otro formulario de admisión que profundiza más en su historia sexual, su historia médica, su historia familiar, etc. En los contratos que les envío, dejo muy claro cuáles son mis límites. Cuando estoy haciendo un *coaching* presencial, siempre les hago saber a mis clientes (especialmente cuando el *coaching* está basado sobre todo en la conversación) que no va a haber ninguna interacción sexual entre nosotros. Si estamos haciendo algo que incluye un contacto físico, siempre pido su consentimiento y establezco el consentimiento a lo largo de toda la experiencia. En la mayoría de los casos, si hay contacto físico, no se produce mientras están desnudos. Cuando se trata de un trabajo corporal sexológico, en muchas ocasiones hago un trabajo en el que mi cliente y yo podemos estar desnudos, pero soy muy explícita respecto a cuáles son mis límites durante la sesión. No habrá ningún tipo de penetración sexual: ni anal, ni vaginal, ni oral. En lo que respecta a tocarme, dado que estamos cuerpo contra cuerpo y muy cerca, siempre les hago saber que sólo me pueden tocar si les doy el consentimiento para que me toquen. Siempre dejo la puerta abierta para que mis clientes hagan preguntas o para que expresen su preocupación por las cosas que suceden en la sesión de *coaching* que pueden hacer que se sientan incómodos o con las que pueden tener alguna dificultad».

La subrogación sexual es otra práctica somática que puede, o no, incluir sexo (recuerda que sexo no significa necesariamente penetración). Las sesiones se basan en las necesidades del cliente, la clienta o los clientes, en plural, ya que a menudo los sustitutos sexuales trabajan con parejas. El cliente, o clienta, puede aprender flirteo, caricias no sexuales o autoerotismo, así como habilidades sexuales. La subrogación sexual puede ser en particular útil con los clientes con discapacidad física o emocional que pueden necesitar la paciencia y el apoyo adicionales que proporciona un entorno profesional para adquirir experiencia y habilidades sexuales.

Cualquier terapeuta sexual, sustituto sexual, terapeuta del suelo pélvico o *sexological bodyworker* en el que valga la pena gastar tu dinero y tu tiempo debe estar informado de los traumas. Yo recomendaría concertar una consulta virtual antes de tener una sesión presencial basada en el contacto físico. Es imperativo que el terapeuta sea claro respecto a los límites del trabajo y que tú puedas expresar cualquier preocupación o pregunta que tengas. Si es ambiguo acerca de la naturaleza de la sesión o si tienes la sensación de que algo no está bien, no sigas adelante con la terapia. En el siguiente capítulo hablaremos extensamente de los límites, y más adelante sobre cómo honrar nuestra sensación de que algo no está bien, o nuestros presentimientos. En cualquier caso, debes *sentirte seguro/a* para trabajar con un profesional cuando se trata de realizar cualquier tipo de trabajo con los traumas relacionados con el sexo.

En las situaciones en las que experimentamos un trauma intenso, es muy frecuente que se cree un vínculo (en particular en una relación amorosa y en especial en aquellas que están basadas en el maltrato físico, verbal, emocional y sexual). El sufrimiento compartido, incluso si tú eres la víctima, crea un vínculo muy intenso que puede parecer imposible de romper. No obstante, dentro del contenedor de una relación íntima sana, confiar lo bastante en alguien como para hablarle de nuestro trauma (y tener a alguien que confíe en nosotros lo suficiente como para poder hablarnos del suyo) es un verdadero acto de vulnerabilidad. Esto no sólo es un regalo hermoso e íntimo, sino que también supone una gran fortaleza.

Por mucho que temamos a la oscuridad del trauma, cuanto más lo evitemos, más nos impedirá avanzar. Sin embargo, como ya he afirmado, cada uno de nosotros tiene su propia agenda cuando se trata de esta odisea. No hay ningún motivo para empujar contra una fuerza insuperable si tú (tu cuerpo y tu psique) todavía no estás preparado.

Un trauma puede ser como esa caja de fotos de la que no te quieres deshacer, a pesar de que ver esas fotos activan en ti sentimientos que preferirías no experimentar porque son como espinas en tu corazón. Por ejemplo, ¿en qué caja guardas tus relaciones a largo plazo o matrimonios que fracasaron? ¿Qué haces con esa caja de fotos de tu boda que nunca llegarán a estar en un álbum ni volverán a ser exhibidas? ¿Las guardas bien escondidas en el fondo de un armario? ¿Las quemas? ¿Las sacarás cuando tengas ochenta años? Pidiendo una amiga (es decir, yo). Personalmente, me gusta mirar fotos de los seres queridos que he perdido para recordar los buenos momentos, mientras que algunos recuerdos (y personas) permanecen en los rincones oscuros de mi mente, acumulando polvo.

Un trauma no desaparece; permanece en nuestras células. Surge cuando está preparado para que nuestro cerebro se enfrente a él y lo integre. A menudo, cuanto más me he resistido a volver a sentir el dolor y lo he empujado hasta lo más profundo, más ha tirado de mí, hasta que no he tenido más remedio que percibirlo. Lo que puedo hacer ahora es armarme con las herramientas necesarias para apoyar este proceso cuando aparezca. Para mí, ésta es una práctica constante, como quitar las capas de una cebolla, ¡y cada capa me hace llorar! Luego tengo que detenerme y permitirme tomarme el tiempo necesario para procesarlo. El tiempo me dice cuándo puedo profundizar más. Me está llevando años enfrentarme a muchas de las cosas en las que estoy trabajando. Mis herramientas han incluido la terapia de conversación, la terapia somática (masajes, trabajo con el suelo pélvico y ejercicios de movimiento) y aprender a reconocer cuándo alguien o algo provoca una fuerte reacción en mí. Por ejemplo, he tenido que crear límites personales en torno a no consumir el tipo de entretenimiento que incluye representaciones gráficas de violencia sexual, ya que simplemente no soy capaz de manejarlo a nivel emocional. En ocasiones también tengo que establecer límites con amigos o situaciones que no hacen que me sienta segura. Por ejemplo, prefiero no pasar tiempo en bares rodeada de muchas personas que están embriagándose. Prefiero arriesgarme a que piensen que soy rara, o que no les sigo la corriente, antes que sentirme desestabilizada.

Cuando se trata de un trauma y de la tristeza que lo acompaña, nuestro condicionamiento es reprimirlo, al igual que cualquier manifestación externa de sufrimiento. Sin embargo, el dolor, la pérdida y la tristeza por haber perdido algo o a alguien, o porque nos ha sido arrebatado (incluidas las partes de nosotros mismos que están marcadas por el trauma), son emociones humanas naturales que debemos sentir y expresar. Cuanto más intentamos enterrar las cicatrices, más ampollas salen y más oscuro se torna nuestro vacío, y más intensos se vuelven nuestra ira, nuestra ansiedad, nuestro miedo y nuestra depresión.

Otras personas pueden sentirse tan incómodas con nuestra tristeza como se sienten con su propia vergüenza o su elusión del trauma. En ocasiones, ser vulnerables significa ser estridentes, caóticos y llorosos. Es posible que no nos permitamos perder el control, y eso, a su vez, hace que controlemos nuestros propios sentimientos y recuerdos del trauma cuando salen a la superficie. En mi caso, cuando me niego a reconocer el dolor, o a sentirlo, porque no es conveniente dejarlo salir, el trauma del pasado suele presentarse en la forma de una depresión leve. La realidad es que en ocasiones el recuerdo de un trauma interrumpe nuestra rutina o altera el equilibrio de lo que presentamos al mundo. Pero en un espacio seguro, ya sea con seres queridos o con un profesional (y en ocasiones incluso a solas, si te sientes capaz de hacerlo), permitir que los sentimientos o los recuerdos incómodos pasen a través de nosotros, sin censuras y sin juzgarlos, puede ser algo extrañamente reconfortante, que incluso inspira avances personales.

A veces un trauma puede marcar un importante punto de inflexión positivo en nuestras vidas si somos capaces de redefinir su poder. La artista mexicana Frida Kahlo tuvo un grave accidente en un autobús en 1925, en el cual una barandilla de hierro le atravesó la pelvis, fracturando el hueso, perforando su útero y su abdomen, partiendo su columna vertebral en tres y dislocándole el hombro. Además, le rompió la clavícula, varias vértebras y la pierna derecha por siete sitios.

Cuando pasó varios meses recuperándose con escayola de cuerpo entero, Kahlo comenzó a pintar, utilizando su propio torso vendado como lienzo. A lo largo de su vida, usó corsés de escayola para ayudar a sostener su columna vertebral a causa de ese accidente que le cambió la vida. Todavía se pueden ver las increíbles obras que creó en sus corsés ortopédicos, las cuales pertenecen a la colección de La Casa Azul, en el Museo Frida Kahlo en Ciudad de México.

Pensé mucho en las pinturas sobre escayola de Frida Kahlo cuando tuve un extraño accidente en mi jardín que me envió al hospital con una fractura múltiple de la tibia, la fíbula y el tobillo. La cirugía de emergencia resultante, en la cual los médicos insertaron una varilla de metal permanente y cuatro tornillos en mi pierna derecha, estuvo acompañada de fuertes analgésicos que me administraban por vía intravenosa en el hospital, los cuales hacían que me sintiera confusa y me provocaban ataques de pánico. Pasé los siguientes cuatro meses y medio aprendiendo a caminar otra vez. Eso hizo que me sintiera profundamente modesta, y cambió mi vida por completo. Y resultó ser para bien. Bajé el ritmo para centrarme por completo en algo que había dado por sentado (poder hacer uso de mi cuerpo) y aprendí cuán poderoso es *ser vulnerable*. Para alguien a quien siempre le había costado pedir o recibir ayuda, de repente la necesitaba para hacer las tareas más básicas, desde ducharme hasta bajar unas escaleras. Al principio me sentía avergonzada, y recordé cómo habían reaccionado mi padre y muchas de las personas a las que visité hacia el final de sus vidas cuando perdieron su capacidad de valerse por sí mismos. Entonces pensé en cómo protegemos y cuidamos de nuestros bebés. No lo pensamos dos veces antes de cambiarles el pañal o limpiar sus traseros, y no nos preocupamos por si cae saliva sobre nuestra ropa en un ataque de cólico cuando los tenemos en brazos. Aceptamos esos desastres humanos sin juzgarlos. Limpiamos las deposiciones de un bebé de buena gana y con *amor*.

Curiosamente, la forma en que los hombres reaccionan a mi aspecto de muchacha desvalida también me ha demostrado que la vulnerabilidad es una bendición. No sabría decir cuántos pretendientes tuve mientras estaba en recuperación. Literalmente, no dejaban de llamar a mi puerta, trayéndome regalos y comida preparada, y lavándome los platos. Los mensajes directos que recibía cada vez que publicaba una foto con mi media ortopédica y mis sandalias Birkenstock (algo que antes me hubiera horrorizado usar) estaban llenos de mensajes efusivos de fetichistas.

Nuestros traumas son parte de nosotros; no tienen la característica que nos define, pero son cicatrices que tenemos. La sanación y el auto-descubrimiento (incluso en torno a nuestra sexualidad) son procesos que duran toda la vida, y cuanto más aceptemos el lugar en el que nos encontramos *en este momento*, menos nos castigaremos por no estar donde *pensamos que deberíamos estar* o por lo que hemos sufrido en el pasado.

Mykki Blanco es un artista de *performance* de renombre internacional, activista LGBTQIA+ y HIV+, y es un músico que ha trabajado con gente como Bjork, Madonna, Kathleen Hanna, Kanye West, Major Lazer y más, además de tener una carrera como solista. Mykki me dijo: «Tengo un pasado de traumas duros. Una de las cosas que tiene el hecho de comprender algo es que, una vez que tomas conciencia de alguna cosa, nunca es demasiado tarde. Cuando se produce una sanación, todo cambia. Todas las células de tu cuerpo y todos los núcleos y los átomos en tu organismo cambian, y piensas: "Vaya, he experimentado todo un cambio de paradigma"».

Las lecciones que aprendemos de los traumas pueden acabar siendo algunas de nuestras mayores fortalezas, las marcas del guerrero que ha asimilado las experiencias del campo de batalla. Enfrentarnos a nuestros traumas cuando estamos preparados para hacerlo, si es que lo estamos, puede provocar un reseteo generalizado de nuestras respuestas condicionadas al amor, el sexo y la intimidad. No es fácil ahondar en las profundidades de nuestro pasado doloroso, pero el lado positivo podría ser que creamos una nueva historia, una nueva forma de relacionarnos con nosotros mismos y con los demás, y de querernos y querer a los demás (siempre y cuando aceptemos las partes de nosotros mismos que creemos que están «dañadas» como partes esenciales de la persona que somos. Y si somos capaces de amar esas partes de nosotros mismos, entonces, ¿podemos amar también las partes heridas de nuestros amantes? ¿Podemos ser amables con nosotros mismos y con nuestras parejas y entender cuando ellas o nosotros no queremos tener sexo porque la tristeza nos está consumiendo? ¿Podemos tener unas relaciones sexuales amorosas y sanadoras? ¿Podemos ofrecer nuestro apoyo a las personas en nuestras vidas y en nuestras comunidades que podrían estar sanando sus traumas? ¿Podríamos encontrar alternativas a las frases «¿Cómo estás?» y «Estoy bien»? ¿Podríamos admitir en este preciso instante que no estamos bien, pero que lo estamos haciendo lo mejor que podemos y que necesitamos un poco de apoyo?

LÍMITES, ATADURAS
Y SANACIÓN

¿Sabes cuáles son tus límites en lo que respecta al sexo y el amor? ¿Y en lo que respecta a tocar, a la intimidad y a las relaciones? ¿Has dicho en voz alta cuáles son tus límites? ¿Se los has comunicado a tus parejas, tus amigos o los miembros de tu familia? ¿Tus límites están siendo respetados?

Cuando no tenemos límites saludables, nuestra autoestima se ve afectada. Quizás nos cueste decir que algo no nos hace sentir bien, tanto en un encuentro sexual como en una amistad o en una dinámica familiar. Es posible que no sepamos cómo honrar nuestros sentimientos o lo que necesitamos recibir en una relación para sentir que nos vean y nos escuchen. A menudo ponemos, inconscientemente, las necesidades de los demás por delante de las nuestras. Esto nos saca de una posición centrada de empoderamiento cuando se trata de tomar decisiones en torno al sexo.

Muchos de nosotros no recibimos ninguna orientación en nuestra infancia sobre cómo reconocer y establecer límites. Crecimos sintiendo que no teníamos ningún derecho a poner límites en lo que respecta a nuestro propio cuerpo, y nos decían que debíamos «abrazar y besar a tu abuela, primo, tío», tanto si nos sentíamos cómodos haciéndolo como si no. Ahora que somos adultos, nos enfrentamos a que alguien venga a darnos un abrazo o un beso en la mejilla, tanto si lo invitamos a hacerlo como si no lo hicimos. Es casi como que nuestros límites físicos fueran vistos como permeables, como si estuvieran basados en las expectativas sociales de los demás.

Cuando empezamos a experimentar sexualmente, no dedicamos mucho tiempo a pensar o a aprender en comunicarle a nuestra pareja las cosas que aceptamos y las que no. Incluso si hemos recibido algún tipo de educación sexual basada en el consentimiento, cuando nos enfrentamos a un encuentro íntimo en la adolescencia, la experiencia es como una especie de prueba de fuego. Se trata de una etapa en la que estamos especialmente influidos por la presión del grupo de amigos y por la necesidad de complacer a los demás. Esto puede durar hasta que entramos en la veintena e incluso más, en especial en el caso de las mujeres, a las que les han inculcado mensajes culturales subliminales de que deben *ser amables* y *cuidar de otras personas*.

Hay un gesto común que muchos jóvenes utilizan de manera inconsciente, generación tras generación. Empujan la cabeza de la otra persona hacia abajo para señalar, de una forma no verbal, «quiero que me practiques sexo oral». Cuando era adolescente, recibí este lenguaje de señas en más de una ocasión. A veces es más fácil seguirles el juego que decir: «No quiero», o «Lámeme la vagina y después hablamos». Tardé mucho tiempo en desarrollar las habilidades para decir en voz alta cuáles son mis límites, y en muchos casos, fuera del dormitorio, todavía tengo que asegurarme de mantenerlos.

Entender cuáles son nuestros límites y nuestras necesidades en una relación y cerciorarnos de que se respeten puede ser muy difícil. Las personas pueden sentirse desafiadas cuando les decimos de manera compasiva cuáles son nuestras expectativas y lo que no nos gusta. Es posible que lo rechacen y reaccionen mal, sobre todo si no están habituadas a que expreses tus expectativas. Podemos *saber* de una forma muy clara lo que merecemos (cariño recíproco, respeto y un equilibrio en dar y recibir) y, sin embargo, no tener la seguridad en nosotros mismos para verbalizar lo que queremos, o sentir continuamente que no lo merecemos.

Para entender con claridad cuáles son nuestros límites y cómo se aplican a nuestras relaciones (en especial las sexuales y las amorosas), hace falta mucha disciplina. Si alguna vez has tenido que hacer terapia física, sabes cuán frustrantes y molestos pueden ser algunos de los ejercicios. Por ejemplo, quizás te pidan que muevas en repetidas ocasiones el dedo gordo del pie hacia arriba y hacia abajo. Aunque parezca intrascendente, acaba afectando a toda tu movilización y a tu forma de caminar. La buena noticia es que, si logramos vencer el miedo y la duda respecto a honrar nuestros límites, podemos establecer nuevos patrones que nos conducirán a relaciones más ricas y satisfactorias.

Para propiciar relaciones íntimas que vengan de un lugar de autoestima y amor por nosotros mismos, es esencial que comuniquemos cuáles son nuestros límites, incluso si eso significa tener una conversación incómoda o arriesgarnos a la posibilidad de que alguien no pueda darnos lo que le estamos pidiendo. Mantener los límites puede hacer que algunas relaciones se acaben si las personas son incapaces de aceptarlos, pero también creará espacio para que lleguen otras.

Yo paso la mayor parte del tiempo escuchando y respondiendo preguntas de la gente sobre el aspecto más íntimo de sus vidas. Tengo que ser capaz de crear un espacio en el cual las personas puedan hablar de sus traumas y su confusión en torno a la sexualidad. Antes de aprender a establecer límites, al final del día me sentía agotada y deprimida por todo el sufrimiento que estaba absorbiendo. No quiero dejar de hacer el trabajo que hago, de manera que marcar unos límites es esencial para poder proseguir con lo que me encanta hacer: ayudar a aportar claridad e información en torno al tema de la sexualidad, para que podamos sanar esa parte de nosotros mismos. Personalmente, cuanto más continúo mi propio trabajo de sanación en torno al sexo, el amor y todos los tipos de dinámicas de las relaciones, más creo en *establecer límites radicales* y *cuidar de nosotros mismos de una forma radical*. Estas prácticas incluyen tener límites claros en lo que respecta a mi tiempo y mi energía, dejando fuera de mi vida a las personas y los lugares que no me hacen sentir bien, y otorgando prioridad a las actividades que me alimentan a un nivel más profundo.

Cuando se trata de sexo, sea del tipo que sea, es especialmente importante ser consciente de tus límites y de tus rituales de cuidado personal. Cuanto más seguro te sientas, más podrás dejarte ir. Es fundamental tener la mente sobria cuando estás participando en actividades sexuales de alto riesgo por primera vez y/o con una nueva pareja (ataduras, asfixia,[1] sexo grupal y más). Cuando estamos drogados o borrachos, nuestros límites se vuelven borrosos con demasiada facilidad.

---

1. La asfixia consensuada no debería practicarse después de que cualquiera de los

En las comunidades y las relaciones *kink* y fetichistas, es una práctica habitual que se negocien los límites de manera explícita antes de cualquier actividad sexual consensuada. Nina Hartley lo explica en detalle: «No es que simplemente acabemos sosteniendo un látigo o siendo azotados. Uno lo negocia. ¿Qué significa eso para nosotros? ¿Qué es lo que hay entre nosotros? En nuestra cultura, el sexo ocurre. Aquí uno no acaba estando desnudo. Se tomaron decisiones. Podían ser decisiones inconscientes. Pueden ser decisiones poco saludables. Pero se toman decisiones antes de que te encuentres desnuda en la cama de alguien. Para la salud de todos y también para reducir los casos de acoso o agresión, como adultos, extendemos el período entre el impulso y la acción todo el tiempo que sea necesario para que todos estén seguros y felices. Entonces, ante el impulso de "Me encantaría conocerte mejor", en lugar de decir "Nos vemos mañana en la noche", di: "Vamos a tomar un café con la ropa puesta. Quizás tú necesites empezar una relación y yo quiera a alguien con quien tener sexo, así que mejor tomemos un café". En el caso de las personas adultas que queremos tener mejor sexo con mayor frecuencia, ampliemos cuanto sea necesario el tiempo entre la expresión mutua del deseo y la actividad, de manera que tengamos una conversación para que tú y yo nos sintamos bien al respecto. La negociación es lo que da forma al ámbito de los juegos. La espontaneidad llenará el área de los juegos. "Tú tienes un empleo y yo tengo un hijo". Podemos reservar un tiempo en el que se promueva la espontaneidad, pero la idea de que va a ser algo espontáneo es poco realista».

Mistress Velvet, fallecida en 2021, fue la principal dominatrix africana de Chicago. Velvet había estado practicando el sexo *kink* consensuado con conciencia del riesgo desde 2014, y su dominación se basaba en la supremacía de la mujer negra. Ellos eran conocidos por hacer que los hombres blancos sometidos leyeran la teoría feminista negra y pagaran reparaciones simbólicas. Velvet me dijo que ellos tenían que crear

_____

participantes haya consumido drogas o alcohol. Es imperativo que te coloques de cara a tu pareja, ya que hay que monitorear la respiración y la falta de oxígeno. No puedes ver que la otra persona se está poniendo azul si su rostro no está frente a ti. Me hacen muchísimas preguntas sobre la asfixia de personas nacidas después de 1990 (y sus padres), las cuales han recibido la mayor parte de sus modelos sexuales a través de la pornografía en Internet.

«muchos límites al final de la sesión. Hago un trabajo extenso antes de cada sesión para entrar en el papel de Mistress Velvet, el cual está ligado a mi preparación literal, mi maquillaje y mi peinado, pero también escucho una música determinada. [Después] tengo que hacer cosas como ésa para dejarla en la mazmorra. En realidad, nunca quiero que [mis clientes] me vean cuando no soy Mistress Velvet, pero a veces ocurre. Supongamos que se están duchando y yo estoy limpiando la mazmorra. Cuando empiezo a limpiar la cama, por ejemplo, en realidad abandono ese estado mental, porque pienso: "Muy bien, ahora tengo que hacer estas cosas". Y también he tenido clientes que venían a hablar conmigo, y simplemente charlaban como cualquier persona normal, y creo que en realidad les gustaba hacerlo, pero para mí es muy confuso. Suelo crear algunas rutinas. Ceno sola, lo cual hace que me sienta muy vulnerable. Normalmente durante ese tiempo reflexiono sobre la sesión. Considero que el trabajo sexual es una forma de cuidar de los demás. Definitivamente, asumo el rol de terapeuta de mis clientes, de manera que también tengo que cuidar de mí para poder ofrecerles apoyo».

Si has leído hasta aquí, sé que tienes una mente abierta. Entonces mantengámosla así para lo que voy a decir a continuación: *el juego con cuerdas, el* bondage *y otras formas de* kink pueden resultar muy útiles cuando se trata de aprender cuáles son tus límites y cómo comunicarlos con claridad. Algunas personas también han descubierto que el *bondage* es una herramienta útil en el trabajo de sanación de traumas. Asegúrate de consultar con un profesional de confianza si tienes una historia de traumas antes de explorar cualquiera de estas modalidades en un entorno seguro. Como ocurre con todas las cosas cuando se trata de una actividad sexual, es imperativo que *te sientas segura*.

Creo que podemos aprender mucho acerca de cómo comportarnos en las llamadas relaciones vainilla heteronormativas de los métodos practicados por las comunidades BDSM,[2] fetichista y *kink*. Más allá

---

2. Esta abreviatura, que abarca una amplia gama de actividades y comunidades, representa aproximadamente los términos *bondage* / disciplina, dominación / sumisión y sadismo / masoquismo. En este terreno sexual, la adopción consensuada de un juego amplificado de la dinámica del poder es lo que excita, y una «palabra de seguridad» hace que todos sean siempre conscientes de los límites.

del ejercicio de comunicarse y de negociar los límites, hay dos conceptos que creo que deberían aplicarse a todos los encuentros sexuales, incluso en los más casuales: *cuidados posteriores y subespacio*.

El *subespacio* es un estado alterado de conciencia producido por las hormonas (adrenalina y endorfinas) que fluyen por tu cuerpo y por tu cerebro después del juego sexual. El subespacio es distinto para cada persona y cada situación. Podemos estar todos de acuerdo en que tanto si es intenso, increíble, doloroso o mediocre, el hecho de realizar un acto sexual con otro ser humano tiene algún tipo de impacto en nuestra psique, ¿no es cierto? Te sientes muy distinto antes y después de un orgasmo. A nivel físico, es posible que estés totalmente exhausto y necesites descansar, o que te sientas exultante, lleno de energía y listo para volver a empezar. A nivel emocional, podrías estar experimentando un sinnúmero de sentimientos que van desde la alegría hasta la tristeza. Con independencia de los detalles, se trata de un estado temporal (semejante a estar borracho o drogado), y tardarás unos minutos en volver a tu estado «normal».

Los *cuidados posteriores* se refieren a la forma en que tu pareja y tú mostráis cariño y amabilidad después del acto. Acabas de participar en un acto íntimo y/o una experiencia sexual intensa. Ahora que ha terminado, no vas a olvidarte de ser compasivo/a y comunicativo/a, ¿verdad? Los cuidados posteriores ayudan a cada una de las partes a sentir que el acto sexual consensuado en el que acaba de participar fue especial. No hablamos de definir el estado de la relación; simplemente estamos siendo conscientes de lo que acabamos de compartir. Esto se aplica tanto a los ligues de una noche como a las relaciones largas.

En las comunidades BDSM, fetichistas y *kink*, un encuentro íntimo (tanto si incluye el sexo con penetración como si no) suele llamarse una «escena». La acción de la parte dominante se denomina *topping* y la de la parte sumisa *bottoming*. Como explica la Dra. Wendy Cherry, «Después de una escena con una combinación dominante / sumiso, la persona sumisa es cuidada, abrazada, limpiada, acunada, acariciada y se le

---

El dolor controlado, la restricción, la privación sensorial, la subordinación y la adoración están dentro de la gama de los *kinks* de los que hablan los miembros de la pareja con antelación para establecer los límites.

da agua. Recibe cuidados porque realmente acaba de tener una experiencia espiritual trascendente».

Muchas personas que tienen relaciones heteronormativas vainilla o casuales me dicen que en realidad les gustaría tener una experiencia de cuidados posteriores. Está bien decirle a alguien que te gustaría saber de ella después del sexo, que simplemente se comunique dentro de las veinticuatro horas posteriores, *si eso es lo que necesitas*. Esto es establecer unos límites saludables para ti y honrar tu cuerpo. Es una forma muy básica de amabilidad humana y consideración (¡especialmente si alguien acaba de chupar tu pene, lamer tu trasero o comerte la vagina!).

Tuve una conversación con Midori, una educadora sexual legendaria, además de escritora y artista, acerca de por qué los cuidados posteriores son tan importantes. Midori escribió el primer libro en inglés sobre *shibari*, *The Seductive Art of Japanese Bondage*, el cual se ha convertido en la clásica biblia de las ataduras. Ella enfatizó lo importante que es que uno «hable con antelación de su necesidad de recibir cuidados posteriores. Si tú y yo estuviéramos jugando y tú fueras alguien que quiere un grado intenso de contacto físico para volver a su equilibrio y yo soy alguien que necesita estar solo para recuperar el equilibrio, si no hemos hablado de esto con antelación y lo hemos pasado muy bien y hemos terminado y yo me levanto y me voy, tú te sentirías abandonada. Y si yo fuera una persona que necesita estar sola, me sentiría asfixiada si tú estuvieras encima de mí y tocándome mucho. Si sabemos esto con antelación, yo haría lo siguiente: "Voy a pasar un rato contigo, dándote tus cuidados posteriores, pero en mi mente voy a considerarlo parte de mi escena. En determinado momento voy a tener que marcharme, porque lo hemos pasado bien y realmente necesito reintegrarme". Ahora bien, en la mayoría de los casos las personas no piden lo que necesitan como cuidados posteriores. Si lo hicieran, se ahorrarían mucho dolor. Esto se aplica a todas las experiencias sexuales. Mucho de esto tiene que ver con la química del cerebro (el subidón y el placer producidos por el buen sexo puede durar cuarenta y ocho horas). Y luego, cuando sales de eso, puedes tener un bajón y sentirte triste».

Aunque soy una persona que tiene muchos amigos cercanos y colegas que participan en juegos de *bondage*, fetichismo y ataduras, durante muchos años no tuve prácticamente ninguna experiencia práctica.

En el transcurso de nuestra relación de trece años, mi exmarido y yo experimentamos como amateurs con el amarre de manos, vendas en los ojos y golpecitos en las nalgas, pero nunca me habían atado profesionalmente. Era una verdadera «virgen de las cuerdas». Siempre había oído decir que el *bondage* podría ser muy empoderador y sanador. Muchos de mis amigos que trabajaban en este ámbito me decían que la mayoría de sus clientes eran personas, sobre todo mujeres, que estaban procesando altos grados de trauma sexual para reclamar sus cuerpos y una sensación de confianza. No fue hasta que me ató un maestro de este arte que mi cuerpo y mi mente apreciaron realmente el asombroso poder transformador que puede tener el *bondage*.

Desde hace muchos años soy amiga de Betony Vernon, quien es antropóloga sexual, hace joyería erótica, es escritora y es la «señora» de las cuerdas. Nos conocimos a principios de la década de 2000 a través del mundo de la moda en París, donde ella diseñó un hermoso salón en un sótano, una escalera envolvente de hierro fundido que llevaba a un mundo oculto de placer y lujo. Estamos hablando de madera de cerezo, terciopelo verde, muebles sexuales de cuero y vitrinas llenas de sus brillantes joyas eróticas. Chic parisino de nivel superior.

Betony vivía en Europa y yo estaba viviendo en Los Ángeles. Hablábamos a menudo de nuestros respectivos trabajos y, en muchas ocasiones, durante el transcurso de una década, ella me sugirió que debería experimentar ser amarrada y se ofreció a mostrarme las cuerdas. Finalmente acordamos una sesión y el momento fue el más propicio. Mi padre acababa de fallecer y yo estaba llorando su pérdida y sintiéndome bastante vulnerable.

En aquella época, mis límites eran muy maleables y me costaba mucho honrar y verbalizar lo que creía que era «adecuado» para mí y lo que no lo era cuando se trataba de relaciones íntimas y de otro tipo. Escucho a tantas personas decir que «deberían saberlo» o «a estas alturas ya deberían haber aprendido» en lo que respecta a los límites o el sexo que espero que esta historia sea una lección sobre cómo alguien puede tener acceso a toda la información y la comprensión intelectual que yo creía tener y, aun así, fallarse a sí misma cuando se trata de expresar lo que quiere. *Esto no tiene nada de malo y es perfectamente normal.* En retrospectiva, todo se entiende muy bien, ¿no es así? Si a eso le añades la profunda tristeza y la desestabilización que estaba experimentando, no es de extrañar que no me sintiera centrada o empoderada.

El plan era encontrarnos en la habitación de hotel de Betony en Los Ángeles, tomar el té y dejar que ella me amarrara. Nos iba a acompañar una amiga cercana en común que también tenía un par de décadas de experiencia en el ámbito *bondage* y fetichista, así como otra mujer a la que yo no conocía bien y con la que nunca me había sentido cómoda. Pero no lo dije. Me sentía intimidada por los años que tenían de experiencia profesional y personal de sexo «no vainilla», y no quería parecer una novata insegura. Para coordinar la agenda, teníamos un chat grupal, en el cual hice un chiste sobre mi experiencia, escribiendo: «Me siento como un cordero para un sacrificio con las calientes Brujas de Eastwick», en lugar de decirles en privado a Betony o a mi amiga que me sentía muy vulnerable.

Éste fue el primer límite que deshonré en esta situación. Mi cuerpo sabía que algo no estaba bien, pero mi mente hizo a un lado mis dudas en favor de «¿Qué pensarían de mí?» o «¿Cómo me juzgarían?». Por desgracia, esto es bastante frecuente cuando se trata de nuestros instintos. Es realmente importante hacer caso a esos pequeños sentimientos de que «algo no está bien». No soy exhibicionista y, sinceramente, soy bastante tímida por naturaleza. No cuando se trata de hablar en público o interactuar con varias personas en un evento, pero en situaciones íntimas, soy un puñado de nervios. El hecho de que hubiera unas personas mirándome mientras yo experimentaba algo que me ponía nerviosa, añadía una capa más de presión.

Betony comenzó a ajustarme un magnífico y elaborado corsé, todo él a base de cuerda, que envolvía mis pechos, mi caja torácica y mi columna vertebral como una constrictiva telaraña. Mientras ella enrollaba las cuerdas de cáñamo una y otra vez, más apretadas con cada nudo, me costaba respirar. Cada vez que mis hombros se elevaban y yo me paralizaba, Betony se detenía, me miraba a los ojos y repetía: «Siente tu cuerpo, recuerda tu práctica de yoga, acuérdate de respirar». Juntas, hacíamos varias respiraciones largas hasta que yo volvía a calmarme y estaba lista para continuar.

¿Alguna vez has estado demasiado en tu cabeza como para poder dejarte ir sexualmente? El hecho de estar atada, con la respiración restringida por las cuerdas, me obligaba a concentrarme y a estar en contacto con mi cuerpo y con la experiencia. Tenía que estar presente para sentir dónde estaban mis límites. Y continuar respirando para evitar desmayarme.

El acto de crear el corsé se prolongó durante más de una hora, después de la cual Betony me hizo caminar por la habitación tirando de los extremos de las cuerdas amarradas en mi espalda. Me dijo que me mirase en el espejo, que admirase lo hermosa que estaba con el corsé de cuerda, que acentuaba mis curvas. En ese momento me avergonzaba la idea de tener que admirar mi imagen en el espejo. Sin embargo, mientras escribía este capítulo encontré las fotos que me tomaron en esa sesión con una Polaroid ¡y debo decir que se me veía increíble! Me costaba relajarme y me sentía extremadamente consciente de mí misma, sobre todo al haber tres personas observándome, pero Betony hizo que me sintiera segura mientras me instaba una y otra vez a que me *mantuviera presente*. Confiaba en ella lo suficiente como dejarme llevar por sus hábiles manos. Ella estaba completamente al mando.

Juntas, probamos los límites de cuánta constricción podía soportar. Yo estaba bien con el corsé de cuerda y las manos atadas, pero en cuanto Betony sugirió que me ataran las piernas, o las piernas y las manos detrás de la espalda mientras estaba tumbada en el suelo, como un cerdo listo para el matadero, de inmediato me agarroté. Mi cuerpo gritó «¡NO!», y yo honré eso. Me sentí agradecida de que una profesional me estuviera ayudando a explorar mis límites en el *bondage* y a respetarlos, en lugar de descubrir esto como *amateur*, con algún *fuckboy*.

Después de que estableciéramos mi nivel de comodidad, o base de referencia, para el juego con cuerdas, Betony extrajo algunos de los accesorios eróticos que había diseñado, entre los cuales había un látigo de crin de caballo con empuñadura de plata y un cosquilleador de plumas de avestruz. En realidad, los mejores accesorios eróticos de lujo que uno puede desear tener en su habitación. Fue divertido dejar que Betony me mostrara cómo funcionaban, pero el público sentado en el sofá observándome no dejaba de incomodarme.

En un momento dado, Betony me pidió permiso para salir de la habitación para ir al baño. Le di mi consentimiento. En cuanto se marchó, las otras dos mujeres empezaron a hacer chistes sobre utilizar los otros objetos eróticos. Había una clavija de plata para el trasero que yo le había dicho a Betony, delante de todas, que no me interesaba probar en ese contexto. Mi amiga lo agarró y vino hacia mí, riendo por la forma en que iba a utilizarlo. La otra mujer también estaba riendo; se estaban incitando la una a la otra. Yo era el cordero del sacrificio (pero yo misma me había colocado en esa posición, no podía culpar a nadie más).

Me estaba sintiendo indefensa al tener el cuerpo y las manos fuertemente atados. No podía moverme con libertad, ya que Betony me había colocado arrodillada en un sofá. Betony, mi «cuidadora», había salido de la habitación unos minutos, y ahora yo tenía una sensación abrumadora de indefensión (y era del todo incapaz de decírselo verbalmente a mi amiga). Para ella no era gran cosa jugar en este espacio, de manera que, ¿por qué habría de serlo para mí? En lugar de reconocer mis límites o decir en voz alta «Me siento realmente incómoda, por favor, basta», intentaba reírme con ellas.

Por suerte, Betony regresó a la habitación y tomó el control. Pudo ver que yo estaba lista para que me liberaran de las cuerdas, ya que a esas alturas habían transcurrido varias horas. Me preguntó si, antes de que me liberara, me gustaría probar un ejercicio de confianza.

¿Alguna vez has jugado a caída-confianza en tu infancia? ¿Ese donde tienes que caer hacia atrás en los brazos de alguien y dejar que te agarre? Ahí estaba yo, amarrada con ese magnífico corsé de cuerda, envuelta desde la clavícula hasta la entrepierna, con todos los nudos en el centro de mi espalda. Betony sostenía los extremos de las cuerdas en sus manos y me pidió que, en lugar de caer hacia atrás, me dejara caer hacia adelante. Antes de que me golpeara contra el suelo, ella tiró de las cuerdas tensas, de manera que quedé suspendida por encima del suelo. Se produjo un cambio impresionante en mi cuerpo. Me sentí segura, apoyada, como si pudiera *confiar por completo en que mi cuerpo podía dejarse ir y ser sostenido.*

Las cuerdas protegían mis piernas con un abrazo semejante al de un útero. Fui reducida al estado de consciencia de un bebé, atada por una cuerda que era como un cordón umbilical. Betony, como mi cuidadora y mi dómina,[3] era una fuerza protectora, responsable de mi seguridad y de mi bienestar, sosteniendo mis cuerdas con sus manos. Ésa fue la primera vez que supe *en mi cuerpo* lo beneficioso que podía ser el *bondage* para recuperar la confianza y la seguridad en mis límites. Soy consciente de que es posible que esta experiencia no funcione con todo el mundo, pero tuvo un efecto extraordinariamente positivo en mí, quizás porque la realicé con una persona con la que podía ser vulnerable sin correr ningún peligro.

Un intercambio de poder consciente dom / sub[4] permite que haya responsabilidad y vulnerabilidad, de una manera similar a la relación entre un cuidador principal y un bebé. Idealmente, la prioridad del cuidador o la cuidadora es alimentar, bañar, amar, jugar y proteger al bebé a toda costa. A lo largo de la historia, ésta no ha sido la experiencia de gran parte de la población del planeta. Muchos niños y adultos de familias del mundo entero crecen sin que se cubra esta necesidad humana básica de ser cuidados.

De manera inconsciente, aprendemos de nuestros primeros cuidadores lo que son los límites y cómo nos apegamos en las relaciones. El término psicológico *estilo de apego* se refiere a la teoría de cómo nos relacionamos con otros seres humanos. Los estilos de apego por lo general entran en una de estas cuatro categorías: seguro, ansioso-inseguro, evitativo-indiferente y evitativo-temeroso. Durante nuestro primer año de vida, nuestro estilo particular está determinado por la forma en

---

3. *Dómina* es la forma femenina abreviada de *dominante* (siendo *dom* la forma masculina). Todos estos términos describen a las personas que tienen y ejercen la mayor parte del poder dentro de cualquier relación (sexual, amorosa o de otro tipo). Es importante señalar que todos los parámetros de la relación han sido hablados y negociados antes de iniciar el "juego" (iniciar una relación) entre las dos personas.

4. Este término se refiere a una persona que, dentro de la comunidad BDSM, renuncia al control en una dinámica de intercambio de poder. Se anima a los sumisos a hablar de sus límites en la forma de NOES «duros» (rotundamente no) y «suaves» (quizás, si me siento más cómodo/a) durante la negociación (al igual que a los dominantes). Convencionalmente, el rol ha sido equiparado con «la parte inferior», pero un sumiso puede adoptar muchos roles (¡y posiciones!) de acuerdo con las indicaciones de la persona dominante o las personas dominantes (y con lo que se ha negociado con anterioridad).

que nuestras necesidades son satisfechas (o ignoradas) por nuestros cuidadores principales. Nuestro estilo de apego contribuye a nuestros mecanismos de defensa (por ejemplo, levantar muros a nuestro alrededor, necesitar una confortación constante), a la forma en que amamos y en que nos comportamos en las relaciones de pareja.

Muchos profesionales de la salud y terapeutas sexuales especulan que elegimos de manera inconsciente nuestras parejas sentimentales para recrear una relación similar a la que tuvimos con uno de nuestros padres o ambos padres del conflicto, con el propósito de reparar nuestra infancia. Tendemos a hacerlo una y otra vez. Sin embargo, no tenemos que repetir esos patrones si reconocemos y aceptamos esas partes heridas de nosotros mismos. Si queremos cambiar nuestro paradigma, el *bondage* puede ser útil para reconectar con la experiencia con nuestro cuidador en un espacio amoroso, protegido, que quizás no conocimos en nuestra infancia. Una vez más, por favor, consulta con un terapeuta profesional si usas el trabajo con el *bondage* como una modalidad de sanación después de una agresión sexual, ya que necesitarás cuidados adicionales y el apoyo adecuado para procesar los sentimientos que surjan.

Más tarde, Betony me dijo que trabaja mucho con el descubrimiento y la sanación: «Inicio los contratos de la forma en que lo hicimos juntas, que no fue erótica. Bueno, es erótica porque se trata del cuerpo, pero lo único que te pedí fue que vinieras sintiéndote hermosa, y lo hiciste. Se trata de conectar la mente con el cuerpo y *la confianza es realmente fundamental, porque si no confías en alguien, entonces no puedes dejarte ir del todo* [la cursiva es mía]. Las cuerdas, cuando te apoyas en ellas y cedes ante ellas, están ahí para que te dejes ir. Una vez que te liberas, te das cuenta de que se ha producido un cambio. El cerebro entra en un estado que es un poco de alerta, sólo porque no es normal estar constreñida, y no es normal ser abrazada, en especial por primera vez. Cuando realizo sesiones de sanación, pienso que las cuerdas son como un abrazo que se apodera de todo tu cuerpo. Tengo un método en el que amarro en una posición apretada, en una especie de posición fetal muy elaborada, y al final te libero con unas tijeras. Esto crea una respuesta de liberación, la cual es poderosa. *Se trata de volver a construir la confianza en los demás, en tu propio cuerpo y en las cuerdas, y sentirte conectada* [la cursiva es mía]. Desde un punto de vista simbólico, estamos conectados a la cuerda, que es el cordón umbilical, como si fuéramos niños, y trato de llevar ese simbolismo a mi técnica en las sesiones de sanación».

Más o menos en la misma época en que tuve mi sesión con Betony, un amigo me contó que cuando era pequeño y estaba jugando un juego de confianza con su padre, éste lo dejó caer y le dijo: «Que ésa sea una lección. Nunca confíes en nadie». Mi amigo se quedó traumatizado y más tarde tuvo dificultades para encontrar relaciones íntimas satisfactorias. Siendo niño no le mostraron que podía confiar en que las personas más cercanas a él lo iban a apoyar; de hecho, aprendió lo contrario. Recuerdo que pensé qué increíble era que experimentar seguridad y confianza durante un juego con cuerdas pudiera permitirle a una persona recuperar las partes de sí misma que habían sido heridas.

Después de que Betony me desatara, sentí una huella, unas «cuerdas fantasmas», sobre mi piel que duró varios días. En lugar de irme a cenar con el grupo, me fui a casa y lloré. En esa época estaba empezando a salir con alguien, y cuando le conté la experiencia que había tenido, en lugar de preguntarme cómo me había sentido, él se sintió excitado y, al mismo tiempo, escandalizado porque yo había hecho algo que él consideraba «sucio». No lo vio como yo lo veía, como un ejercicio de sanación, de confianza y de empoderamiento.

Me llevó un tiempo procesar mi primera experiencia con el *bondage*, e incluso ahora que escribo sobre ello, muchos años más tarde, descubro aspectos que no reconocí en su momento. Nunca hubiera creído que sería una lección tan importante para mí sobre respetar y verbalizar mis límites. O que me ayudaría a entender con cuánta frecuencia ignoraba mis sentimientos de «algo no está bien» o que no estaba presente en mi cuerpo durante situaciones sexuales. Ahora me siento orgullosa de poder expresar lo que hace que me sienta bien y lo que no, tanto en las relaciones íntimas como en otros ámbitos.

Le estoy muy agradecida a Betony por introducirme al *bondage* y continuar enseñándome las numerosas formas en que se pueden usar las cuerdas cuando se está produciendo una sanación profunda. Mucho después de ese primer encuentro, ella y yo volvimos a trabajar juntas tras la ruptura de una relación seria que tenía con una persona a la que amaba profundamente. En esta ocasión hicimos una sesión sólo las dos, en mi casa. En lugar de utilizar cuerdas de cáñamo, ella me pidió que escogiera 45 metros de cinta de seda de un color que me representara. Mientras me envolvía en otro corsé, en esta ocasión suave y trenzado, de color rosa, Betony me decía una y otra vez: «Mírate. Eres hermosa. Eres un regalo». Me recordó que *yo misma* debía convertirme en un fetiche. Que debía centrarme desde un lugar de empoderamiento, con un profundo amor y respeto por mi cuerpo. Que debía ver mi sexualidad como un templo sagrado y un tesoro, al que debía tener en la más alta estima. Que debía elegir a mis parejas desde una posición de amor hacia mí misma y con unos límites claros.

El *bondage*, cuando se realiza con un profesional o con una persona en la que confías y con la que te puedes comunicar con sinceridad, puede reforzar la intersección de la espiritualidad y la sexualidad, y ayudarte a tener experiencias eróticas trascendentes. Estar restringida aumenta la consciencia cuerpo-mente, lo cual nos permite estar completamente presentes y anclados en una experiencia sensual. Estar atados también puede ayudarnos a tener claros cuáles son nuestros límites, tanto a nivel físico como emocional.

Mis límites pueden tener una apariencia por completo distinta a los tuyos, igual que ocurre con nuestra sexualidad. Mientras que yo puedo necesitar unas caricias suaves, mínimas, para sentirme a gusto, tú puedes preferir ser suspendida con cuerdas, atada de pies y manos, y azotada para dejarte ir. Ninguno de los dos enfoques es bueno o malo. Se trata de descubrir lo que funciona en tu caso, de soltar los juicios sobre las necesidades y los límites de las otras personas, y respetarlos.

Éstos son algunos ejercicios para ayudarte a honrar tus límites:

1. Sólo tú sabes lo que sientes que es apropiado para ti y sólo tú tienes el poder de reclamar tu espacio personal. Una manera de sentirte cómodo con esto es tomarte unos minutos al comienzo del día con una sencilla visualización. Cierra los ojos e imagina que estás dentro de una burbuja de luz protectora. Puede ser de cualquier color, forma o tamaño que desees. Luego, permanece de pie en ese espacio que has creado. Reconócelo. HAZLO TUYO. En ocasiones, cuando necesito una protección adicional (por ejemplo, si voy a estar en

un ambiente intenso o lidiando con personas en las que no confío especialmente, lo que ocurre a veces en esta vida), dedico más tiempo a diseñar mi burbuja, con una decoración chic estilo Barbie de la década de 1960, con una alfombra de piel de cordero. Me coloco con comodidad ahí hasta que siento que es mi espacio seguro. Dejo que esa luz me envuelva. Incluso puedes abrir los ojos y crear un campo físico a tu alrededor usando las manos o cualquier movimiento. ¡Sé creativa!

2. Nombra tus necesidades. Haz una lista. Ésta puede incluir tus necesidades en una relación amorosa, sexual o platónica. Nombrar tus necesidades te ayudará a decirlas en voz alta a los demás. Cuando estés listo o lista, podría ser algo tan sencillo como decirle a un amigo o amiga: «Necesito un abrazo» o «Necesito saber que lo que te cuento queda entre nosotros». Podrías manifestar lo que necesitas para sentirte cómoda mientras tienes sexo con una nueva persona: «Necesito que compartamos los resultados de una prueba de enfermedades de transmisión sexual antes de que hablemos de no utilizar preservativos». O podrías decirle a tu amante habitual: «No me gusta que me toquen X» o «Quiero hablar contigo por teléfono tres veces por semana».

3. Está bien comunicarte cuando tus límites están siendo desafiados. Por ejemplo, podrías decir: «Me sentí realmente incómoda cuando dijiste que debería probar X porque a ti te gusta» o «Por favor, deja de presionarme para que te cuente detalles íntimos de mi vida sexual». A veces no somos capaces de comunicarnos con la persona que violó nuestros límites, ya sea porque no nos sentimos seguros, o porque el momento o las circunstancias no lo permiten. En ese caso, anota que sentiste que tus límites estaban siendo violados y, si te sientes cómoda, compártelo con alguien en quien confíes, o con tu terapeuta.

4. Practica sentirte cómodo con frases claras como: «No», «Por favor, no lo hagas», «Siento que no me respetan cuando…», o «No estoy disponible».

5. Si quieres que las personas respeten tus límites, debes respetar los suyos. Podrías decir: «Me excitas mucho y quiero darte placer. ¿Cómo te gusta que te toquen? ¿Hay algunas áreas que debería evi-

tar?». Esto te puede parecer incómodo al principio, pero te prometo que, cuanto más lo hagas, más seguro de ti mismo te sentirás y más fácil te resultará.

6. Reconoce cuando no has respetado los límites de la otra persona. Por ejemplo, alguien te ha pedido explícitamente que no divulgues las conversaciones privadas que tiene contigo. Tú lo haces de todos modos y esa persona se entera. En lugar de negarlo o actuar como si no fuera para tanto, asume la responsabilidad de tu falta de consideración con los límites que esa persona estableció contigo.

Los límites cambiarán tus relaciones y tu vida sexual de manera positiva. No es demasiado tarde para verbalizarlos y establecerlos –o cambiar los que ya existen– ahora mismo. Es posible que algunas personas no sean capaces de aceptar la nueva dinámica de la relación, pero otras te sorprenderán con su disposición a evolucionar contigo. Quizás necesitemos reaprender nuestros límites una y otra vez cuando interactuamos con diferentes personas y situaciones; esto es del todo normal y es de esperarse. A lo que queremos aspirar es a crear contenedores seguros para nuestras relaciones, ya sean amorosas, familiares, de negocios o platónicas, para que podamos expresar de manera adecuada la versión más real de nosotros mismos en esos contextos.

¿Quieres incorporar parte de la ética del fetichismo y el *kink* en tus relaciones casuales o monógamas? ¿Podemos estar de acuerdo en que el sexo transaccional podría beneficiarse de la etiqueta básica de los cuidados posteriores? ¿Estamos listos para evolucionar la forma en que *nos comunicamos* en torno al sexo?

COMUNICACIÓN CONSCIENTE

Seguramente piensas que, dado que soy una escritora con dos libros publicados, el capítulo sobre la comunicación consciente debería fluir con facilidad. Sin embargo, me vienen a la mente recuerdos de las oportunidades en que no fui capaz de comunicarme con claridad, en las que podría haberme comunicado con mayor efectividad, y de las numerosas ocasiones en que no escuché de manera activa.

Cuando pienso en mis relaciones (amorosas, familiares y de amistad), observo muchos detalles (y señales) que pasé por alto, a pesar de que las personas me los dijeron desde el principio. Cosas importantes que ignoré o evité verbalizar.

Recuerdo las innumerables mentiras que me decía a mí misma, o les decía a los demás, porque tenía miedo de ser auténtica y vulnerable. Temía ser juzgada, no ser aceptada, compartir algo íntimo y recibir una respuesta que no me gustara.

Sé que no soy la única persona que se guarda las cosas en lugar de admitir una verdad que la avergüenza.

Mientras escribía este capítulo, tuve una conversación con un ex que me hizo ver que no logramos comunicarnos como pareja. Había dejado de hablarle tras descubrir una mentira repetida sobre la que habíamos conversado en numerosas ocasiones en la relación, pues necesitaba tiempo para aclarar mis ideas. Él me dijo que había tratado de «comunicarse» conmigo en varias ocasiones (lo cual, en este caso, significaba que me había enviado tres emoticonos: una cara triste, unas lágrimas y un encogimiento de hombros, y un par de llamadas perdidas sin ningún mensaje de voz. ¿Eso es comunicarse? ¿Qué ocurre cuando una o las dos personas utilizan la comunicación pasivo-agresiva como hicimos nosotros? ¿Podría haberme expresado mejor con él? Cuando evitamos hablar de aquello que nos molesta de una situación o una relación, nadie tiene la oportunidad de evolucionar. ¿Es posible que no sepamos cómo *escucharnos* para poder expresar nuestras verdades en voz alta?

Volvamos a la época posterior a la ruptura: tuvimos una conversación sincera en la que él me confesó que a menudo miente para «evitar decir algo que puede herir a la persona que amo». ¿Funciona? ¿Tú lo has hecho? ¿Lo he hecho yo? Eso me hizo pensar en cuántos de nosotros evitamos relacionarnos con veracidad debido al miedo.

No recibimos mucha orientación acerca de cómo comunicarnos con sinceridad. De hecho, se nos disuade activamente de hablar acerca de los temas más incómodos y complicados: sexo, muerte, vulnerabilidad, salud mental y muchos más. Estos temas tan humanos pueden hacer que salga a la superficie una vergüenza consciente e inconsciente, que puede ser propia o debido a lo que otras personas proyectan en nosotros. Nuestra falta de práctica de estar en contacto con nuestros sentimientos y saber cómo comunicarnos de manera consciente nos impide ser sinceros con nosotros mismos y con las personas a las que amamos.

De todos los temas del mundo, el que parece especialmente desafiante para comunicarnos con libertad es el sexo.[1] A pesar del acceso que tenemos al sexo en la era digital, tenemos muy pocos modelos de referencia para saber cómo tener relaciones en la vida real (no digital), cómo tener buen sexo, o cómo disfrutar de una verdadera intimidad. Gran parte de esto se debe a la confusión para encontrar el lenguaje adecuado para expresar nuestros deseos y nuestras vulnerabilidades más profundos.

Pasamos mucho tiempo supuestamente «comunicándonos», enviando miles de correos electrónicos, DM y mensajes privados en las plataformas y publicando comentarios en las redes sociales. Nos resulta

---

1. Y la muerte también, pero hablaremos de eso más adelante.

natural darle «me gusta» a un texto, enviar un meme, o escribir «OK» (incluso si no es así).

Si utilizas aplicaciones para tener encuentros sexuales o citas, encuentras un lenguaje incluso más sutil: «tqm», «WYD», «DTF». Es agotador sólo pensar en cuánto nos «comunicamos» a diario. Pero ¿nos estamos comunicando realmente?

Nuestra dependencia de los dispositivos electrónicos y sus abreviaturas significa que nos falta práctica en el arte y la sutileza de la comunicación consciente. Compara la cantidad y la calidad de tus conversaciones íntimas cara a cara con el número de personas con las que te has «comunicado» a través de aparatos electrónicos hoy. ¿Y esta semana, este mes, este año? ¿Ves la discrepancia?

Resulta que el 90 % de la comunicación humana es no verbal. Entonces, muchas sutilezas se pierden en la comunicación digital: los aromas, el lenguaje corporal, si miramos a los ojos o evitamos el contacto visual (toda esta información adicional que podríamos estar absorbiendo detrás de las palabras que se dicen). Detalles que proporcionan información acerca de cómo nos expresamos y cómo recibimos lo que las otras personas están diciendo.

Incluso cuando nos comunicamos cara a cara, a menudo existe una gran diferencia entre lo que verbalizamos y lo que realmente pensamos y sentimos. Yo puedo hablar en público con cierto desenfado, pero las conversaciones persona a persona me resultan difíciles, en especial las triviales. A menudo siento como si llevara puesta una máscara, por lo general ayudada por el lápiz de labios rojo, para asumir una versión distinta de mí misma. Una que puede producir una charla más segura, sin esfuerzo. Una comunicación performativa, por así decirlo.

¿Cómo se puede crear una comunicación consciente? Se empieza observando cómo te sientes. Tomemos como ejemplo una situación con un miembro de tu familia con el que tienes una relación tensa. ¿Sientes que estás a la ofensiva o a la defensiva antes de que cualquiera de los dos abra la boca? ¿Estás planeando mentalmente tu respuesta mientras la otra persona está hablando, o estás escuchando de manera activa? O, supongamos que estás en una relación monógama y tu pareja te dice que siente algo por otra persona. ¿Te sientes herido, rechazado o enojado? ¿Desechas la conversación o le pones fin porque la realidad es demasiado perturbadora para enfrente a ella? ¿O eres tú la persona que se siente atraída por otra, pero tienes miedo de decírselo a tu pareja? ¿No reconocerlo significa que esos deseos van a desaparecer?

El mero hecho de observar cómo *te sientes* puede impactar en las palabras que elijes para expresarte. El objetivo es observar cuándo utilizas el resentimiento, el castigo o la evitación como un mecanismo de defensa para no ser vulnerable. Si podemos permanecer centrados en la vulnerabilidad, quizás podamos tener una mayor claridad al expresarnos. Nuestra capacidad de reconocer lo que está ocurriendo en nuestro interior y de comunicarlo mejora todas nuestras relaciones, ya sean amorosas o platónicas.

¿Alguna vez dijiste una mentira acerca de cuánto te satisfacía sexualmente tu pareja? ¿Te estás diciendo esa mentira en este momento? ¿Le expresaste, o le has expresado, a la otra persona en voz alta que no te sentías satisfecho o satisfecha? ¿No estás seguro de cómo hacerlo?

Recientemente, un hombre heterosexual de treinta y pico años, que acababa de salir de una relación larga, me dijo que su pareja y él siempre habían llegado al orgasmo al mismo tiempo. Cada. Vez. Ay, cariño. Me pregunto si su ex pensaba que le estaba haciendo un favor fingiendo un orgasmo. Quiero decir, yo también lo he hecho, pero al final no conseguimos las recompensas (un mejor sexo para ambos) si no nos enfrentamos al desafío de tener una conversación incómoda. La verdad puede doler un poco, pero si se expresa con amor, siempre es mejor decirla y siempre conduce a una mayor intimidad.

Que alguien introduzca su lengua, sus dedos, su pene o un *strap-on*[2] dentro de tus orificios es un acto muy íntimo… pero en ocasiones puede ser incluso *más íntimo* hablar de ello.

¿Estás aburrido o aburrida con tus relaciones sexuales, pero no sabes qué hacer al respecto? ¿Le has preguntado a su pareja cuáles son sus fantasías? ¿Tu pareja te ha preguntado cuáles son las tuyas? ¿Alguna vez

---

2. Este es un término que se utiliza para referirse a un consolador con arnés, usado por personas que no tienen un pene (o que no tienen un pene capaz de mantener una erección satisfactoria) con el propósito de penetrar sexualmente a otra. Mayormente asociado al sexo lésbico convencional, las parejas cis heterosexuales han adoptado su uso con mayor regularidad ante la creciente aceptación del *pegging* (cuando una mujer penetra analmente a un hombre).

habéis ido a un *sex shop* juntos? Los vendedores están entrenados para responder preguntas y hacer sugerencias; también puede ser divertido curiosear en Internet. Es un poco como ir a una exposición de automóviles exóticos. A veces simplemente necesitáis daros permiso el uno al otro para expandir vuestro repertorio sexual. No podemos esperar que las mismas cosas funcionen para siempre. Es importante tener estas conversaciones una y otra vez y estar abiertos a lo que tu pareja piensa, sin juzgarla.[3]

¿Te estás acostando con una nueva persona? ¿Cuándo fue la última vez que tu pareja (o parejas) y tú os hicisteis un análisis? ¿Estáis acostándoos sólo entre vosotros dos? ¿Qué tipo de protección usáis? ¿Tenéis alergia a los condones de látex? ¿Hay sitios en los que te gusta que te toquen y otros que no? Nadie sabe leer la mente. Cuanto más entendemos nuestros deseos y los de nuestras parejas, más espacio hay para jugar y explorar. Hablar en voz alta de nuestros límites nos ayuda a soltar las inhibiciones sexuales que podrían estar impidiéndonos experimentar los orgasmos más alucinantes que podamos imaginar.

La comunicación, la sinceridad y preguntarle a tu pareja con regularidad lo que está funcionando y lo que no, son cosas esenciales en cualquier tipo de relación. Esto incluye haceros preguntas y hablar de temas que estamos entrenados para esconder bajo la alfombra.

Muchas personas me expresan su creencia de que se supone que el sexo debe «ocurrir» de una forma mágica y perfecta. Como si hablar en voz alta antes de hacerlo le restara excitación y misterio; como si, cuando la persona o el momento son los adecuados, el sexo simplemente «funciona». ¿De dónde sacamos esa idea de cuento de hadas de que se supone que el amor, las relaciones y el sexo deben ser perfectos si nosotros y nuestra pareja somos «el uno para el otro»? ¿Acaso tener que esforzarnos, superar obstáculos y maniobrar a través de la inexperiencia hacen que el amor y el sexo sean menos maravillosos? ¿Por qué nos resulta tan embarazoso expresar nuestros miedos, deseos e inseguridades cuando se trata de situaciones amorosas o sexuales?

---

3.   Como de costumbre, siempre y cuando sea con consentimiento y no incluya a menores o a personas que no son capaces de dar su consentimiento.

¿Acaso hay algo en la vida que simplemente «funcione»? Como una película mental, imagino un desenlace (como, por ejemplo, terminar este libro), y luego quiero avanzar hasta un borrador completo que es inmediatamente elogiado por mi editor. Pero en su lugar, tengo que pasar por el proceso de escribir, paso a paso, sin saber cómo va a salir. De la misma manera en que cualquier proyecto creativo requiere cierta confianza, energía y riesgo, también lo exigen el amor y la intimidad. Son necesarios una comunicación y un esfuerzo constantes para alcanzar las recompensas de unas relaciones sexuales magníficas y un amor duradero.

Comunicarnos acerca del sexo *antes* de tenerlo puede expandir el potencial de placer y el disfrute. Cuanto más claras tengamos las cosas y mejor nos expresemos, con mayor éxito podremos diseñar un área de juegos para el placer. Verbalizar de antemano lo que nos excita y cuáles son nuestros límites también elimina la falta de comunicación y las suposiciones tácitas que, en potencia, podrían provocar situaciones complicadas.

Cuando era adolescente y empezaba a experimentar con el sexo, no existía ninguna conversación, colectiva o privada, sobre el consentimiento.[4] En la actualidad es una palabra de moda que llena nuestras pantallas y nuestro léxico, pero ¿cómo negociamos e implementamos el consentimiento en la vida real? Éste es otro de los motivos por los cuales es esencial tener conversaciones, que nos pueden resultar incómodas, *antes* de estar desnudos (e incluso borrachos o drogados). Escucho mucho a la gente decir: «Pero ¿qué se supone que debo hacer? ¿Preguntar cada cinco minutos si puedo hacer X, Y o Z?». En el calor del mo-

---

4. El consentimiento es el permiso, la luz verde, o el «Claro que sí» para que ocurra algo, o el acuerdo para algo que ha sido ampliamente comunicado y discutido de antemano. Si te está costando recordar todos los detalles, *Planned Parenthood* tiene un acrónimo muy útil: DRIEC, que significa «Dado libremente» (sin coacción, manipulación o engaño), «reversible» (una persona puede cambiar de opinión), «informado» (lo que va a ocurrir ha sido comunicado y conversado), «entusiasta» (quizás no siempre tengamos la energía para ser pequeños conejitos del sexo, pero el deseo, el «sí» que se da libremente, deberían estar ahí) y «concreto». Debe señalarse que decir «sí» a una invitación concreta no implica que has aceptado hacer cualquier otra cosa.

mento, el pensamiento racional suele esfumarse. Aquí es donde entra el consentimiento entusiasta, lo cual significa que estableces un «Sí» afirmativo, o un «Eso me gusta, se siente bien», en lugar de buscar un «No», lo cual puede resultar difícil de expresar para algunas personas (sobre todo para las más jóvenes o con una autoestima baja).

El actor y comediante Nick Kroll me dijo que el concepto de consentimiento entusiasta ha tenido un rol importante en la sala de guionistas de *Big Mouth*, la serie de animación de Netflix que él cocreó. Curiosamente, también es importante en los consejos que da a los fans adolescentes. Como él afirma: «El consentimiento entusiasta es útil en todos los niveles. Por un lado, desde un punto de vista puramente egoísta, es sexy lograr que tu pareja te diga que quiere hacer algo contigo, y oírla decir que quiere hacer las cosas que tú quieres hacer con ella es muy sexy y alivia muchísimo la tensión. Y, por otro lado, después de las comparecencias de Brett Kavanaugh, todo el mundo piensa: "¿Qué se supone que deben hacer los chicos?". Se supone que los chicos deben averiguar lo que pueden hacer. Y luego disfrutar haciendo eso, o aceptando que no pueden hacerlo. Y entonces no hay un área gris acerca de lo que las personas han dicho, de lo que pensaron que interpretaron que se podía o no se podía hacer. Se supone que debemos hablar de todo».

¿Alguna vez has oído la expresión «Cuando das algo por sentado, haces el ridículo»? Muchos de nosotros, en especial cuando se trata de relaciones sentimentales y sexuales, tendemos a dar por sentado lo que la otra persona piensa, siente y experimenta. Gran parte de esto es una proyección por nuestra parte: proyectamos nuestro sistema de creencias en los demás. Yo lo llamaría «sexo psíquico». «Sexo psíquico significa que piensas que la otra persona debería ser capaz de leer tu mente y saber lo que quieres sentir y lo que va a ser placentero para ti», afirma Lou Paget, autora de cinco libros sobre sexualidad que fueron un éxito de ventas y educadora sexual titulada que viaja por el mundo divulgando información precisa y práctica con sinceridad y accesibilidad.

Podemos tener una idea de si algo nos hará sentir bien o mal, pero ¿cómo sabemos lo que se siente bien o mal, o asqueroso, para mí, o para ella o ellos? Lou señala que: «Muchas veces, las personas te dejan hacer algo con lo que en realidad no disfrutan. Y luego alguien descarga un software defectuoso. Saber lo que te gusta y lo que le gusta a la otra persona es una habilidad. Y en muchas ocasiones, las personas te tocan de la forma en que les gusta que las toquen. [Que quizás no sea como le gusta a tu pareja]. En una ocasión, una mujer me dijo: "Yo sólo quiero que él esté ahí. Eso es lo que quiero". Y su pareja respondió: "Yo no sabía dónde estaba 'ahí'". Si ella hubiese utilizado sus manos para guiar las de su pareja, hubiese sido una interacción completamente distinta. Por otro lado, si quieres ser capaz de guiar a alguien, utiliza una o dos palabras. No uses toda una frase. "Más despacio". "Más suave". "Sí". Una frase como "Eso no es realmente lo que me gusta" puede parecer una crítica. Eso hace que la gente se cierre. Lo que sabemos como educadores sexuales es que hay que dar a las personas una entrada para que se sientan escuchadas, comprendidas, y para que sepan que tienen una voz en esta ecuación».

La verdad es que *es muy excitante hablar con tu pareja sobre cómo te gustaría follarla y lo que quieres hacer con ella.*

¿Cómo rompemos el hielo cuando se trata de tener lo que creemos que será una conversación delicada? En primer lugar, te sugiero que tengas una conversación con la ropa puesta, fuera del dormitorio (o del lugar donde normalmente tenéis relaciones íntimas), quizás tomando un café o cenando, o en un ambiente informal. Hablar de vuestras necesidades y deseos en medio de la acción caliente e intensa crea mucha presión. Es esencial que os comuniquéis cara a cara, teniendo un buen contacto visual. De ser posible, trata de mirar hacia el ojo izquierdo de la otra persona, ya que corresponde al área emocional de nuestro cerebro.

Otro consejo es que utilices palabras que se centren en la experiencia positiva en lugar de concentrarte en lo que *no* te gusta. Empezar una frase diciendo «Me siento…» puede ser una forma alentadora de comenzar; por ejemplo, «Me siento especialmente excitada cuando tú…». Esto favorece una conversación más relajada y abierta que empezar diciendo «Odio cuando tú…». «Cuando hablas de sexualidad o, sobre todo, del contacto sexual, no deberías hablar de lo que la persona está o no está haciendo, o de lo que está haciendo mal —recomienda la Dra. Wendy Cherry—. Habla de ti». Wendy recuerda a una pareja joven que estaba haciendo terapia con ella: «Ella dijo: "Él es perfecto, pero no soporto la forma en que me besa. ¿Qué hago?". Yo le respondí: "¿Por qué no te sientas en la cama con las piernas cruzadas delante de él y le dices 'Voy a besarte como me gusta que me besen'?". Sería algo así como: "¿Sabes qué, cariño? Siempre he fantaseado sobre tal y cual. ¿Sabes qué es lo que me hace sentir realmente bien?". La sexualidad es singular. De manera que debes tener un diálogo verdaderamente abierto, pero habla de ti. Eso anima a tu pareja a hablar de sí misma y de lo que prefiere y lo que le gusta».

El concepto del sexo psíquico puede aplicarse a todos los tipos de amor y a otros escenarios de relación, y contribuir a que emitamos juicios precipitados sobre otras personas y sus motivaciones. Oigo con frecuencia a las personas que están en una relación nueva (en especial cuando son relaciones heteronormativas), es decir, que no se sienten capaces de tener una conversación abierta acerca de si quieren o no quieren tener hijos, o si desean tener una relación exclusiva o monógama, porque temen «presionar» a su pareja. Es más fácil simplemente dar por sentado que están de acuerdo en esos temas, pero esa suposición puede traer problemas.

Para muchas de las preguntas que recibimos en The Sex Ed, la respuesta breve es, en esencia, una versión de: «Comunícate». Éstos son algunos ejemplos recientes: «¿Cómo le pido más sexo a mi pareja?», «¿Cómo hablo con mi pareja acerca de abrir nuestra relación?», «No me gusta cuando mi pareja hace X. ¿Qué hago?» y «¿Cómo le digo que no al sexo anal?».

Vamos a analizar cómo podríamos abordar una de estas conversaciones. Voy a tratar la consulta sobre el sexo anal, ya que recibimos muchas preguntas sobre esto de mujeres hetero que, o lo están experimentando por primera vez, o no quieren hacerlo pero su pareja sí, o están tolerando el acto, pero no lo pasan bien.

Si esto es algo en lo que, categóricamente, no estás interesada o interesado, pero tu pareja continúa pidiéndotelo, podrías sugerirle probar a hacérselo a él primero. («Lo probaré si tú lo haces»). Puedes comenzar con un dildo anal (empezar con uno pequeño y aumentar el tamaño poco a poco), o puedes probar el *pegging*,[5] utilizando un con-

---

5.   Éste es el acto de penetración anal o vaginal utilizando un *strap-on* (un dildo con

solador con arnés para penetrarlo. La próstata masculina es una fuente de placer extremo; se considera que es el equivalente al punto G en las mujeres. Si tu pareja rechaza por completo la idea de tener una experiencia recíproca, esta conversación, sin duda, abrirá su mente, y se lo pensará dos veces antes de presionarte si él mismo no está abierto a ello.

Esta idea me la dio mi querida amiga Ana de la Reguera, quien es actriz, productora y activista. Entre sus numerosas películas y papeles en la televisión, Ana ha creado, escribe, produce y actúa en una serie de televisión semiautobiográfica titulada *Ana*, en Comedy Central. Me dijo lo siguiente: «Cuando tenía veintitantos años, probé el sexo anal. Quise hacerlo, pero no pude, porque era demasiado doloroso. Fue horrible. Entonces supe que eso era algo que yo no quería hacer. Luego, cuando tenía treinta y tantos, tenía una relación y él me decía: "Quiero tener sexo anal" [Todo el tiempo]. Entonces le contesté: "Está bien. Vamos a tener sexo anal, pero tú primero. Voy a ponerme un consolador con arnés y tú lo probarás primero, y si te gusta, yo también lo haré. Tenemos que estar igualados". Y él no quiso hacerlo, así que le dije: "Bien, si tú no quieres probarlo, yo tampoco"».

Conclusión: es increíblemente raro que tenga lugar el sexo anal placentero si no hay un trabajo. Si es algo nuevo para ti y quieres probarlo, éstas son algunas recomendaciones importantes que debes recordar: *usa mucho lubricante, prepárate utilizando juguetes primero, empezando con tapones anales pequeños y aumentando el tamaño gradualmente. Y HAZLO LENTAMENTE.* Y todo esto no tiene que ocurrir en una sola sesión. Roma no se construyó en un día. Y si el sexo anal no es para ti, ¡no te estreses! Hay muchas maneras de experimentar placer; encuentra lo que funciona en tu caso. De cualquier manera, si te pone nerviosa o nervioso probar cualquier acto sexual nuevo (y para maximizar el disfrute de dicho acto) es esencial que hables de tus deseos y preocupaciones.

¿Te sientes un poco más cómodo abriendo un diálogo para ampliar tu consciencia sexual? Ahora vamos a aplicar la misma filosofía a los temas que tienden a causar estragos en una relación, como la economía, los hijos o las infidelidades. Es posible que tengamos miedo de no

---

arnés). Para aquellas personas que no tienen pene, esto permite lo que muchos consideran que es la adopción del rol del penetrador en la pareja.

tener (todavía) las habilidades para avanzar en nuestra comunicación sobre estos temas más complicados sin resentimiento o resistencia. Sin embargo, si cada uno de los miembros de la pareja asume la responsabilidad de su parte de la conversación, podemos aprender a tener las habilidades para escuchar lo que en realidad le está pasando a la otra persona interiormente.

¿Es tu primer año (o los dos o tres primeros) criando hijos y estás teniendo muy poco sexo, o nada? ¿Sientes resentimiento porque tu pareja gana más (o menos) dinero que tú y espera que hagas más (o hace menos) tareas del hogar debido a ello? ¿Cuáles son tus límites en cuanto a la monogamia cuando entras en una relación sexual? ¿Y qué me dices de una relación de casados, convivientes o duradera? ¿Tus sentimientos acerca de la monogamia o tus gustos sexuales han cambiado desde que estáis juntos? ¿Habláis a menudo para saber qué siente el otro? ¿Cómo te sientes respecto a las infidelidades emocionales? ¿Habéis adoptado de manera consensuada una política de «No preguntes, no cuentes»? ¿O no habláis de todas estas cosas porque das por sentado que la otra persona piensa lo mismo que tú?

¿Puedes hablar de estas cosas en voz alta, a pesar de que te pueda resultar difícil? Supongamos que tienes una relación monógama a largo plazo y quieres que sea abierta, o te sientes atraído/a por otra persona. ¿Podrías expresar esos sentimientos a tu pareja en lugar de serle infiel o evitar hablar de ello? La realidad es que, durante el transcurso de una relación monógama, te vas a sentir fascinado o fascinada por otras personas. Es humano. Recuerda que estamos luchando constantemente contra el instinto básico de aparearnos con la mayor cantidad de personas posible.

Es bueno hablar en la primera etapa del enamoramiento sobre la posibilidad de la infidelidad y sobre cuáles son vuestros límites en el tema de «los cuernos». Por ejemplo, ¿qué es lo que considerarías una infidelidad en esa relación en particular? ¿Coquetear? ¿Mirar porno? ¿Enviar DM? ¿Tener una aventura emocional con alguien? Lo que para una persona significa una infidelidad puede no incluir la penetración o incluso sexo en la vida real. Tener estas conversaciones (y actualizarlas de un modo regular a lo largo de la relación) ayuda a cada uno de los miembros de la pareja a entender por qué ciertos comportamientos pueden tener una carga para la otra persona. No es que un comportamiento (como, por ejemplo, ver pornografía) esté categóricamente «mal», pero la comunicación continua te permite reformularlo en torno a los sentimientos que despierta en ti y por qué te molesta.

El popular pódcast *Call Her Daddy* tenía un lema: «Sé infiel o te será infiel», el cual, aunque es gracioso, me parece especialmente tóxico. En lugar de desafiar al sistema («Haz daño a alguien antes de que te haga daño»), ¿vamos a aceptar el *statu quo* a pesar de que es desagradable y hace que salga lo peor del comportamiento humano? Si tus necesidades no están siendo satisfechas en una relación, ¡habla de ello, por el amor Dios! Es absolutamente normal tener un apego amoroso a una persona y sentir deseo o una atracción amorosa por otra. Pero en la mayoría de los casos, en lugar de enfrentarnos a nuestra pareja y expresar esos deseos, tratamos de resolver los problemas por nuestra cuenta, lo cual sólo conduce a la desconfianza. Muchas personas me explican que revisan con regularidad el teléfono móvil, el correo electrónico y los DM de su pareja, buscando señales de traición *en lugar de* tener una comunicación abierta sobre estos temas. ¡Imagínate todas las otras cosas en las que podríamos estar pensando y haciendo si dejásemos de actuar como un detective privado a escondidas!

Mi difunto mentor, el Dr. Walter Brackelmanns, terapeuta sexual y de relaciones, además de catedrático, me dijo que «si sugieres que hay algo agradable en la fidelidad, eso suscita sentimientos sobre lo que está bien y lo que está mal, sobre sexo oral, vaginas, justicia... En lugar de examinar la realidad objetiva de si la aventura tiene algún valor, tendemos a tratarla como si fuera maligna. No se trata de si está bien o mal, sino de si está funcionando en tu caso». La técnica de Walter para lidiar con una infidelidad en la terapia consistía, en primer lugar, en determinar por qué la persona que estaba teniendo una aventura lo estaba haciendo. ¿Tenía la necesidad de ser descubierta? ¿Quería salir de la relación principal? Con frecuencia, la persona que está teniendo una aventura no quiere separarse. Está siendo infiel porque hay un problema en la relación y no es capaz de hacer frente a él, y mucho menos de comunicarse con su pareja.

Según Walter, una aventura puede mantener o incluso mejorar un matrimonio. Él les sugería con frecuencia a sus pacientes que enviaran una nota de agradecimiento a la «tercera persona» entre seis meses y un año después de haber descubierto la infidelidad. Tanto si la relación se recupera como si termina, la aventura nos obliga a poner sobre la mesa los problemas que estaban ocultos. «Si añades oxígeno a una infidelidad (si la sacas a la luz), corres el riesgo de que se termine o se convierta en una relación. Una aventura es como una porcelana delicada, mientras que una relación seria es como un pez dorado: puede soportar mucho maltrato y sobrevivir». Él decía que una infidelidad emocional es incluso «más complicada» que una consumada, porque existe «en la oscuridad».

Si tu pareja y tú decidisteis ser monógamos y te encuentras en una situación en la cual otra persona te llama la atención y sientes la tentación de explorar, ¿estarías dispuesto o dispuesta a hablar abiertamente de ello antes de cruzar la línea? Juntos, ¿podríais decidir qué es lo que os parece lo más adecuado para la relación y, o bien evolucionar, o bien afirmar vuestros límites?

¿Podemos mantenernos *receptivos* y escucharnos el uno al otro cuando nos enfrentamos a obstáculos o a algo que nos afecta en una conversación? La comunicación efectiva requiere que *escuchemos de un modo activo*. Es tan difícil examinar nuestro ego y nuestro juicio cuando alguien nos está diciendo algo que quizás no estemos preparados para oír, o no queremos oír, con lo que no estamos de acuerdo. ¿Es posible intentar asimilar realmente lo que nos están diciendo en lugar de formular en nuestro interior nuestra respuesta o defensa? ¿Podemos detenernos y hacer una pausa durante unos minutos antes de responder?

Éstos son algunos consejos para escuchar activamente:

1. Cuando alguien te hable acerca de sus emociones o de una experiencia, en especial si se trata de un tema sensible, intenta concentrarte en lo que te está diciendo, en lugar de hacerlo en cómo te hace sentir.
2. Antes de responder, observa lo siguiente: ¿estás en el fragor de la ira?, ¿tienes hambre?, ¿estás cansado?, ¿eres capaz de hablar sin gritar?, ¿quieres hacerle daño porque lo que te ha dicho te ha dolido?, ¿quieres criticarlo?

3. Si cualquiera de las cosas que acabo de mencionar son ciertas en tu caso, sería una buena idea que hagas una pausa y ordenes tus pensamientos antes de responder. Incluso puedes decir algo como: «Gracias por contarme esto. Son muchas las cosas que tengo que procesar y necesito un poco de tiempo para poder responderte con cuidado».

4. Pero hacer una pausa ¡puede parecer algo imposible! Especialmente si la persona con la que nos estamos comunicando nos da un golpe bajo o si tenemos resentimientos que se han estado acumulando durante un período de tiempo. Quizás esa persona dejara restos de orina en el asiento de inodoro, los calcetines tirados en el suelo para que tú los recogieras y olvidó sacar la basura otra vez. Pero ¿eso es relevante en la conversación actual? ¿Hay alguna manera distinta, más amable, de expresar tu frustración? (Ya sé que es muy pesado ser la persona más madura).

5. Cuanto más practiques haciendo pausas y observando o siendo *consciente* de la forma en que te comunicas, más fácil te resultará con el paso del tiempo. La pausa es especialmente útil cuando se trata de discusiones por mensajes de texto (no puedo seguir interactuando) o *trolls* en las redes sociales (respondo sólo cuando me siento con ánimo para discutir).

Nuestros críticos y jueces internos suelen salir cuando escuchamos a otros a través de la, en ocasiones arrogante, lente de nuestra propia perspectiva. Recuerdo que Nina Hartley me dijo hace años que a ella y a otros miembros de la comunidad *kink* les resultaba especialmente difícil encontrar a un buen terapeuta que los aceptara sin avergonzarlos o tratar de descubrir algún trauma de la infancia que fuera el causante del hecho de que llevaran un estilo de vida alternativo. Walter Brackelmanns insistía en que los terapeutas sexuales trabajan aún más en sus propias limitaciones y juicios sexuales cuando quieren tratar con éxito a sus pacientes. Todos tenemos prejuicios en los que imponemos lo que consideramos que es lo correcto sobre otras personas.

En más de una ocasión me han llamado diplomática, quizás porque trato de desapegarme y observar si mi opinión me impide escuchar la verdad de la otra persona. Puede que no me guste lo que tienen que decir, pero considero que cuanto más mantengo la serenidad y la objetividad, menos a la defensiva y enojada estoy cuando abro la boca para hablar. ¡No siempre he sido así! Cuando tenía diecinueve años y estudiaba en la escuela de arte en Nueva York, solía enfadarme con los que participaban en los piquetes antiabortistas que se colocaban en el exterior de la clínica de abortos que se encontraba en el mismo edificio que mis clases de estudio. Solía gritarles enfadada, a todo pulmón, porque creo sinceramente en el derecho de las personas a su libertad reproductiva. Pero, por último, el hecho de arrojar mi odio contra ellas no mejoraba mi estado de ánimo ni mi día, ni el derecho de las mujeres a tener un aborto legal.

Decidí (mucho después) tratar de abordar las situaciones como ésta con una *comunicación consciente*. En mi caso, lo que me ayuda es anotar todas las cosas que pienso y siento para poder ordenar mis pensamientos. Trato de tomarme uno o dos días y de asegurarme de que mi indignación, por ejemplo, no está dirigiendo mi respuesta. Recientemente tuve que tomarme un tiempo lejos de una amiga cercana cuando me resultó evidente que ninguna de las dos estaba siendo capaz de escuchar a la otra en lo relativo a un tema sensible. A veces, tomarnos un poco de espacio nos permite reflexionar y regresar en mejores términos, en lugar de introducir una serie de frustraciones y experiencias que no tienen nada que ver con lo que estamos discutiendo. En ocasiones, simplemente tenemos que estar de acuerdo en que no estamos de acuerdo, o evaluar si vale la pena luchar por la situación o la relación.

En lo que respecta a la proliferación actual de la cultura de cancelación, es conveniente detenerse y pensar antes de hacer un comentario sobre una situación que nos resulta ajena. *Ése* es el momento de preguntarnos si lo que queremos decir va a llegar de manera eficaz. Mientras estaba tras bambalinas en una empresa de educación sexual, he observado que, por lo general, es la falta de educación y de información lo que hace que la gente critique; y, con frecuencia, encontrar el lenguaje adecuado para transmitir el mensaje hace toda la diferencia.

Sólo porque que algo nos guste o veamos el mundo de cierta manera, no significa que debamos imponer nuestras creencias a otras personas. Tampoco significa necesariamente que haya algo malo en ellas, o en nosotros, si no estamos de acuerdo. He visto con mucha frecuencia que, en los espacios en los que las personas son más proclives a tener un diálogo abierto sobre sexo, o se consideran «sensibles», la gente tiende a tener tantos prejuicios, *o incluso más*, que las personas etiquetadas como «conservadoras». En nuestro chat grupal de The Sex Ed, los llamamos GJSES, o «guerreros de la justicia social extraordinariamente sensibles». He estado en el extremo receptor de su ira en tantas ocasiones en Internet ¡que a veces quiero arrojar mi teléfono al mar!

He tenido innumerables conversaciones con personas *queer*, sexualmente positivas, que dicen que no entienden cómo alguien puede ser asexual (la orientación sexual de las personas que no sienten atracción sexual hacia otras y/o no priorizan el sexo como una forma de relacionarse con los demás). Desde su punto de vista, la asexualidad es *inconcebible*. También tengo que recordar a muchas «feministas» heterosexuales que sí, que los hombres heterosexuales también tienen sentimientos y son tan vulnerables como ellas. Te sorprendería ver la falta de comunicación que existe debido al hecho de que estamos tan absortos en nuestra propia versión de la realidad que no somos capaces de entender el punto de vista de otra persona.

Dicho sea de paso, soy cien por cien culpable de hacer lo mismo. Especialmente en el pasado, cuando se trataba de comunicarme de manera eficaz con los hombres en mi vida. Para mí en persona (como una mujer que ama a los hombres) y a nivel profesional (como una mujer que cree que todos hemos estado atascados perpetuando ciclos de comportamiento dañados), es importante ser inclusiva y amable con los hombres, en lugar de golpearlos en la cabeza con la vara del positivismo sexual feminista (lo cual, para ser sincera, he hecho durante gran parte de mi vida).

Quizás los hombres sean los que están más atrapados por el patriarcado que gobierna la mayoría de las sociedades del mundo. Ellos han sido criados para rechazar la vulnerabilidad, negar su miedo, expresar emociones como la ira y devaluar el amor y la intimidad en favor del sexo disociativo (todo ello porque esos comportamientos se consideran más «masculinos»).

¿Cómo cambiamos esas viejas historias y les enseñamos a los chicos jóvenes maneras de identificarse consigo mismos, con el amor y con una masculinidad sana? Nuestro actual sistema patriarcal no funciona para todos. ¿Cómo puedo yo, como fundadora de una página web de positivismo sexual, incluir a hombres heterosexuales en las conversaciones que estamos teniendo y hacer que sean nuestros aliados en lugar de ser nuestros enemigos?

En la actualidad, los hombres (en especial los blancos, heterosexuales) están cuestionando sus voces y su papel cultural, profesional y sexualmente como nunca lo habían hecho antes. Ellos han sido puestos en jaque por primera vez a nivel masivo. Mientras que antes su virilidad nunca había sido cuestionada, ahora la sociedad les está diciendo que son impotentes. Muchos hombres se sienten rechazados por la reacción actual, la cual crea un sentimiento de no pertenencia y una actitud defensiva. (De ahí la propensión a los avisos de «no todos hombres» y «padre de niñas»). Miro a mi alrededor y no veo muchos lugares seguros en los que los hombres puedan expresarse en una época en la que sienten que han perdido su voz.

Me identifico con la ira colectiva y el trauma que rodea al patriarcado, pero también tengo un intenso deseo de ayudar a sanar la narrativa de la manera que me resulte posible.

Dado que crecí en una familia de machos alfa, a menudo he sentido resentimiento porque no tuve las mismas oportunidades que he visto que han tenido los hombres en mi vida. Esto ha sido complicado por el hecho de que amo a los hombres y me siento atraída sexualmente por ellos. Me he encontrado compitiendo con ellos, queriendo tener lo que ellos tienen, pero sin conseguir obtenerlo, ya que no hay ninguna competencia, porque el campo de juego siempre es desigual (incluso cuando tiendo ser una mujer alfa en el ámbito profesional). Acabé dedicando demasiado tiempo tratando de demostrar que valgo o de ganarme su respeto, y alejándolos en el proceso. Estaba participando en una narrativa patriarcal de «El poder es bueno, y yo tengo que ganar, o demostrar que valgo, a cualquier precio». Pero ¿cuál es exactamente la recompensa? Mientras trato de evolucionar dejando de comunicarme con los hombres debido a esos sentimientos de injusticia y rabia, tengo que estar una y otra vez comprobando si hablo con una actitud defensiva, ofendiéndome, o si hago que el diálogo avance de una forma útil.

Mientras la comunidad del positivismo sexual crece tanto en visibilidad como en popularidad, me he encontrado con una brecha habitual: los hombres están siendo excluidos de conversaciones culturales cruciales que están siendo mantenidas en este espacio. Éstas incluyen conversaciones sobre el consentimiento, el placer, el deseo y otros temas. Lo cual me lleva a pensar en la forma en que los hombres están siendo dejados de lado. #MeToo[6] como sustantivo ha entrado en nuestro léxico, pero en muchas ocasiones no incluimos a los hombres en los diálogos acerca de cómo o por qué ocurre el acoso y el abuso sexuales, y *definitivamente*, no estamos haciendo lo suficiente para escucharlos más tarde.

Con frecuencia, los hombres heterosexuales me dicen que tienen miedo de ser juzgados o «cancelados» si no están al día en la última nomenclatura para la identidad de género y sexual. Están preocupados de ser adictos al porno, pero temen que si hablan de esto con sus parejas, serán humillados. Y quieren saber más acerca de la intimidad, el placer y cómo actuar en los encuentros sexuales en un mundo post #MeToo.

He llegado a la conclusión de que tenemos que crear más espacios en los que los hombres puedan ser vulnerables, ser apoyados en su crecimiento y participar en la sanación de siglos de masculinidad herida que los ha mantenido dentro de cajas. Como escribió Bell Hooks en *The Will to Change: Men, Masculinity and Love*[7], «los hombres no pueden cambiar si no hay modelos para el cambio. Los hombres no pueden amar si no se les enseña el arte de amar».

Quiero que los hombres formen parte de un nuevo paradigma del placer sexual. Para ayudar a los hombres a entrar en contacto con su

---

6. Concebido en 2006 por la superviviente y activista Tarana Burke. Aproximadamente una década más tarde, esta iniciativa sociopolítica, cuyo objetivo era romper el silencio en torno a los traumas relacionados con el sexo, aumentó su visibilidad a través de los *hashtags* en Twitter e Instagram. Un número sin precedentes de personas de alto perfil hablando cándidamente sobre sus experiencias culminó en uno de los cambios de paradigma contemporáneos más significativos de la cultura; muchos afirman que en 2017, la actitud de los principales medios de comunicación hacia los supervivientes del abuso, la agresión y el acoso sexuales pasó de ser una forma de escepticismo y/o culpa a una de creencia y afirmación de la verdad.

7. Publicado en español bajo el título *El deseo de cambiar: hombres, masculinidad y amor*. Bellaterra Edicions: Barcelona, 2021.

propia masculinidad divina y a sentirse animados y apoyados mientras desentrañan los matices de una frontera absolutamente nueva de la sexualidad y la política de género. De un modo egoísta, quiero mejorar mis relaciones con los hombres. Gran parte de esto se reduce a crear un discurso más sano en todas partes.

En cada uno de los casos que he descrito antes, tener claros nuestros sentimientos, decirlos en voz alta y con claridad, y escuchar de un modo consciente a los demás ayuda a mejorar la comunicación y las relaciones. Cuando nos enfrentamos a cosas que, por lo general, evitaríamos, éstas tienen menos poder sobre nosotros. Y cuanto más explícitos somos acerca de nuestras expectativas y nuestros límites en lo relativo al sexo y al amor, más satisfactorios pueden llegar a ser.

En resumen, la comunicación consciente (y esto incluye desde las relaciones amorosas y sexuales hasta las dinámicas familiares) requiere:

1. Que identifiques y expreses con sinceridad tus propios deseos, necesidades y sentimientos, incluso cuando te puede resultar incómodo hacerlo.
2. Que practiques escuchar activamente y no planear tu respuesta mientras la otra persona está hablando. Trata de ser neutral y objetivo, y advertir si algunas de tus viejas heridas (como el abandono, el rechazo o el resentimiento) están siendo activadas.
3. Que te arriesgues a recibir una respuesta que quizás no te guste a cambio del potencial de un placer mayor.

Parece sencillo cuando uno lo escribe en una lista directa, pero el esfuerzo que debemos hacer para permanecer conscientes en el momento es real. Cuanto más practicamos para *bajar el ritmo* y escuchar (a los demás y a nosotros mismos), más fácil nos resulta hacerlo. Lo prometo.

LA TECNOLOGÍA

Los humanos estamos diseñados para relacionarnos con otros humanos en busca de amor, compañía y sexo. Tenemos el deseo primigenio de aparearnos, tanto si nuestra intención es tener descendencia como si no lo es. Nos diferenciamos de los primates en que también queremos tener intimidad emocional, mental, espiritual y física.

Aunque podemos tener el impulso de tener cercanía con otras personas, pasamos la mayor parte del tiempo evitando activamente los intercambios empáticos, vulnerables. La tecnología juega un papel muy importante en la forma y la razón por la cual nos hemos desconectado tanto de nuestra *humanidad*. La conectividad digital, aunque es liberadora y democratizante, también nos ha llevado a tener menos empatía, menos intimidad y menos inteligencia emocional.

Ahora habitamos en un estado en el que estamos semipresentes y un poco distraídos mientras realizamos múltiples tareas entre nuestro mundo virtual y nuestra existencia real. ¿Alguna vez has estado concentrado en tu teléfono en la cola para pagar en el supermercado, mensajeando o teniendo una conversación mientras la cajera está pasando tus compras? ¿O mientras estás esperando a alguien en un bar, restaurante, cine o discoteca? ¿Recurres a tu teléfono para llenar esas pausas incómodas en lugar de mirar a las personas que hay a tu alrededor, captar su atención, iniciar una conversación con un extraño, o (qué horror) permanecer sentado a solas observando en silencio dondequiera que te encuentres? Lo habitual es que estemos concentrados en nuestros teléfonos mientras tenemos una experiencia en la vida real, a solas o con otras personas: en una cena, en una reunión, en la cama, dando un paseo, e incluso conduciendo.

En ocasiones, para obligarme a estar completamente presente, dejo mi teléfono en casa cuando salgo. No pasa mucho tiempo antes de que empiece a estar inquieta, buscando mi dispositivo en un acto reflejo. Me muestro incómoda, ya que, con frecuencia, soy la única persona que no mira una pantalla. Siento como si no mirar mi teléfono hace que parezca que no soy normal. El vacío empieza a llenarme de inseguridad y ansiedad, y recuerdo lo lejos que estamos de estar en paz unos con otros y con los momentos intermedios.

En el libro ya he hablado del *vacío* y de nuestra necesidad impulsiva de llenarlo. Pues bien, la tecnología es una herramienta útil para obtener gratificación y validación inmediatas que actualmente tiene la mayoría de las personas. Es difícil creer que hubo un tiempo en el que teníamos que practicar nuestras habilidades sociales a diario. Un tiempo en el que nos veíamos obligados a intercambiar comentarios amables con otras personas, en el que se consideraba de mala educación no mirar a alguien a los ojos y experimentarlos como seres humanos reales. ¿Puedes concebir que las personas solían enviar y recibir cartas de amor (yo todavía lo hago; llámame anticuada) y esperar, a veces semanas, para recibir una respuesta porque el correo era transportado en barcos? Hoy en día, si echamos de menos a alguien o nos sentimos un poco solos o tristes, podemos enviar un mensaje a un amplio número de contactos y esperar a que alguien responda y nos confirme que somos valorados.

La tecnología es una espada de doble filo. Por un lado, es una herramienta increíble que nos ha proporcionado muchas formas de conectar con personas del mundo entero que reflejan nuestras experiencias. A principios de la década de 2000, una persona con problemas de identidad sexual o de género podía sentirse completamente alienada en un rincón del mundo. Ahora tenemos la oportunidad de encontrar una comunidad y aceptación en un dispositivo electrónico en nuestra mano, incluso si no la encontramos en casa.

Mientras que el ciberespacio tiende puentes entre las personas, también está desconectándonos de la comunidad, de la naturaleza (si alguna vez has publicado una puesta de sol en Instagram, sabes lo que quiero decir), y de crear vínculos auténticos con otras personas. Nuestras pantallas actúan como una especie de autodefensa. Nos escondemos detrás de ellas; nos dan la valentía para decir y hacer cosas que quizás nunca se nos ocurriría admitir en la vida real. En las redes sociales podemos mostrar las profundidades de nuestra alma (hablando de nuestras experiencias con la salud mental, de nuestros traumas, de nuestra orientación sexual, de nuestra imagen corporal y de otros temas sensibles) a unos absolutos desconocidos, y, sin embargo, nos parece impensable contarle a un desconocido en la vida real la cuarta parte de lo que revelamos en línea. De alguna manera, nos sentimos menos vulnerables revelando nuestras experiencias y nuestros sentimientos virtualmente.

Es posible que recurramos a las redes sociales para sentirnos reafirmados cuando estamos en nuestro punto más bajo, pues necesitamos compartir nuestra tristeza, o queremos recordar o celebrar nuestra alegría. Los seres humanos solían probar su existencia tallando sus nombres en un árbol o en una roca. Ahora podemos publicar una foto que demuestra que estamos ahí, que somos válidos y que merecemos vuestros «me gusta». Las vacaciones pueden ser una época especialmente sensible en las redes sociales. Recuerdo haber sentido una presión invisible para postear una fotografía de mi padre el día del padre, porque todos los demás lo estaban haciendo, a pesar de que (1) ya había fallecido, de manera que (2) no podía ver mi publicación. Entiendo intelectualmente que soy una ridícula por caer en la mentalidad de «Si no publico nada, ¿existo?», y que podría tan sólo tomarme el espacio fuera de Internet para sentir la pérdida, ¡pero el bendito FOMO (acrónimo para la expresión en inglés *fear of missing out*, cuya traducción es «miedo a perderse algo») es real!

Es desalentador ver cuántas personas del mundo entero están teniendo dificultades para ser vulnerables y tener intimidad, sobre todo en las relaciones sentimentales y/o sexuales. Realmente *ver* a la otra persona y dejar que *te vea* puede dar miedo. Con frecuencia oigo a las personas decir lo cohibidas que se sienten cuando alguien las mira a los ojos durante las relaciones sexuales (por lo general casuales), un acto muy íntimo.

En el siglo XXI, el sexo y el amor se han pasado a Internet: son fáciles de conseguir y son descartables. Hay un sinfín de opciones a nuestro alcance, amplios menús de aplicaciones para encuentros sexuales y citas, categorizados por preferencias de género, sexuales, e incluso económicas. Nunca había sido tan fácil encontrar a otros seres humanos con los que emparejarse (o hacer un trío). Dado que tenemos una infinidad de opciones, podemos actualizarlas, cambiarlas y considerarlas todas en lugar de comprometernos con alguien que de quien podríamos cansarnos con el tiempo. Flirtear por mensajes de texto, que alguien excitante entre en nuestros DM, darle «me gusta» y comentar una publicación sin el compromiso de una relación real son cosas que nos producen un subidón de dopamina. Esto es indicativo de nuestros hábitos de apareamiento digital en los que estamos semipresentes y un poco distraídos. Curiosamente, estudios recientes han mostrado que los *millennials* y la generación Z están teniendo menos sexo (incluyendo menos sexo casual) que nunca (en parte debido al tiempo que pasan en el teléfono).

Con todo el progreso que ofrece la interconectividad global, a nivel cultural estamos alejándonos más y más de las relaciones. Si vivimos una parte cada vez mayor de nuestra existencia virtualmente, ¿cómo podemos fusionar las innovaciones de la tecnología con la humanidad y una mayor conciencia?

Sherry Turkle es una profesora en el Programa de Ciencia, Tecnología y Sociedad en el MIT, y es la directora fundadora del MIT Initiative on Technology and Self. Con un doctorado en sociología y psicología de la personalidad, Turkle realiza un trabajo que está centrado en el estudio de cómo interactúan los humanos con la tecnología. En 2012 presentó una charla en TED (que se ha traducido a más de treinta idiomas) que planteaba una pregunta crucial: ¿estamos «conectados pero solos»? «La tecnología nos atrae más ahí donde somos más vulnerables», afirma en la charla. «Y somos vulnerables. Nos sentimos solos, pero tenemos miedo a la intimidad. Y entonces, desde redes sociales hasta robots sociables, estamos diseñando tecnologías que nos proporcionan la ilusión de compañerismo sin las exigencias de la amistad. Recurrimos a la tecnología para ayudarnos a sentirnos conectados de maneras que podemos controlar cómodamente. Pero no nos sentimos tan cómodos. No tenemos tanto control. En la actualidad, esos teléfonos que llevamos en el bolsillo están cambiando nuestras mentes y nuestros corazones porque nos ofrecen tres fantasías gratificantes. Una, que podemos centrar nuestra atención dondequiera que queramos;

dos, que siempre seremos escuchados; y tres, que no tenemos que estar solos nunca. Y esa tercera idea, que nunca tenemos que estar solos, es fundamental para cambiar nuestra psique. Porque cuando las personas están solas, aunque sea durante unos segundos, sienten ansiedad, entran en pánico, se ponen nerviosas y buscan un aparato... Estar solos parece ser un problema que tenemos que resolver».

Hablando de estar solos y de la condición humana de necesitar a otros seres humanos, la tecnología nos ha ayudado a acabar con el «problema» de encontrar pareja. Las aplicaciones de citas y de encuentros sexuales son una industria de muchísimos millones de dólares. Sus algoritmos prometen amor, sexo, un acuerdo económico (la pareja perfecta para uno). Pero también ocasionan incomodidad social y un mayor alejamiento de la intimidad. Cuanto más dependemos de las máquinas para facilitar nuestras relaciones emocionales, sentimentales y sexuales, menos inteligentes somos en esas áreas.

A menudo leo los mensajes de mis amigos en varias aplicaciones de citas (con su invitación y consentimiento) para ver cómo se comunican digitalmente con sus potenciales parejas. En las apps heteronormativas es habitual que las personas mantengan un diálogo interminable mediante mensajes de texto (me refiero a párrafos que se intercambian a lo largo de varios días o semanas) sin llegar a conocerse en la vida real. He visto muchos casos de personas emocionalmente destrozadas porque una «relación» virtual ha llegado a su fin, a pesar de que nunca se vieron en persona. He visto a hombres heterosexuales mostrarse como personas emocionalmente disponibles y cariñosas tan sólo copiando y pegando mensajes estándar como «Estoy en el supermercado, ¿necesitas algo?» a una serie de posibles parejas. Este tipo de comportamiento crea una falsa sensación de intimidad. Establecer una verdadera intimidad lleva su tiempo y existe un riesgo emocional. Cuando nos apresuramos para establecer una conexión, intercambiando mensajes frenéticamente, evitamos la incertidumbre que existe cuando empezamos a conocer a alguien de una forma auténtica.

Con frecuencia, la gente se queja de que usa aplicaciones de citas y le gustaría conocer a alguien en su vida normal. ¿Es que, de repente, los humanos hemos cambiado de una forma tan radical desde que tenemos dispositivos portátiles que el azar de hallar una chispa romántica al mirar a los ojos o al hablar con un extraño, o una extraña, ha desaparecido? ¿O es que simplemente nos sentimos tan incómodos que no somos capaces de levantar la mirada de nuestros teléfonos y tener una conversación?

Vivimos en una cultura en la que usamos la tecnología para interactuar sin haber aprendido a tratarnos unos a otros con auténtica decencia en Internet. Nuestra falta de conocimientos acerca de la empatía, la sutileza e incluso la amabilidad en el ciberespacio suele presentarse en forma de una absoluta falta de respeto por los límites cuando se trata de relacionarse románticamente. Por ejemplo, supongamos que alguien no hace *match* con una persona que le gusta en una aplicación. En lugar de aceptarlo, muchos buscan en las redes sociales a esa persona que no les corresponde y entran en sus DM. Relájate. Si esa persona no quiso salir contigo en una plataforma, tómatelo como un no rotundo a la posibilidad de contactar con ella en otra parte. En The Sex Ed recibimos muchísimas preguntas acerca de las aplicaciones de citas, el *ghosting* y las fotografías de penes que a veces pienso que debería escribir un manual de etiqueta sexual para la era digital.

Hablemos del *ghosting*.[1] Esto es indicativo del tipo de comunicación pasivo-agresiva que mencioné en el capítulo anterior. Si tenemos la suficiente intimidad física con alguien como para intercambiar cualquier tipo de fluidos corporales, entonces deberíamos ser capaces de decirle: «Creo que eres una persona maravillosa, pero no eres para mí», en lugar de entrar en un silencio digital. Podemos gustarle mucho a una persona (o ella a nosotros), pero eso no significa que el sentimiento sea correspondido. No reconocer la falta de interés cuando alguien busca tener más contacto es francamente grosero. A menos que seas un

---

1. Se trata del fenómeno de terminar abruptamente toda comunicación; una forma pasivo-agresiva de mostrar una falta de buenos modales en las citas digitales. Esta estrategia suele ser empleada por personas que se sienten incómodas con la comunicación directa y con establecer límites claros; por lo tanto, prescinden de las complicaciones y obligaciones de tener que continuar con la comunicación. Los motivos van desde el miedo a comunicarse de una forma directa hasta la incomodidad de tener que establecer límites, pero una cosa es segura: si has sido víctima de *ghosting*, probablemente no deberías contener la respiración esperando una respuesta.

acosador, un psicópata o alguien que no acepta un no por respuesta, normalmente la sinceridad es la mejor política.

En cuanto a enviar y recibir fotos de desnudos, si has tenido la suerte de recibirlas, ¿comprendes que se entiende (aunque, por lo general, no se diga) que son *sólo* para ti? ¿Las compartes con tus amigos? O peor aún, ¿las publicas en las redes?

Las fotografías de desnudos del comediante Joel Kim Booster se filtraron en Internet y personas desconocidas hicieron comentarios sobre el tamaño de su pene. Joel me explicó que: «acabaron en el tablero de mensajes de una página web. Los comentarios eran buenos, nadie dijo nada desagradable, pero todos esos desconocidos estaban analizando las fotos de mi pene. Es interesante de leer algo así. En ocasiones la gente dice cosas como: "Eso es asqueroso". Y luego la respuesta automática es: "Bueno, si no querían que sus fotos fueran exhibidas, no deberían habérselas tomado". Así, de lejos, puedes llegar a la madriguera de esa forma de pensar antes de poder justificar nada. Pero, por otro lado, no me avergüenzo de mi cuerpo. Dicho esto, me encantaría que retiraran mis fotos de esa página simplemente porque me gustaría tener algún control sobre quién ve mi cuerpo. Pero creo que, en especial en el caso de mi generación, [nuestras fotos íntimas] van a acabar circulando por ahí de todas formas, y poner demasiada energía emocional en ello probablemente acabaría afectándome».

Para la mayoría de la gente que se ha criado con dispositivos digitales y pornografía, sextear e intercambiar fotos de desnudos es un rito de iniciación.[2] No se les puede decir a las personas que no lo hagan, pero podemos educarlas acerca de cómo respetar los límites cuando se trata de fotos íntimas. No deberíamos tener que asumir el riesgo de que, si

---

2. «Envía desnudos», «¿n00dz?», o cualquier otra solicitud que incluya esa palabra normalmente es una señal de que la persona está pidiendo fotos en las que la otra persona está desnuda. Cuando envíes fotos de desnudos, asegúrate de hacerle saber a la otra persona que la fotografía es sólo para ella (si esa es tu intención) y asegúrate de que no haya ninguna característica física que te pueda identificar en las fotografías (como tu rostro o un tatuaje) para proteger tu anonimato si son compartidas sin tu consentimiento. Si tú eres quien recibe las fotos de desnudos, tienes mucha suerte, así que trátalas con el respeto con el que tratarías a una obra de arte.

le enviamos a un amante fotografías desnudos, quizás un día puedan acabar siendo públicas.

Carrie Goldberg es una abogada especializada en los derechos de las víctimas y es fundadora de C. A. Goldberg, un bufete de abogados que ayuda a las víctimas a luchar contra los «psicópatas, acosadores, pervertidos y *trolls*» con casos destacados contra el Departamento de Educación de Nueva York y Grindr. Su propia experiencia con un ex vengativo cambió el curso de su carrera profesional, lo cual detalla en su libro *Nobody's Victim*. Como afirma Carrie, «los *millennials* han crecido con un teléfono móvil, no sólo al alcance de su mano, sino también adherido a ella, y usando Internet y sus teléfonos para todo. No hay nada para lo que no utilicemos Internet. Es lógico que eso incluya la sexualidad y las citas, y que sea una herramienta para eso. Ciertamente, creo que es poco realista decir: "No deberías haberte tomado esas fotos". En lugar de eso, deberíamos decir: "Si alguien te ha confiado sus fotos íntimas, no las compartas". Quiero decir que ahí es donde debe estar el énfasis. Cierta información debería ser tratada como privada. Aceptamos que los números de las tarjetas de crédito y de la seguridad social son información privada, y nos sentiríamos menos humillados si se filtraran… Nos sentimos mucho menos humillados cuando alguien trata de usar nuestra tarjeta de crédito, y, sin embargo, es un comportamiento criminal».

Una advertencia (sobre todo para los hombres hetero) sobre las fotografías de penes: por favor, no las envíes si no te las piden; hazlo tan sólo si te las han solicitado. A algunas personas les encantan las fotos de penes; tengo muchas amigas que tienen cientos de ellas guardadas en sus teléfonos, imágenes que buscaron específicamente. Sin embargo, la mayoría de las mujeres reciben muchas que no son bienvenidas, a menudo de personas completamente desconocidas (mis solicitudes no leídas de DM un día cualquiera contienen muchísimas). Mi amiga, la superestrella de la industria para adultos Riley Reid, cuyos vídeos han sido vistos más de mil millones de veces en PornHub, tiene una operación genial para las fotos de penes. En su cuenta de OnlyFans, cobra a los suscriptores por puntuar sus penes. Son sólo unos pocos dólares por mensaje, pero si tienes en cuenta que recibe entre cientos y miles de solicitudes por semana, eso va sumando. Quizás todos deberíamos empezar a cobrar.

Las redes sociales se especializan en impulsarnos a interpretar versiones idealizadas de nosotros mismos, de nuestra sexualidad, e incluso de nuestras relaciones serias y amorosas (como, por ejemplo, que las hagamos «oficiales en Instagram»). La norma son los filtros y Facetune, las curvas al estilo de las Kardashian y cuerpos firmes presentados en una serie interminable de *selfies*. Cuando pienso a lo que los chicos que crecieron con teléfonos inteligentes tienen que enfrentarse y desprogramar como «normal» (ahora que las redes sociales han cambiado, aumentado y alterado nuestras ideas de lo que es «normal» al billonésimo grado), me estremezco. Lo normal ahora es tan poco realista y tan inalcanzable que los adolescentes sienten la presión de someterse a cirugía plástica y a inyecciones para alcanzar un listón cada vez más alto. Eso se traduce a expresar su sexualidad para obtener aceptación en grados incluso más altos. TikTok está inundado de niñas de once años ejecutando la perfecta coreografía WAP[3] cuando todavía no son capaces de entender el efecto que la realización de esos movimientos con sus cuerpos puede tener en los deseos de otras personas.

Gran parte de nuestro uso de la tecnología para grabar actuaciones ha estado influido por el porno en línea. Esto no es ninguna sorpresa si tenemos en cuenta que los *webmasters* adultos aprendieron a comercializar Internet más rápido que nadie. Si las estrellas y los productores de porno no lo hubieran hecho antes, no habría *gamers*, ni YouTubers, ni Tik-Tokkers, ni celebridades sacando provecho económico de sus seguidores.

Quiero dejar esto claro: no pienso que la pornografía sea nociva y que debería detenerse o evitarse a toda costa. Creo que, como sociedad, tenemos que ser capaces de relacionarnos de una forma crítica con una industria que pertenece a una de las profesiones más antiguas: el trabajo sexual. A diferencia de cualquier otro tipo de trabajo sexual,

---

3. Este acrónimo de la expresión en inglés *wet-ass pussy* es el título de una exitosa canción de hip hop grabada por Cardi B y Megan Thee Stallion en 2020. Esta canción sirve como himno para muchos y erotiza la anatomía vaginal de las cantantes (entre muchas otras frases con insinuaciones y cargadas de juegos de palabras) haciendo una comparación festiva de su humedad con la de unos «macarrones en una olla».

la pornografía existe en el nexo de los medios de comunicación, el entretenimiento y la tecnología. Nos guste o no, ya está engranada en todos los aspectos de nuestras vidas. La amplificación que estas industrias «legítimas» le dan al porno lo ha convertido en una bestia que puede domesticarnos hasta la sumisión, a menos que aprendamos a entender cómo afecta a nuestras relaciones culturales y personales con la sexualidad. Durante la segunda ola del feminismo (desde la década de 1960 hasta la de 1990), muchos miembros del movimiento eran vehementemente antiporno, denigrando de manera activa a las mujeres que trabajaban en la industria del cine para adultos, en lugar de incluirlas en la lucha por la igualdad de derechos. (Otro ejemplo más de la incapacidad del feminismo blanco de ser interseccional).[4] Por desgracia, un gran número de personas «cultas» todavía adopta la ideología general de que «la pornografía es mala y trata a las mujeres como objetos sexuales y es inmoral». No es tan simple.

El porno puede ser una herramienta útil para explorar la sexualidad personal y recuperar la pasión en una relación, y también puede crear muchas inseguridades y malos hábitos. Muchos terapeutas sexuales sugieren a sus clientes que vean un contenido pornográfico específico como una manera de abrir sus preferencias sexuales y ampliar el placer en solitario o en pareja. Si no conseguimos una educación sexual modeladora o sana de ninguna otra parte, ¿qué otras opciones tenemos? La pornografía es la forma en que la mayor parte del planeta está adquiriendo conocimientos sobre el sexo. ¿En qué otro lugar puedes ver representaciones claras de vulvas, penes, felaciones, sexo anal o incluso la vieja postura del misionero?

---

4. Este término se refiere al reconocimiento, por parte de la cultura contemporánea, de la capacidad de la persona de declarar que tiene múltiples identidades. Aquí, por ejemplo, una persona puede afirmar (entre otras innumerables identidades centrales potenciales) su origen racial, su discapacidad y/o sobriedad mientas que también lo hace con respecto a su estatus de inmigración, el VIH y/o superviviente del maltrato doméstico. Las personas *queer* de color son posiblemente uno de los ejemplos más visibles de un espacio de identidad híbrida en los medios de comunicación. Finalmente, estos esfuerzos por crear un nuevo lenguaje tienen como objetivo crear espacios de reconocimiento restaurativos para muchas personas cuyas experiencias han sido eclipsadas o ignoradas previamente.

La educación sexual contemporánea debe incluir conocimientos de pornografía. Esto quiere decir adquirir las habilidades para interpretar lo que vemos, cuestionar la forma en que interactuamos con el porno y ser más conscientes del modo en que absorbemos los contenidos *con atención.* Necesitamos tener conversaciones emocionales y psicológicas para procesar la información que estamos absorbiendo. El porno ha existido desde el inicio de los tiempos y no va a desaparecer. No digo que me encante el panorama actual del negocio del cine y las webs de *streaming* para adultos (en términos del contenido convencional disponible y quiénes se benefician económicamente en el otro extremo) o que es ético e inclusivo, pero bueno, Hollywood tampoco lo es.

Hace unos años, antes de que existiera el *streaming* y los ordenadores personales, era muy difícil tener acceso al material pornográfico. Tenías que ir a un *sex shop* para comprar una revista para adultos o alquilar una película porno en VHS. Por lo general, el vendedor envolvía el producto en una bolsa de papel marrón. Consumir material para adultos era un proceso discreto y tabú. Si nos remontamos aún más en el tiempo, uno tenía que pedir el material porno en la cara posterior de un catálogo de ventas por correo y adjuntar un sobre franqueado con su dirección. Ahora es más fácil que pedir un Uber. Por no mencionar que hoy en día la pornografía está dividida en muchos subgéneros (asfixia, escupitajos, *bukkake,*[5] *hentai,*[6] *gang bang,*[7] DP,[8] etc.); antes de la llegada del *streaming*, éstos no se contaban por miles.

---

5. Si la felación tradicional es un plato único, bienvenido al bufé libre. Este acto, que se cree que fue tipificado en el porno japonés de la década de 1980, coloca a un *bottom* oral consensuado que recibe múltiples eyaculaciones en su rostro.

6. Este término se utiliza en el mundo entero para describir las historietas eróticas japonesas, o el porno *anime* / manga. Más allá de ser meramente sugerente, este género se diferencia por sus constantes desnudos y sus representaciones detalladas de actos íntimos. Para muchos, permite una exploración no amenazante y fantasiosa de situaciones y del sexo que quizás nunca se atreverían a experimentar personalmente. La evidencia de esto es el alto porcentaje de mujeres cisgénero, heterosexuales, que disfrutan del nicho de temas gays cis-masculinos de este género.

7. Un acto sexual en el que participan varias personas (con frecuencia) penetrando a una sola persona simultáneamente, o una por una.

8. Doble penetración o el acto de penetrar (o ser penetrado) por dos orificios,

Muchas personas pasan tanto tiempo viendo pornografía en sus teléfonos como pasan en Netflix o en Instagram. Ahora somos tan dependientes del porno visual para masturbarnos que estamos criando generaciones enteras de jóvenes que no son capaces de llegar al orgasmo sin él.[930] Además, cuanto más consumimos y dependemos de un tipo de estimulación específico para llegar al orgasmo, más aumenta nuestra necesidad de consumir material especializado o *hardcore* para excitarnos.

Joseph Gordon-Levitt escribió, dirigió y protagonizó la película de 2013 *Don Jon*, en la cual su personaje tiene una vida sexual increíblemente activa, pero *sólo* logra la gratificación sexual cuando se masturba viendo porno. La película lo muestra lidiando con su hábito de ver pornografía y su incapacidad de intimar con las mujeres en la vida real. ¡Ojalá se incluyera la proyección de esta película en la asignatura de educación sexual en secundaria! Yo diría que el 80 % de las preocupaciones que los hombres heterosexuales menores de cuarenta años me expresan están relacionadas con su relación con la pornografía y la intimidad.

Un amigo mío, un actor de éxito que prefiere permanecer en el anonimato (es un galán con millones de seguidores en las redes sociales), me envió una serie de mensajes de voz en los que me detallaba su complicada relación con la pornografía. Se enorgullecía de contarme que, en un esfuerzo por ser más consciente de la frecuencia con la que utilizaba material sexualmente explícito para masturbarse, instaló una

---

como la vagina y el ano o el ano y la boca. Mientras que una persona puede lograr esta estimulación estratificada con múltiples personas, no es necesario. Con suficiente imaginación, lubricante y juguetes, ni siquiera es necesaria la presencia de otra persona. Si tienes una vagina y disfrutas con el juego anal, sólo asegúrate de que todos los dedos y los juguetes estén bien limpios ¡antes de introducir en tu vagina lo que ha estado en tu ano!

9. Una nota acerca de la falacia de la «adicción al porno». Aunque la dependencia de la pornografía puede ser categorizada dentro de una patología mayor, como la adicción al sexo (otro tipo de comportamiento clínico que es tema de debate para los expertos), actualmente no hay suficientes datos científicos y estudios para respaldar esta teoría. Aun así, la sobresaturación y el uso de la pornografía pueden tener un efecto nocivo sobre el desarrollo, la respuesta y el comportamiento sexuales.

aplicación de rastreo en sus dispositivos para monitorear su hábito obsceno. Mientras escribo estas palabras, él lleva dos años, cuatro meses, un día, nueve horas, cinco minutos y dieciséis segundos sin ver pornografía. ¿Podrías hacer lo mismo durante una semana o un mes, sólo para ver qué ocurre?

Éste es un sencillo ejercicio para ser más intencional acerca de tu forma de consumir pornografía. Trata de masturbarte o excitarte utilizando un tipo de estímulo distinto al que sueles usar. Por ejemplo, si siempre miras pornografía en Internet, utiliza imágenes fijas, erotismo en audio, un nuevo juguete, o incluso... tu propia imaginación. ¿Tardas más tiempo en ponerte húmeda o en tener una erección? ¿Te sientes frustrado/a porque te resulta más difícil llegar al orgasmo? Observa estos sentimientos y pregúntate por qué quieres moverte con tanta rapidez a través de la experiencia de llegar al orgasmo cuando es algo que se supone que deber proporcionarte *placer y relajación*.

Un estudio clínico reciente muestra que la disfunción eréctil[10] en hombres sexualmente activos menores de cuarenta años (e incluso adolescentes) aumentó de manera significativa después de que se lanzaran las primeras webs de *streaming* de pornografía alrededor del año 2006. También están en aumento los niveles bajos de deseo y los problemas sexuales, además de la dismorfia de la imagen corporal y las expectativas en torno al placer y el desempeño. Como explica la experta en sexo Tyomi Morgan: «Cuando se trata del sexo en general, la mayoría de la gente está acostumbrada a la idea del desempeño. Creo que esto se debe al consumo de pornografía. Los medios también contribuyen a ello al referirse al acto sexual como una actuación. Muchas veces las personas llegan a las experiencias sexuales con una idea de cómo se supone que debe ser el sexo y, después, sienten que tienen actuar, en especial si sus

---

10. Se trata de la incapacidad de tener o mantener una erección. Puede ser experimentada por una serie de razones, las cuales incluyen (pero no se limitan a) el estrés, el abuso de sustancias y la ansiedad por el desempeño. Los estudios estiman que la prevalencia de este fenómeno abarca entre un 9 y un 40 % de los hombres de cuarenta años y menores, generalmente aumentando en un 10 % con cada década de éstos. Aunque el envejecimiento parece ser un factor clave, muchos hombres más jóvenes experimentan, manejan y, por último, resuelven los desafíos a lo largo de su vida sexual.

ideas sobre cómo debe ser el sexo involucran cosas hacia las que, por lo general, no gravitan o técnicas que en realidad no dominan. Sienten que tienen que adoptar otra personalidad y simular, y simplemente tener sexo mientras lo hacen, o se presentan y hacen el teatro. En mi opinión, las personas que tienen vulvas o vaginas sienten que tienen que gemir, que tienen que fingir y hacer todo el teatro adicional para darle placer a su pareja, en especial cuando no están disfrutando».

Es normal tener una relación complicada entre nuestra sexualidad y la pornografía o compararnos con lo que vemos en la pantalla y con el tipo de pornografía que le gusta a nuestra pareja, a pesar de que (y, sobre todo, porque) nada de eso es real. *¡Compárate y desespérate*, cariño! Una y otra vez me hacen preguntas como éstas: «Soy una mujer heterosexual con veintitantos años y mi pareja es un hombre heterosexual. Sé que no debería, pero me duele saber que él mira a otras personas en el porno. Algo en mí *todavía* siente que no soy suficiente y que ésa es la razón por la que mira a otras mujeres. ¿Hay alguna forma de hacer que no me importe? Estoy muy confundida y quisiera saber si hay otras personas que sienten lo mismo que yo».

Existen numerosas estrellas porno inteligentes, elocuentes y perceptivas a las que deberían estar enviándoles estas consultas en lugar de a mí. ¿Por qué no querríamos recibir consejos de alguien que tiene más de diez mil horas de experiencia en este campo? Recuerdo que cuando era una niña y la DARE (Drug Abuse Resistance Education) formaba parte de nuestro currículo escolar, solían venir drogadictos en recuperación a hablarnos. La estrella porno Jessica Drake es una educadora sexual titulada y tiene una serie películas para adultos que son éticas e instructivas sobre todo tipo de temas, desde felaciones hasta las posiciones básicas para el sexo anal, pero dudo que la escuela secundaria de tu localidad la llame para que dé una charla. Muchísimas celebridades nos dicen por qué deberíamos interesarnos por el cambio climático o los derechos de los indígenas, a pesar de que tienen muy poca experiencia directa en el tema. Sin embargo, los actores que se han convertido en nuestros modelos a seguir en el ámbito del sexo (los mismos que quizás te enseñaron a ti o a tus hijos cómo es una felación) han sido ignorados en el diálogo sobre la educación sexual.

Lexington Steele es uno de los actores porno más conocidos del mundo. Es una estrella porno del Salón de la Fama del AVN y ha sido galardonado con tres premios AVN a la Actuación del Año. Se han fabricado consoladores modelados a partir de él con los que difícilmente la persona promedio se podría comparar. Éstos son sus consejos: «No te compares con lo que ves. ¿Acaso piensas que puedes salir a una autopista y conducir igual que un piloto de Fórmula 1? Tal vez un piloto de Fórmula 1 puede conducir a 160 kilómetros por hora en sentido contrario en una autopista y no accidentarse nunca debido a su gran destreza. Las personas que hacen películas para adultos tienen una gran destreza en lo que hacen, así que no te culpes por tener una eyaculación precoz o por tener un mal desempeño debido a la ansiedad. No te compares con las personas que protagonizan las películas que ves. Existe una razón por la cual los tipos que están en este negocio tienen esos cuerpos y pueden hacer eso. No haciéndose trata de ningún truco, pero muchos ejercicios mentales están teniendo lugar en las mentes de los intérpretes masculinos. No es que simplemente nos despertemos y pensemos: "¡Puedo tener una erección ahora mismo!". Tienes un mal desempeño y sobrevives para contarlo. Una de las cosas que tiene ser un intérprete masculino es que tenemos mala memoria y/o nos sentimos cómodos con el recuerdo de una mala actuación».

Riley Reid, quien más allá de su éxito empresarial en el ámbito de la pornografía también ha recibido numerosos premios, señala que «la pornografía no es educación sexual. El porno no muestra lo que ocurre tras bambalinas antes y después de que nos hayamos comunicado con preguntas como "¿Qué es lo que encuentras aceptable? ¿A qué das tu consentimiento?". El porno puede estar muy dominado por los hombres, y la mujer actuar casi como si quizás no estuviera disfrutando o sí estuviera disfrutando. Somos actores. Creo que es importante decirles a las personas que no tiene nada de malo tener tus fetiches y tu sexualidad. Pero lo más importante es explicarles lo que son el consentimiento y la comunicación. Creo que la comunicación es algo de lo que no se habla lo suficiente. Y creo que las personas tienen mucho miedo y, por lo tanto, si las obligas a tener estas conversaciones incómodas, eso ayuda a que aprendan a hacerlo mejor».

Asa Akira puede hablar desde más de un punto de vista, ya que no sólo es una actriz porno de renombre, sino que además es madre. Desde que tuvo a sus hijos, Asa se ha estado haciendo estas preguntas: «¿Cómo van a ser sus primeras experiencias con la pornografía? Personalmente me gusta el sexo duro. Y gran parte del porno que he hecho y filmado a lo largo de mi carrera ha sido sexo muy rudo. Me encantan los *gang bangs*. Me encanta que me asfixien. Me encanta que me abofeteen. Y, ciertamente, nadie ve lo que ocurre en bambalinas cuando tenemos una conversación antes de filmar. Sobre lo que quiero hacer, lo que me gusta y lo que a la otra persona le gusta. No creo que el problema sea con la pornografía que estamos filmando. Creo que es estupendo que mostremos todo el espectro de la sexualidad. Si tuviéramos una mejor educación sexual, no creo que la gente recurriera al porno para aprender sobre sexo. El niño de diez años que ya ha aprendido cosas sobre el sexo y el consentimiento, y sabe que las diferentes personas tienen gustos distintos (igual que cuando se trata de comida, películas o cualquier otra cosa), creo que no va a ver necesariamente pornografía *gang bang* y creer que el sexo debería ser así. Pienso que, como sociedad, tenemos que mejorar la educación sexual en lugar de señalar a la pornografía y decir: "No deberíamos mostrar ese tipo de porno". Porque ésas son fantasías que realmente existen, y creo que es bueno normalizar todos los tipos de sexo».

Peggy Orenstein es la autora de dos libros que han sido éxitos de ventas del *New York Times: Girls & Sex* y *Boys & Sex*. Como ella dice, «podemos hablar sobre porno feminista y porno ético… pero ese tipo de pornografía es para suscriptores. Y lo que es de fácil acceso para los jóvenes y lo que están viendo desde una edad muy temprana es mucha pornografía que refuerza la idea de que el sexo es algo que los hombres les hacen a las mujeres y que el placer femenino es una actuación para la satisfacción masculina. Y están usando eso porque no les hablamos de sexo o de pornografía, y sobre lo que es real y lo que no lo es, y sobre lo que falta y lo que podría o debería ser. Ellos utilizan el porno como educación sexual».

Sin duda, queremos proteger a los niños para evitar que crezcan demasiado rápido y se vuelvan hipersexualizados, pero la triste realidad es que cerca del 90 % de los chicos entre los 8 y los 15 años han visto pornografía en Internet, ya sea accidentalmente o a propósito. Y esto ocurre mientras la mayoría de los adultos están evitando tener conversaciones básicas sobre sexo con sus hijos hasta que tengan «la edad apropiada». Pero ¿cuál es la edad apropiada hoy en día? Ciertamente, no sugiero que le hables a tu hijo o tu hija de siete años sobre sexo anal. Sin embargo, creo que las conversaciones sobre sexualidad, consentimiento, genitales y más deberían tener lugar en cuanto tu hijo o hija empiece a explorar su cuerpo y a hacerte preguntas. La mayor parte de nuestra incomodidad respecto a hablar con nuestros hijos sobre sexo se debe a que no hemos hecho el trabajo.

Pero si has leído este libro hasta aquí, ya estás comprometido a hacer frente a tu propia vergüenza en torno al sexo y no quieres transmitirle los traumas y patrones ancestrales a la siguiente generación, ¿no es así? ¡Felicidades! Tienes la oportunidad de criar a unos niños sanos, equilibrados y conscientes que van a crecer queriéndose a sí mismos, honrando sus cuerpos y respetando sus propios límites y los de los demás.

Dado que la pornografía ha evolucionado de las cintas VHS en bolsas de papel al acceso con un clic, es fácil ver cómo el contenido para adultos ahora dicta en gran medida cómo nos vemos, cómo nos excitamos y lo que esperamos de un encuentro sexual. Entonces, ¿cómo evolucionamos para tener una mejor relación con el porno? El primer paso son los conocimientos sobre la pornografía. Es decir, tener la habilidad para procesar y entender nuestras relaciones individuales y colectivas con la pornografía. Tomamos decisiones conscientes acerca de la comida y los programas de televisión que consumimos, pero tendemos a olvidar este sistema de valores cuando se trata de la pornografía que vemos. Por ejemplo, como estoy sobresaturada de leer, estudiar y hablar sobre sexo todo el día, yo no consumo pornografía en mi vida personal. (Aunque tengo una colección de erotismo *vintage*).

Para mí, el punto de inflexión fue en 2012, cuando asistí a la convención y entrega de premios AVN en Las Vegas. En un giro peculiar, me ofrecieron asistir a Las Vegas como invitada de la marca Chanel en una serie de eventos para una nueva tienda que iban a abrir en el Wynn Las Vegas. Cuando me enteré de que esto era paralelo a lo de AVN, reservé mis pases para la convención más rápido que lo que tardarías en decir «¡Es Chanel, cariño!».

Como investigadora del sexo, me acerco a una convención basada en la pornografía para recopilar datos de los consumidores y para ver los últimos productos del mercado, de la misma manera que lo haría en una feria de automóviles o en una de moda. Estoy ahí para averiguar cosas como cuáles son los consoladores más vendidos, qué cuota de mercado tienen, cuáles son las características de sus consumidores y quién es la estrella porno más taquillera. Mi porno es analítico. Ten en cuenta que una página de *streaming* para adultos como PornHub tiene cien millones de visitas al día. Es tan reconocible como marcas de medios de comunicación o de lujo como HBO o Chanel, con una puntuación Q más alta (una forma de medición de la familiaridad del consumidor con una marca) y posiblemente con más influencia en la cultura.

Mi novio en aquella época me acompañó y le pareció absolutamente desagradable y se sintió asqueado, abrumado y un poco angustiado por lo que vio detrás de la cortina. Recuerdo que me dijo incrédulo: «¡Pero esto no es sexy!». Esa noche, el rapero Too $hort iba a actuar al final de la entrega de premios, y mi novio planeaba quedarse el tiempo suficiente para poder verlo, pero la lista de categorías de nominados era como un diccionario muy gordo. Mientras que en los buenos tiempos de Paul Fishbein, creador de la ceremonia de premios, quizás había catorce o quince categorías, en 2012, con innumerables subgéneros que reconocer, el evento se estaba alargando más que los Oscar. Incluso las masas de carne en exhibición no lograron mantener nuestra atención el tiempo suficiente como para que aguantáramos hasta el final. Los dos estábamos tan agotados después de haber pasado el día entero interactuando con contenido sexual que es posible que perdiéramos el conocimiento sin haber tomado nada esa noche.

Parte del problema es que la mayor parte del porno se presenta como algo rutinario y sin alma. Como señala Nina Hartley, «en nuestra cultura, si haces arte sexual, se le llama pornografía, porque no valoramos la sexualidad lo suficiente como para permitir que los grandes artistas lo manejen. Pero el sexo, la pasión y el placer son tan dignos de una creación artística como el amor y la muerte, la guerra, la alegoría y la Biblia. Cada cultura tiene la pornografía que se merece, porque el material explícito que ponemos en la pantalla es un reflejo de la cultura y no un motor de la cultura».

Si es verdad que tenemos la pornografía que nuestra cultura se merece, entonces parecería que vemos (sobre todo) el sexo como algo rutinario, sin sentimientos y desprovisto de intimidad. «Creo que no se ha estudiado realmente nuestra capacidad de concentración y nuestra dispersión de las emociones, ya sea en relación con la pornografía o con el teléfono», me dijo el actor Ramy Youssef. «Pienso en el acceso que mis amigos y yo teníamos a la pornografía en una edad muy temprana. En mi serie [*Ramy*], mi personaje habla de mirar más porno para no tener sexo. Creo que eso es algo muy real para mí, y entender que hay una diferencia entre lo que ocurre en el porno y lo que es la verdadera intimidad».

A nivel personal, tenemos que ser más conscientes de las formas en que podemos utilizar la pornografía para evadir nuestro vacío o la intimidad con otras personas. A un nivel colectivo, deberíamos cuestionar cuán entrelazada está nuestra sexualidad con la tecnología. Gray Scott, un tecnofilósofo futurista y uno de los principales expertos en el campo de la tecnología emergente en el mundo, señala que «hemos estado teniendo una relación sexual con máquinas durante mucho tiempo, ya fuera con un reproductor de VHS con un vídeo porno o con un iPhone en el que vemos un vídeo mientras nos masturbamos. Entonces, ya estamos teniendo un encuentro sexual con una máquina, y con los teléfonos inteligentes hemos migrado a la experiencia sexual que incluye una IA que está en la habitación con nosotros».

Éste es el tipo de cosas que me desconciertan y hacen que me pregunte si (a pesar de las diversas formas en que la tecnología ha mejorado nuestras vidas) también está teniendo un efecto devastador en nuestro sentido de la intimidad, el amor y la conciencia en el presente y en el futuro. ¿Acaso la tecnología nos ha distanciado de la intimidad amorosa y sexual hasta el punto de que ya no hay vuelta atrás? ¿O existe la posibilidad de relacionarnos con la tecnología e incluso desarrollar nuevas formas de tecnología que puedan ayudarnos a estar conectados y unidos en lugar de conectados y solos? ¿Y si establecemos nuevas formas de etiqueta digital cuando se trata de amor, sexo y relaciones por Internet? ¿Podríamos hacer que desconectar nuestros dispositivos fuera una práctica habitual? Me pregunto qué tipo de conexiones humanas inesperadas podríamos crear si guardásemos nuestros teléfonos la próxima vez que nos sentásemos a cenar, o en la cola para pagar en una tienda, y sintonizásemos con la realidad que tenemos delante de nosotros.

Creo que despertar a nuestra realidad digital y a la forma en que afecta a nuestros deseos sexuales, nuestras experiencias y nuestras relaciones significa ser conscientes de nuestra relación con la tecnología. Quizás eso signifique aplicar tu propio pensamiento crítico e investigar mientras se difunde una cantidad cada vez mayor de información falsa como si fuera verdad (incluso, y especialmente, en tu propia burbuja algorítmica), o considerar de qué manera tu vida digital amplifica tu sentido de *compara y desespera*, o establecer límites sobre el uso de la tecnología en tu tiempo libre. Una manera en que yo me pongo un límite es realizando desintoxicaciones periódicas de las redes sociales: por ejemplo, dejando de entrar en Instagram de viernes a lunes. A menudo me río de mí misma cuando veo cuánto tiempo soy capaz, o no, de estar sin revisar mis redes sociales. Pero cuando logro desconectar, me doy cuenta de que me siento mucho menos FOMO y que tengo mucha más claridad. Después de todo, es un mundo virtual y no nuestro entorno inmediato. Dado que la tecnología se ha apoderado de la mayor parte de nuestras interacciones, hay una mayor necesidad que nunca de ser conscientes de nuestro entorno, de nuestras comunidades y de las relaciones dulces, sensuales y cariñosas que podemos percibir y a las que podemos dedicar tiempo, siempre y cuando estemos *presentes*.

EL TRABAJO SEXUAL

Advertencia: este capítulo trata en detalle un tema que muchas personas consideran perturbador: la prostitución, a la que ahora se llama con más frecuencia «trabajo sexual». Antes de entrar en materia sobre cómo tener sexo sagrado y disfrutar de la sabiduría trascendente e intuitiva de nuestro cuerpo (hablaremos de eso en la segunda mitad de este libro), quiero hablar de este tema que muchas personas prefieren ignorar. Antes, cuando comenté el hecho de llenar el vacío, mencioné el concepto de la derivación espiritual o ignorar nuestras sombras. Encuentro que, con frecuencia, en los círculos de la autoayuda y la Nueva Era, *hay una tendencia a estar en una burbuja de «solo buenas sensaciones»* que no reconoce la sanación colectiva que necesitamos para el lado más oscuro de la humanidad cuando se trata de sexo.

Estoy a favor del amor y la luz, y de expandir el placer, pues de lo contrario no había escrito este libro. Sin embargo, creo que *ser conscientes del sexo* y del sistema desfasado en el que todos hemos estado operando (la vieja normalidad) incluye entender *la economía que gira en torno al sexo*. De manera que, para poder decir «Al diablo con el sistema» y construir uno nuevo tenemos que hablar del trabajo sexual.

Dado que el sexo es una necesidad básica humana, siempre ha existido una economía en torno a él. Es difícil encontrar estadísticas fiables recientes sobre los porcentajes de personas que pagan a cambio de sexo debido al alto estigma y la escasez de estudios sobre el tema. Varios estudios realizados en el siglo XXI estiman que entre un 15 y un 20 % de los estadounidenses, por ejemplo, ha estado con una trabajadora o un trabajador sexual. Los números varían según el país: Italia, España y Japón están entre un 30 y un 45 %, y los lugares en los que el trabajo sexual está legalizado tienen cifras más altas (por ejemplo, Camboya y Tailandia, que tienen entre un 59 y un 80 %). Lo más probable es que, en algún momento, tú o alguien en tu círculo cercano hayáis pagado por algún tipo de servicio sexual, incluso aunque se tratara de un «masaje con final feliz». Cualquiera sea tu experiencia personal o tu sentido moral respecto al trabajo sexual, el hecho es que existe, no va a desaparecer y es un componente en nuestra comprensión de la psique humana y la experiencia del sexo. *Si leer sobre esto no es para ti, por favor, siéntete libre de saltarte este capítulo. Si decides continuar leyendo, te pido conciencia y compasión a medida que nos aproximemos a este tema sensible.*

Tanto si es regulado como no, respetado u odiado, el trabajo sexual tiene orígenes en prácticamente todas las civilizaciones del planeta. En muchos de los países colonizados por europeos, o quizás en todos, las mujeres eran con frecuencia reclamadas como «premios» o vendidas a la esclavitud sexual por los colonizadores; la autonomía y los derechos del cuerpo les eran arrebatados. El mundo no ha sido justo para las personas nacidas con una vagina entre las piernas.

La antigua ciudad de Pompeya, que fue cerrada debido a la erupción del Vesubio en el año 79 d. C., aún conserva un barrio de burdeles que se puede visitar. Ahí encontrarás grandes falos en el exterior de las puertas, indicando el tipo de negocio que existía en el interior y pinturas eróticas en las paredes interiores que representan los servicios que se ofrecían. Los arqueólogos e historiadores de hoy en día estiman que uno de cada cinco trabajadores sexuales en esos burdeles (hombres y mujeres) estaba esclavizado.

¿Has escuchado alguna vez la expresión «vale su peso en oro»? Pues esta frase se originó durante la fiebre de oro en California a finales de la década de 1840, cuando los mineros, junto a las trabajadoras sexuales pioneras, se instalaron en el Lejano Oeste. Antes de que se pudieran construir las cantinas propiamente dichas, se montaron tiendas improvisadas donde se bebía. En un bar erigido con tablones de madera, había una balanza de dos platos. Ahora bien, hay que tener en cuenta que éstos eran los inicios de la fiebre y la moneda de oro todavía no se había fijado. Después de un largo día de trabajo, los hombres ponían pepitas de oro en un lado de la balanza y la mujer que escogían se colocaba en el otro lado. Cuando ambos lados estaban al mismo nivel, se establecía el precio por la noche, y de ahí la expresión «vale su peso en oro». La moda en aquel entonces para la figura de la mujer se denominaba «ganado», que hacía referencia a una constitución más gruesa, la cual, a su vez, producía una ganancia más cuantiosa para el burdel.

Avancemos más de cien años en el tiempo y en el nivel más alto del trabajo sexual encontramos a famosas madamas del siglo xx como Heidi Fleiss, quien prestaba servicios en Hollywood; Sydney Biddle Barrows, «la Madame de Mayflower», quien atendía a la elite de la Costa Oeste; y a Madame Claude en París, quien conseguía mujeres para sus clientes de perfil alto desde las décadas de 1960 a 1980 en toda Europa, en Estados Unidos y en Oriente Medio.

Cuando se trata de opciones de bajo precio, está el famoso Bois de Boulogne en París, un lugar con una larga historia de trabajadoras sexuales de la calle, o el Hollywood Boulevard en Los Ángeles, el escenario de la brillante película de 2015, *Tangerine*, de Sean Baker, que trata sobre las trabajadoras sexuales transgénero, y es también el área en que la estrella de cine Hugh Grant fue arrestada por solicitar sexo a Divine Brown en 1995.

Sin importar cuánto hayan cambiado la cultura, la tecnología, la economía o los temas legales a lo largo de los siglos, ha habido muy pocas mejoras y muy poca comprensión de esta industria y su alcance.

Vamos a explicarlo en detalle.

El trabajo sexual es el intercambio consensuado de servicios sexuales a cambio de dinero o productos (los cuales pueden incluir alimentos, alojamiento, artículos de lujo o necesidades básicas). Los servicios sexuales pueden ir más allá de los actos sexuales e incluir un trabajo emocional, como, por ejemplo, aumentar la autoestima, crear una ilusión de amor o proporcionar intimidad, compañía y consuelo. En ocasiones, estos servicios incluyen atender diversas preferencias sexuales, adaptarse a condiciones físicas (por ejemplo, trabajar con clientes discapacitados que pueden tener dificultades para encontrar personas que estén dispuestas a tener relaciones sexuales con ellos), o estar en el extremo receptor de actos degradantes. Los trabajadores sexuales (TS para abreviar) ejercen su profesión con otras personas, individualmente, o para otra persona o una actividad más amplia. Aunque la mayoría de las formas de trabajo sexual se consideran delictivas en muchos países, gran parte de este negocio (incluidos el *striptease*, los servicios de acompañantes, el *camming* y la pornografía) está regulado.

Las personas que visitan a TS provienen de todas las clases socioeconómicas y son de todos los géneros e identidades sexuales. Pueden buscar intimidad, una satisfacción sexual que no encuentran en otras partes, sentir placer sin ataduras o compromiso, experimentar, no ser juzgadas, realizar una fantasía, llenar un vacío, ser aceptadas incondicionalmente, dominar o ser dominadas, y muchas otras cosas.

Conozco a muchos hombres heterosexuales que visitan o han visitado a TS. A menudo me cuentan que les cuesta encontrar sexualmente atractivas a sus parejas serias o a sus esposas, en especial después de que éstas han dado a luz. Esto me hace ver la necesidad de desmantelar y educar en lo que respecta al viejo mito de la «virgen y puta» y conectar la intimidad con la excitación. Esta tendencia es en especial prevalente ahora que la pornografía se incluye cada vez más en nuestras expectativas para las experiencias sexuales.

Alice Little es una de las trabajadoras sexuales legales mejor pagadas en Estados Unidos y trabaja para el Moonlite Bunny Ranch en Nevada. Me explicó que trabaja «mucho con vírgenes que quieren tener una buena primera experiencia, porque han visto todos los horribles modelos que difunde Hollywood y la televisión, que no representan lo que es el sexo consensuado. No estamos promoviendo un modelo de sexo sano para la gente. La pornografía no lo está haciendo. Hollywood no lo está haciendo. La televisión no lo está haciendo. ¿Cómo se supone que las personas van a aprender?». Esto no tiene precedentes históricos. En todo el mundo, muchos padres bienintencionados o adinerados llevaban a sus hijos a visitar a TS para que tuvieran su primera experiencia sexual. De hecho, hace un tiempo no era raro que chicos universitarios de la Ivy League tuvieran una cuenta en un burdel local abierta por un padre que no quería que una amante interfiriera con los estudios de su hijo o, peor aún, que interfiriera en la herencia.

Explico exactamente lo que significa el término trabajo sexual porque mucha gente confunde trabajo sexual consensuado con tráfico sexual. Tráfico significa, en gran parte, que alguien ha sido introducido en cualquier sector laboral a través de la coacción, la fuerza, el fraude o la violencia. Aunque el tráfico puede darse y a menudo es experimentado por los TS, los índices son muchos más altos en el ámbito agrícola y del trabajo doméstico que en la industria del sexo. El tráfico es ilegal e inmoral, y debería perseguirse con todo el rigor de la ley. En términos generales, ilegalizar el trabajo sexual no hace que el tráfico sexual se detenga; de hecho, suele incrementar su probabilidad (hablaremos más de esto en breve).

El actual estado del trabajo sexual en Estados Unidos y en la mayor parte del mundo es lamentable. Los TS se enfrentan a condiciones poco seguras, carecen de un seguro médico o de una protección básica y son ampliamente despreciados por la sociedad. Creo que el trabajo sexual debería ser legalizado y regulado, para garantizar la salud y la seguridad de las personas que trabajan en ese sector.

Si te preguntas por qué o cómo es que alguien puede elegir trabajar en un ámbito laboral tan poco protegido, vamos a considerar algunas realidades históricas.

Para empezar, hasta principios del siglo xx, la mayoría de las personas nacidas como mujeres (y aquellas que nacían esclavizadas) tenían pocas opciones laborales. A veces me pregunto cuál habría sido mi destino si hubiese nacido en Inglaterra en la Edad Media, en Italia durante el Renacimiento, o en Francia durante la Revolución. Probablemente, de haber sido una mujer blanca nacida en una familia de clase alta o media y con una vulva, me limitaría a tres opciones: ser ama de casa, dedicar mi vida a Dios o convertirme en una trabajadora sexual.

Sin duda, no tendría la opción de casarme por amor, sino por una cuestión de clase y circunstancia. Entonces pertenecería a otra persona e incluso, si tuviera la suerte de ser propietaria de mis propias tierras, automáticamente pasarían a ser propiedad de mi marido. Él podría maltratarme o divorciarse de mí si lo quisiera (o incluso tacharme de bruja y hacer que me quemaran en la hoguera). Incluso si fuera la esposa de un aristócrata, existiría la posibilidad de una decapitación o un golpe de palacio. En el mejor de los casos, podría ser obligada a usar un cinturón de castidad cuando mi marido partiera a una batalla. Si fuera monja, sería confinada a un convento, «protegida» de los avances masculinos y encerrada para pasar mis días entre mi propio género, con poca o ninguna interacción con la sociedad secular. Como trabajadora sexual, me enfrentaría a muchos desafíos (desde la violencia mental y el estrés físico, hasta el desprecio de otros seres humanos), pero, sin embargo, podría tener algún grado de independencia económica. Cualquiera fuera mi rol, mi vulva decidiría mi destino.

En el siglo XXI, incluso con más opciones profesionales al alcance de las personas con vulvas, las TS entran en ese mundo por una serie de motivos: para pagar sus cuentas, para poner comida en la mesa, para cuidar de sus hijos, para conseguir alojamiento, para poder pagar la universidad, para cuidar de otras personas, para ganar dinero «fácil» (nunca lo es) y muchos otros. Una amiga me contó que, después de despojarse de una vida de maltratos a los catorce años, fue «convertida» por una chica que era su amiga en aquel entonces, alguien a quien ella quería, que le presentó una manera de mantenerse en lugar de estar en la calle.

En ocasiones, la pobreza, el maltrato o la falta de educación hacen que la persona sienta que el trabajo sexual es su única oportunidad. Cuando alguien no tiene dónde vivir o es una superviviente del maltrato, la adicción o la violencia doméstica, el trabajo sexual es una ocupación que suele llamarse «sexo de supervivencia»: literalmente, una manera de participar en la economía de la calle para poder sobrevivir un día más.

Conocí a mi amiga Catherine Clay en un evento organizado por Dress for Success, una organización mundial sin ánimo de lucro que empodera a las mujeres con las herramientas necesarias para alcanzar la independencia económica. Catherine, que ahora está retirada de la industria del sexo, me comentó lo siguiente: «Provengo de una familia que preparaba a las más jóvenes para esta profesión. Al mirar atrás, me doy cuenta de que simplemente había un apoyo absoluto [para ser una trabajadora sexual]. Nunca nos dijeron que no debíamos hacer eso. Siempre me inculcaron que eso era lo que debía hacer y que nunca nos faltaría dinero mientras tuviéramos eso entre las piernas».

En todos los demás ámbitos laborales (en especial en aquellos sujetos al tráfico, como la inmigración y el trabajo doméstico), las autoridades reguladoras consultan con las personas que trabajan en esos sectores cuando están desarrollando medidas de seguridad y leyes. Sin embargo, las voces de laos TS no son tenidas en cuenta cuando se trata de normativas que afectan a su negocio. En Estados Unidos, por ejemplo, esto hace que se aprueben proyectos de ley que acaban haciendo daño a las personas a las que supuestamente deberían proteger, como FOSTA-SESTA,[1] los acrónimos en inglés de Ley para luchar contra el tráfico sexual y Ley para impedir el tráfico sexual, un paquete de leyes federales que fue aprobado en 2018.

A continuación, entraré en los detalles para que puedas ver cómo es posible que algo que fue bienintencionado (acabar con el tráfico sexual) puede convertirse en algo que hace más daño que bien *si* no incluimos voces provenientes del interior de las comunidades marginadas afectadas, como los TS. FOSTA y SESTA son buenos ejemplos de cómo los adelantos tecnológicos y nuestro deseo colectivo de consumir y participar de contenido y actos sexuales explícitos *sin* un diálogo abierto e inclusivo ha provocado un gran desastre y una gran confusión acerca de quiénes son los «buenos» y los «malos».

En los últimos veinte años, al igual que en la mayoría de los negocios, gran parte del trabajo sexual ha migrado a Internet. En muchos sentidos, Internet ha hecho que para los TS sea más fácil preseleccionar y vetar clientes, crear y compartir listas de «cualidades negativas» y pagos seguros, y anunciarse fuera de las calles. También ha hecho que a

---

1. La intención que se encuentra detrás de estas leyes era restringir y directamente prohibir todas las páginas web y todo el contenido *online* que facilitara el tráfico sexual. Sin embargo, como resultado de esta política, muchos trabajadores y educadores sexuales han sido prohibidos en plataformas como Instagram o expulsados por completo de Internet. Políticamente, *tráfico sexual* y *prostitución* son sinónimos, aunque en realidad existe una gran diferencia entre el tráfico sexual (involuntario) y el trabajo sexual (voluntario). Estas leyes han puesto a las trabajadoras sexuales en una posición peligrosa, ya que también han provocado el cierre de redes digitales privadas que utilizaban para crear y mantener una comunidad segura; las trabajadoras sexuales ya no tienen medios digitales para comparar notas sobre posibles clientes, compartir información sobre clientes (potencialmente violentos) del pasado, o para utilizar funciones de mensajes privados en las redes sociales. Ahora que les han quitado todos los medios virtuales de trabajo sexual, las trabajadoras sexuales deben salir al mundo para anunciarse y obtener nuevos clientes. Sin esos recursos a su disposición, conocer a un posible cliente en persona, del cual tienen pocas referencias o ninguna, puede costarle la vida a una trabajadora sexual.

las fuerzas del orden les resulte más fácil rastrear las actividades ilegales y el potencial tráfico sexual.

Dado que el trabajo sexual ha migrado a Internet y la pornografía ha explosionado, hemos visto un aumento de páginas web más «aceptables», como OnlyFans, donde puedes pagar por fotos y vídeos NSFW2 de una serie de personas (tanto de algunas que se consideran TS como de otras que no, pero que quieren tratar directamente con sus admiradores. La superestrella del rap Cardi B tiene una cuenta (mientras escribo esto) y Beyoncé menciona esa página web en una canción con Megan Thee Stallion.

Obviamente, nadie (al menos nadie que esté leyendo este libro) aprueba la pornografía infantil o el tráfico sexual. Los problemas con FOSTA y SESTA son que no parecen proporcionar vías concretas para poner fin al tráfico sexual y, al mismo tiempo, hacen que las cosas sean confusas en algunas áreas. Por ejemplo, mezclan el trabajo sexual consensuado con el no consensuado, lo cual ha tenido muchas ramificaciones para las personas que usan plataformas de Internet para trabajar sin peligro y/o presentar cualquier tipo de material sexual. Aunque las leyes existen sobre todo para impedir que las personas anuncien a TS víctimas del tráfico en páginas web que actualmente están cerradas, como Backpage (inmortalizada por la película *Zola* de Janicza Bravo), también afectan a otras como la nuestra, The Sex Ed, que utiliza Internet para promover la educación sexual. En nuestra cuenta de Instagram, incluso tenemos que censurar ciertas palabras en nuestras publicaciones, como *vagina*, cuando hablamos de la menstruación, u *orgasmo* cuando hablamos de seguridad en la utilización de juguetes sexuales, porque, como resultado de esas leyes, IG censura cualquier cosa que advierta que está relacionada con el sexo.

Mientras que las páginas web que contienen material sexualmente explícito o que hablan de educación sexual están sometidas a un escrutinio cada vez mayor, las leyes no hacen a las páginas web populares responsables del tráfico sexual, el acoso o la «pornovenganza». Según un informe federal sobre tráfico humano de 2020, más de la mitad del

---

2. Siglas de la frase en inglés *Not safe for work*, que en castellano significa «No seguro para trabajar».

fichaje de tráfico sexual en Internet ese año se produjo a través de Facebook, que no tiene ningún proceso de verificación para las cuentas o medios que se suben a esta plataforma. Instagram, que es propiedad de la mima empresa, Meta (el nuevo nombre de Facebook desde 2021), tiene el mismo problema.

Cualquiera puede realizar fácilmente publicaciones de pornovenganza o de contenido explícito en las principales plataformas sociales sin consecuencias y no existe ninguna ley que lo impida. Y las plataformas sociales tampoco facilitan denunciar o conseguir que retiren las publicaciones de pornovenganza. Mientras tanto, como señala la abogada Carrie Goldberg, «PornHub es bastante agresiva cuando se trata de retirar contenido. Son más rápidos que Facebook o Twitter, empresas que solíamos considerar respetables y que creíamos que hacían lo correcto. A menudo, las empresas con más recursos son las más lentas en actuar. Pero PornHub ha respondido muy bien, y ellos dicen: "Miren, tenemos suficiente pornografía. Hay suficiente pornografía consensual. No necesitamos ganar dinero del porno no consensual. Eso no es bueno para el negocio". Ellos retiran las publicaciones sin hacer demasiadas preguntas».

Esto es algo en lo que debemos pensar cuando leemos proyectos de ley o artículos de personas que no incluyen a quienes trabajan en la industria del sexo y *quieren participar en la creación de cambios*. El estado de las cosas para el trabajo sexual me hace pensar en otro doble rasero y un área de hipocresía interesantes. Actualmente, el cannabis está despenalizado o es legal en casi cincuenta estados de Estados Unidos. Al igual que el trabajo sexual, éste es otro negocio con un alto grado de encarcelación de personas negras y morenas. Sin embargo, ahora que algunos inversores blancos y *nerds* de la tecnología están apostando muchísimo por la marihuana y presionando para su legalización, se ha convertido en normal que la gente pueda comprar cannabis sin receta médica en muchos estados.

Hay una jerarquía dentro del trabajo sexual conocida como «putarquía». Se basa en cuán cercanas son las trabajadoras con los clientes, cómo llevan su negocio y el tipo de estigma al que se enfrentan. Esta ideología, que da por sentado que algunas formas de sexo son «mejores» que otras, ha existido desde el primer templo burdel conocido, en el año 2400 a. C., el cual era dirigido por sacerdotes sumerios dedicados a Ishtar, la diosa del amor, la fertilidad y la guerra. Las trabajadoras en este burdel eran clasificadas en tres categorías. A las del grado más alto se les permitía realizar actos sexuales dentro del tempo para personas de alto rango; la segunda clase operaba en los terrenos y para los visitantes; y la clase más baja encontraba a sus clientes en las calles.

A continuación explicaré cómo se divide la putarquía en la actualidad. Imagina una pirámide en la que en la parte superior tenemos mujeres que trabajan por cámara web, operadoras de sexo telefónico y cualquiera que no realice actos sexuales cara a cara. Un nivel más abajo tenemos a las *stripers* (aunque las artistas del *burlesque* normalmente están en un nivel más alto, y tienen menos interacción con el público que la que tenían a principios del siglo xx). El nivel medio incluye a las *sugar babies*, las actrices porno y las dominatrixes. El siguiente nivel comprende a las trabajadoras sexuales de servicio completo que trabajan en interiores o en establecimientos con licencia. Y en el nivel más bajo están las trabajadoras sexuales de servicio completo que trabajan en las calles. La difunta Mistress Velvet dilucidó este asunto, diciéndome: «Yo no soy una trabajadora de la calle, de manera que tengo el privilegio de poder tener una página web y de publicar anuncios y, por mi seguridad, hacer verificaciones de antecedentes de las personas que pagan por servicios, y, además, quizás también conseguir mi propio hotel o alquilar la mazmorra, etc. Todo ello entra en juego con mis precios, y luego, por ese motivo, también saben que estoy dentro de determinada categoría de precios en el trabajo sexual. Mientras que, si estás en la calle, no tienes una página web, no tienes mucho acceso a la seguridad y estás realizando el trabajo sexual en un coche, que es mucho más barato y también puede ser mucho más peligroso».

Volvamos a examinar el caso de Hugh Grant, quien fue arrestado por solicitar los servicios de Divine Brown en 1995. Grant pagó una multa de 1180 dólares, fue sentenciado a dos años de libertad condicional y tuvo que asistir a un curso de educación sobre el sida. Además, tuvo que padecer una vergüenza pública momentánea y un pequeño bache en su carrera (del cual se recuperó rápidamente). ¿Y qué le ocurrió a Brown? Ella también tuvo que pagar una multa de 1150 dólares (por violación de libertad condicional), asistir a un curso de educación sobre el sida, realizar cinco días de servicio comunitario y fue sentenciada a 180 días de prisión. Lo interesante es que, años después, casi nadie recuerde esta historia al pensar en Hugh Grant —se le permitió superar esa trasgresión (cosas de chicos, ¿no es así?), pero si eres una trabajadora sexual, la mancha permanece para siempre.

Gran parte de la jerga para referirse a las trabajadoras sexuales alude a que están mancilladas o «rotas» de alguna manera: «ángel mancillado», «palomita sucia», «mujer caída», «mujer de mala fama», «mujer de mala reputación». La activista y periodista trans Ashlee Marie Preston afirma lo siguiente: «Sentía tanta vergüenza por ser una trabajadora sexual, tanta vergüenza por todo lo que tenía que hacer para sobrevivir, perder mi virginidad siendo una trabajadora sexual, hacer todas esas cosas, que no quería enfrentarme a ello. Tampoco quería que nadie, especialmente la comunidad cis-hetero, me juzgara por las decisiones que había tenido que tomar».

Para ser sincera, no recuerdo ninguna ocasión en la que no me importaran las vidas y las historias de los TS. Incluso cuando era niña, el tema me fascinaba. Siempre sentí que era injusto que tantas personas a lo largo de la historia (y en la actualidad) fueran doblemente condenadas por la sociedad, incluso cuando no tenían más opción que tomar ese camino. Solía preguntarme cómo y por qué sentía tanta pasión por llevar esa antorcha de los derechos de las TS, y luego oí una historia que solidificó para mí la realidad del hecho de que los niños cargan con el bagaje de sus padres.

Voy a contar una historia. Y espero que no la juzgues.

Corría el año 2015 y mi padre había fallecido hacía poco tiempo. Mis hermanos y yo estábamos pasando por el proceso de vender la casa en la que había vivido, que habían construido mis abuelos en la década de 1930. En mi infancia tuve el mismo dormitorio que mi padre había tenido en la suya. Estábamos pasando un fin de semana largo revisando recuerdos de más de ochenta años, de tres generaciones. No fue divertido. Los días se hacían interminables mientras revisábamos cajas, armarios y cajones, decidiendo con qué nos queríamos quedar, qué íbamos a donar y qué tiraríamos a la basura. Fue especialmente doloroso organizar la ropa de mi padre. En términos generales, fue muy raro.

Al final de cada día, nos reuníamos para pedir comida a domicilio, abrir una botella de vino y compartir historias sobre nuestro padre. A medida que el alcohol iba fluyendo, las historias solían decantarse hacia aquello de «qué canalla tan adorable». Yo amaba a mi padre profundamente, pero era un tipo complicado. Quizás uno de los motivos por los que trato de no juzgar cuando se trata de las relaciones singulares que las personas tienen con el sexo, el amor y la fidelidad es porque mi padre fue un amante de las mujeres extraordinario. Desde niña, fui hiperconsciente de sus aventuras extramatrimoniales. Era una especie de secreto a voces. Quiero decir que nunca hablé de ello con mi madre, pero mis hermanos y yo hablábamos del tema entre nosotros. Cuando era pequeña me enojaba por ella, pero al crecer reconocí que mi padre tenía un profundo vacío cuando se trataba del amor, que él mezclaba con el sexo. Tampoco era el único hombre que yo supiera que lo hacía. En lugar de decirles a sus parejas que querían estar con otras mujeres (u hombres), los hombres que tenían esos deseos solían envolverlos en un velo de secreto y vergüenza, lo cual los llevaba a mentir y traicionar.

Yo amaba a mi padre, de manera que a la larga acepté su necesidad de ser infiel como algo que formaba parte de él. Todos tenemos defectos; eso es lo que nos hace humanos. Yo sabía quién era y que me quería de la manera que él sabía querer. En cualquier caso, volviendo al fin de semana con mis hermanos, estábamos pasando el rato, riéndonos de lo mal que se portaba mi padre, cuando alguien dijo: «¿Os acordáis de que lo arrestaron por solicitar los servicios de una prostituta cuando tú eras un bebé, Liz?». Todos empezaron a reír, excepto yo. Nunca había oído esa historia. Nadie me la había contado. El único motivo por el cual mis medio hermanos, mayores que yo, lo sabían era porque mi padre era un personaje público y el arresto salió en los periódicos de la época (ésa es, en parte, la razón por la cual lo explico, no para manchar su memoria).

No me reí, pero tampoco me sorprendió. En cierto modo, tenía mucho sentido. No es de extrañar que me haya sentido impulsada a escribir un libro sobre el trabajo sexual en el siglo XIX en Los Ángeles y haya fundado The Sex Ed. O que tuviera un profundo deseo de defender los derechos de las TS. Estaba, literalmente, en mi ADN. Eso no cambió lo que sentía por mi padre y no lo juzgué por ello. No tengo idea de si lo hacía con regularidad o si fue sólo esa vez. En realidad, no importa. Pude ver que, para él, era un medio más para encontrar intimidad y consuelo por la carencia que sentía. Quiero decir que era un hijo único solitario que tuvo seis hijos. Hizo todo lo que pudo para crear una gran sensación de amor y estabilidad a su alrededor y, aun así, no fue suficiente.

A veces las personas necesitan tanto amor y sexo (más de lo que su pareja o su familia pueden darles) que tienen que pagar para obtenerlo. Tuve una relación con un hombre que me dijo, de una forma muy casual, que sus amigos y él habían estado con TS con relativa frecuencia antes de que estuviéramos juntos. Tampoco juzgué eso, aunque le hice algunas preguntas sobre el pago justo y me molestó cuando denigró a las mujeres a las que había pagado por sexo, como si eso las convirtiera en «inferiores». Lo que todo esto revela para mí es la necesidad de que tengamos una mayor apertura cultural y que hablemos de este tipo de cosas en voz alta (especialmente los hombres heterosexuales). Que hablemos de la soledad y las carencias y los vacíos que sentimos, y que seamos capaces de hallar aceptación. Que expresemos menos desprecio hacia los TS. Que encontremos alguna manera de honrar el hecho de que, cuando se trata de sexo, las cosas no siempre van a ser como nos gustaría que fueran. Esto significa ser conscientes de que la forma en que queremos ver el mundo (si es amor y luz y sexo sagrado) no va a verse reflejada necesariamente en todo y en todos.

Cuanto más ignoramos, denigramos y escondemos las partes incómodas e ilegales del sexo, más oportunidades creamos para que exista tráfico sexual y violencia, para que las personas se conviertan en estadísticas. No quiero dejar de ser consciente de nuestra sombra; cuando fingimos que las cosas no existen, no podemos hacer nada para cambiarlas. Si podemos llevar luz a las áreas oscuras, quizás podamos imaginar un sistema distinto en torno al trabajo sexual. No tengo las respuestas ni la capacidad de producir un cambio sistémico, sólo el deseo de tener más transparencia y un diálogo inclusivo.

Quiero terminar con algunas palabras más de Catherine Clay, que es una de las personas más empoderadas que conozco: «Tener estas conversaciones me ayudó a ser consciente de que no debo sentirme avergonzada por hablar de la prostitución. Tengo algunos amigos en mi trabajo en una clínica de salud mental y muchos de ellos tienen hijos, pero tienen miedo de hablar de sexo. Pero cuando las organizaciones están tratando de proporcionarte una vivienda, una de las pocas maneras de obtenerla es si cuentas que eres una prostituta. Pero es tabú. Nadie quiere tener esa conversación. Formo parte del Departamento de Salud Mental. Soy la única ex prostituta que se sienta en esas reuniones y les aconseja sobre cómo llegar a ellas e interactuar. Además, me permiten trabajar con el departamento de policía cuando agentes encubiertos tratan de atrapar en el acto a personas que están solicitando los servicios de las prostitutas. Puedo hablar con las prostitutas y ofrecerles asesoría sobre salud mental. Es un mundo marginal que nadie entiende realmente, a menos que viva en él. Es un estilo de vida que te devora y te escupe y luego pasa a la siguiente persona si no eres suficientemente fuerte como para sobrevivir. Creo que tener estas conversaciones… es muy importante para hacer que la gente tome conciencia de ello».

MENSTRUACIÓN, MASTURBACIÓN Y MANIFESTACIÓN

Cuanto más conectemos con la sabiduría ancestral de nuestros cuerpos (incluidos nuestros fluidos) y cuanta más intención pongamos en el autoamor (la masturbación), más podremos canalizar nuestros orgasmos hacia la manifestación de nuestras oraciones y nuestros sueños más profundos.

En los capítulos anteriores he hablado de los aspectos esenciales de nuestra salud sexual y de cómo podemos abordar cada uno de ellos de manera consciente. Espero que a estas alturas ya tengas una mayor comprensión de la forma en que tu sexualidad, o tu energía sexual, afecta y es afectada por cada aspecto de tu existencia.

Los siguientes capítulos ahondan más en la forma en que podemos integrar la conciencia o la espiritualidad en la sexualidad. Expondré algunas ideas esotéricas, pero no todo puede ser explicado por la ciencia. ¿Acaso no son los grandes misterios del universo los que hacen que continuemos haciéndonos preguntas existenciales (y leyendo libros de autoayuda y espiritualidad)?

En los siglos XX y XXI, hemos dejado de estar en sintonía y en contacto con nuestra naturaleza animal y nuestra intuición. Vivimos en ciudades con iluminación artificial, utilizamos alarmas digitales para despertar, nos lavamos de arriba abajo con un arsenal de productos «higiénicos» y, por lo general, evitamos de manera activa observar nuestros fluidos corporales.

¿Alguna vez has ido a un acupunturista, un ginecólogo o un médico occidental? Es posible que te pregunte por tus deposiciones, tu ciclo menstrual y/o otros fluidos corporales para poder tener una imagen completa de tu salud. Estos fluidos, no sólo nos proporcionan información sobre nuestra salud física, sino que también pueden dar pistas sobre nuestros estados emocionales y mentales.

Histórica y culturalmente, en el mundo occidental, la menstruación se ha visto como algo temido en lugar de constituir un motivo de celebración, exaltación y veneración. Para las que menstruamos, durante el ciclo menstrual nuestros cuerpos nos piden que les prestemos atención, a menudo hablándonos con fuerza a través de intensas fluctuaciones físicas y emocionales. En el pasado, es posible que hayamos etiquetado estos cambios como malos o molestos. Pero ¿y si respetáramos a la menstruación por ser un período poderoso de fluir creativo y energía? ¿Una oportunidad de mirar hacia dentro y sacar partido de nuestra extraordinaria capacidad de reflexión, sanación, intuición y sabiduría? Quizás la menstruación, que refleja los ritmos y las estaciones de vida y muerte en la naturaleza, no sea la experiencia más agradable, pero intensifica nuestra sensibilidad mental, corporal y espiritual.

La menstruación necesita una extensa revisión de sus relaciones públicas.

Tanto si sangras como si no, es conveniente que te familiarices con la menstruación. Lo más probable es que alguien a quien tú quieres menstrúe. Entender más sobre lo que esa persona está pasando en cada ciclo te instruirá y expandirá tu empatía. Un amigo mío heterosexual de veinte años me dijo recientemente que *jamás* compraría productos menstruales para nadie (todavía no se ha enamorado). Le aposté mil dólares a que en alguna ocasión en los próximos diez años lo haría, ya fuera para su novia, su hermana o alguna amiga. Además, le sugerí que saber más sobre el ciclo menstrual haría que estuviera más informado sobre el momento del mes en que su pareja puede quedarse embarazada, y le sugerí que ofrecerle chocolate y un medicamento para los cólicos menstruales es un gesto sexy. No aceptó mi propuesta de apuesta después de nuestra conversación.

Si menstrúas, ¿eres consciente del color, la intensidad y la consistencia de tu flujo mes a mes? Si utilizas una copa menstrual, quizás puedas tener una relación más cercana y personal con tu sangre que si usas un tampón. Cuando cambias o lavas tus productos menstruales, ¿estás concentrada en limpiar, o dedicas cierto tiempo a examinar tu sangre? ¿Es más oscura o más clara que el mes anterior? ¿Has estado experimentando estrés o cambios en tu vida personal? Si llevas un diario, sería interesante que observaras cómo cambia tu ciclo dependiendo de cómo estás emocional y espiritualmente.

¿Considerarías dar un paso más y aplicarías un poco de tu sangre sobre tu cuerpo en la ducha? No sugiero que te pongas en plan *Midsommar*[1] y corras por el campo desnuda, cubierta en sangre menstrual (a menos que ése sea tu fetiche y vivas en un lugar en la naturaleza donde puedas hacerlo de una forma desinhibida y sin asustar a tus vecinos). Pero untarte un poquito en alguna parte de tu cuerpo durante unos segundos antes de lavarte no te va a hacer daño. Conozco a muchas personas que vierten el contenido de su copa menstrual en su jardín para fertilizar las plantas, así que untarte un poco en la ducha puede darte una idea de lo que significa conectar con tu naturaleza animal.

«¿Por qué hacer todo esto?», te estarás preguntando. Cuanto más en contacto estamos con nuestro cuerpo y con el flujo sanguíneo, más empoderadas nos podemos sentir por nuestro período en lugar de temer a «esos días» del mes.

Otra cosa a considerar: ¿te fijas en qué fase de la luna estamos durante tu menstruación? Algunas personas sangran durante la luna creciente, otras cuando hay luna llena, algunas en luna menguante y otras en la luna nueva. La palabra *menstruación* proviene del latín *mensis*, que significa «mes» y, además, es una de las raíces de la palabra *luna*. La duración promedio del ciclo menstrual es de aproximadamente 29,5 días y el ciclo lunar dura 29,5 días. No importa si tu ciclo no dura exactamente eso; con la tecnología moderna, el control de natalidad, las hormonas y los factores de estrés, es totalmente normal estar fuera de sincronía. Para hacer un seguimiento a tu menstruación con respecto al ciclo de la luna, simplemente empieza a observar cómo se relaciona con ella. ¿Ovulas durante la luna llena y menstrúas durante la luna

---

1. Una película de terror que se estrenó en 2019.

nueva? ¿O es distinto? No juzgues, sólo observa. Además de ver en qué fase está la luna, podrías llevar un diario de cómo te sientes antes y durante tu menstruación para adquirir la práctica de observar cómo sintoniza tu cuerpo con la naturaleza.

He observado que cuando menstrúo durante la luna llena, ¡cuidado! Todo se vuelve más intenso, incluidos mis cólicos. Si me permito conectar con los sentimientos que van surgiendo, me siento más en sintonía con la naturaleza. Uno de mis ciclos más poderosos tuvo lugar cuando me encontraba en Mérida, en México, durante un eclipse solar de luna llena en el equinoccio de invierno. Dio la casualidad de que menstrué mientras estaba visitando Dzibilchatún, un yacimiento sagrado maya. Una de las estructuras ahí, conocida como el Templo de las Siete Muñecas, se alinea perfectamente con el sol durante el equinoccio. No sé si fue la luna o el poder del sitio arqueológico, o ambas cosas, pero nunca he sangrado con tanta abundancia ni he tenido dolores menstruales tan intensos en toda mi vida. Recuerdo que, cuando regresamos al hotel más tarde, estaba tendida en el suelo y le dije a mi pareja: «Sólo quiero acostarme en el suelo y derramar mi sangre en la tierra, como lo hicieron generaciones de mujeres que sangraron antes que yo». ¡Estaba realmente loca! Pero también me sentí muy viva, muy poderosa y conectada a la tierra y a mis antepasadas. Por suerte, mi pareja tuvo la suficiente inteligencia emocional y aprecio por mis excentricidades como para permitirme tener esa experiencia tan profunda. En ese momento, aunque el dolor era abrumador, sentí que era parte de algo más grande y más misterioso que lo que era capaz de comprender a nivel intelectual.

En muchas culturas y mitologías ancestrales se celebraba la cualidad sagrada o mágica de la menstruación. Los antiguos egipcios se untaban sangre menstrual en diferentes partes del cuerpo para que actuara como un potente talismán para alejar el mal e inducir fertilidad; los antiguos griegos mezclaban sangre de la menstruación con la tierra para ayudar a que los cultivos crecieran. Muchas culturas consideraban (y todavía consideran) que la menstruación es una época que produce una mayor intuición, más sueños vívidos y una mayor percepción espiritual. Lei Wan, en el Limahuli Garden and Preserve, me dijo que en la práctica cultural hawaiana creen que «durante la menstruación eres receptiva a los dioses y a los elementos. Estás conectada a la luna y las mareas, y puedes entrar en su mundo. Fluyes con las mareas y con la tierra; tienes el poder fundamental de concebir y dar a luz. Eres Hina, ¡la diosa de la luna!». La menstruación te permite ser más receptiva a los misterios y los ritmos de la naturaleza. Ésta puede ser una época muy poderosa para ir a tu interior, para meditar, para sintonizar con lo que tu cuerpo te está diciendo.

¿Y si honráramos todas las cualidades mágicas de la menstruación en lugar de concentrarnos en la forma en que nos estorba? Tenemos que replantearnos el lenguaje que utilizamos para hablar de la menstruación. ¡Siempre he querido cambiar la expresión «síndrome premenstrual»! Luego explicaré por qué. Pero primero, permíteme desglosar las cuatro fases principales del ciclo menstrual con sus nombres correctos. La *menstruación* es el desprendimiento del revestimiento del útero (es decir, lo que provoca el sangrado). Los niveles de estrógenos y progesterona están bajos. Los estrógenos aumentan cuando el óvulo se prepara para ser liberado. La *ovulación* ocurre aproximadamente dos semanas antes de que se inicie la menstruación, y significa la liberación de un óvulo maduro de la superficie del ovario. Cuando una mujer ovula, es más probable que quede embarazada. La *fase lútea* tiene lugar justo después de la ovulación (cuando los ovarios liberan un óvulo), justo antes de que comience la regla. Si el óvulo fue fertilizado durante la ovulación, el cuerpo de la persona produce gonadotropina coriónica humana (hCG por sus siglas en inglés), para engrosar el revestimiento del útero. Si el óvulo no es fertilizado, los niveles de estrógenos y progesterona descienden y preparan al útero para el sangrado.

La fase lútea es lo que en la actualidad se conoce como el SPM. Este término, que es la abreviatura de síndrome premenstrual, fue establecido por primera vez en 1953 en un artículo de la revista médica *British Medical Journal* escrito por dos médicos, Raymond Greene y Katharina Dalton. Ellos definieron los síntomas del SPM y afirmaron que incluían hinchazón, dolor en las mamas, migrañas, fatiga, ansiedad, depresión e irritabilidad. Sin embargo, hasta la década de 1980, el SPM no empezó a formar parte del vocabulario popular, a menudo utilizado para describir a una mujer «histérica» o «loca» que actúa de una forma irracional. De hecho, en esa década hubo un par de juicios por asesinato en Gran Bretaña en los que se redujeron las sentencias de dos mujeres, ¡después de que ellas utilizaran su SPM severo como defensa!

En algún momento entre la década de 1980 y principios de 2000, «está con el trapo», «está en la cresta de la ola roja» y «un SPM serio» eran frases muy utilizadas. Yo misma he recibido comentarios que pretendían ser insultantes, como «¿Estás con el período?» con bastante frecuencia cuando estaba de mal humor o siendo emotiva. O quizás hayas oído a alguien decir que las personas con la menstruación no pueden ser buenas líderes porque pierden el control una vez al mes. Ojalá todos los seres humanos pudieran experimentar la menstruación, incluso entre dos y seis ciclos, sólo para igualar y normalizar el espectro de cambios físicos y mentales que tenemos que experimentar las que sangramos mientras vamos a trabajar, hacemos ejercicio, dirigimos un negocio, realizamos una cirugía cerebral, defendemos un caso legal o llevamos a cabo nuestra rutina diaria.

Cuando descubrí que el SPM no fue una frase de uso común hasta la década de 1980, empecé a pensar en cómo llamarían antiguamente a los síntomas de la fase lútea. Eso hizo que me preguntara qué papel jugaba la llamada histeria femenina en el marketing del SPM y la comercialización de los productos para regularlo.

La palabra *histeria* deriva del griego *hystera*, o «útero». Antes del siglo XX, los médicos afirmaban que la «histeria» era la causa de una gran variedad de síntomas en las mujeres, incluidos los desmayos, el nerviosismo, el insomnio, la irritabilidad, la falta o el exceso de apetito y deseo sexual, y los cambios de humor. Esta palabra era utilizada para ignorar el sufrimiento, la independencia, la depresión y el cansancio de las mujeres. Según el resumen del artículo «Women and Hysteria in the History of Mental Health», «la histeria es, indudablemente, el primer trastorno mental atribuible a las mujeres, descrito con precisión en el II milenio a. C., considerada, hasta Freud, como una enfermedad exclusivamente femenina. A lo largo de 4000 años de historia, esta enfermedad fue examinada desde dos perspectivas: la científica y la demonológica. Fue curada con hierbas, con el sexo o con la abstinencia sexual, castigada y purificada con fuego por su asociación a la brujería y, por último, estudiada clínicamente como una enfermedad y tratada con terapias».

La «histeria» era una afección tan común en el siglo xx que una lectura rápida de la literatura o las páginas de los antiguos catálogos de Sears revela innumerables heroínas encerradas por tener esta misteriosa enfermedad y muchísimos anuncios de productos que prometían una cura. Sorprendentemente, la historia no era vinculada a la menstruación en la conversación cultural (o la falta de ella). No se habló de manera pública *en absoluto* de la menstruación y los cuidados sanitarios hasta bien entrado el siglo xix, e incluso entonces era sobre todo a través de catálogos de compras por correo en los que se anunciaban cinturones sanitarios, los cuales estaban elaborados con caucho, debían colocarse alrededor de las caderas y estaban suspendidos por una cinta entre las piernas.

Hasta la década de 1930, los científicos no empezaron a estudiar seriamente el ciclo menstrual. En su artículo científico de 1931, «Las causas hormonales de la tensión premenstrual», publicado en *Archives of Neurology and Psychiatry*, el ginecólogo Robert Frank señaló la asociación entre un estado de ánimo negativo y el ciclo menstrual: «Es bien sabido que las mujeres normales sufren diversos grados de molestias antes del inicio de la menstruación. [...] Estas ligeras molestias incluyen un aumento de la fatiga, irritabilidad, falta de concentración y ataques de dolor». Suena un poco como «histeria», ¿no?

También en 1931, la psicoanalista Karen Horney describió un aumento de la tensión, irritabilidad, depresión y ansiedad en la semana anterior a la menstruación en una de sus pacientes, e identificó su diagnóstico como «tensión premenstrual». Es curioso que Horney fuera una psicoanalista freudiana, pero más tarde rechazó su teoría psicosexual y la teoría de la envidia del pene. Entre los catorce artículos científicos que escribió entre 1922 y 1937 encontramos títulos como «El problema del ideal monógamo». ¡Una adelantada a su época!

Si el SPM tiene vínculos complejos con una enfermedad inventada (la «histeria») que fue utilizada para controlar y reprimir a las mujeres durante siglos, ¿no es hora de que reevaluemos nuestro diálogo en torno a los conocimientos sobre la menstruación y los cambios hormonales mensuales? Mi amiga Erica Chidi llama a su etapa premenstrual su «fase lútea», lo que creo que la hace menos desagradable. Es gracioso cómo reclamar y renombrar las cosas nos proporciona visión y empoderamiento.[2]

Tanto si utilizas una app para la menstruación como si usas un calendario lunar de la vieja escuela para monitorizar tus ciclos menstruales, saber en qué etapa de tu ciclo te encuentras crea un espacio para que empieces a *apreciar* la antes temida fase lútea. Quizás ya sea hora de crear más momentos de reflexión, o de modificar tu dieta, o hacer ejercicio durante unos días para ayudar a mejorar tu flujo. O incluso de convertir la masturbación en una práctica diaria: cuando tienes un orgasmo, tu cuerpo libera dopamina y oxitocina, hormonas que son unos analgésicos naturales. Además, la masturbación puede ayudar a que la sangre llegue a tu área pélvica, lo cual, a su vez, permitirá mejorar tu circulación. Esto puede ayudar a aliviar los cólicos menstruales.

Justo antes, y a menudo durante, la menstruación, la sexualidad y la sensualidad pueden intensificarse *y no estar dirigidas a un ideal patriarcal de la procreación*. Si la libido y el deseo sexual están en su nivel más alto durante ese momento del ciclo, los orgasmos pueden intensificarse. Tanto si lo practicas a solas como con una pareja, el sexo tiene la capacidad de llevarte a nuevas alturas de placer y experiencia.

No a todo el mundo le gusta tener sexo durante la menstruación (a mí, *definitivamente*, sí) y, además, puede provocar algunos accidentes sucios. La mayoría de la gente no tiene la previsión de planear con antelación el sexo menstrual, utilizando sábanas rojas o limitándolo a la ducha para facilitar la limpieza. Si alguna vez tienes que lavar sábanas en medio de la noche, te recomiendo una sencilla solución casera de limpieza que me dieron mis amigos jugadores de hockey, que tienen años de experiencia lavando sangre en el hielo y en sus sudaderas. Sólo tienes que mezclar ¼ de taza de peróxido de hidrógeno con ¾ de taza de agua fría. Vierte esta solución sobre la mancha o pon en remojo la tela en ella antes de lavarla. Te aseguro que funciona.

---

2. Uno de los primeros cortometrajes comercialmente patrocinados de educación sexual fue una colaboración de 1946 entre Walt Disney y la marca de productos sanitarios Kotex titulada *La historia de la menstruación*. Estos dibujos animados, que fueron considerados avanzados para su época, detallaban cómo monitorear el ciclo menstrual y, por lo visto, ésa fue la primera vez que se escuchó la palabra *vagina* en una película.

Personalmente, he descubierto que no hay nada mejor para acabar con los cólicos menstruales que un buen orgasmo. Creo que todos deberíamos tener más orgasmos con regularidad, ¡con nosotros mismos! No puedo promocionar la masturbación lo suficiente, con independencia del tipo de genitales que tengas y si menstrúas o no. *La masturbación es, literalmente, autoamor, y es la llave de acceso a tu fuerza sexual.* Si el cuidado personal equivale a autoamor, entonces jugar con nosotros mismos es el acto supremo que combina ambas cosas.

Cuando valoramos y erotizamos conscientemente nuestros cuerpos y nuestro tiempo de juego a solas, eso sirve a nivel superficial para ayudarnos a ahondar en un significado más profundo de la gratificación. Acaricia esas curvas, toca esas bolas, ritualiza para ti la experiencia que podrías fantasear que un amante, o una amante, crea para ti.

Me encantaría que la educación sexual primaria incluyera enseñar que masturbarse es sano, natural y normal. La masturbación te da autonomía sobre tu propio placer y tu cuerpo (antes de que pongas tu satisfacción en manos de otras personas). Muchos de nosotros aprendimos lo que nos excitaba de otra persona antes de darnos permiso de explorar nuestro propio cuerpo. He comprado numerosos vibradores para mis amigas adultas que me dicen que no tienen la práctica de masturbarse. A veces ni siquiera abren la caja en meses, pero tarde o temprano recibo una llamada o un texto diciéndome que les cambió la vida. Recientemente he tenido una conversación con una mujer que me contó que se sentía incómoda al escuchar a su hija adolescente decir: «Estoy tan cachonda que lo único que quiero es un pene», porque no estaba segura de cómo tener una conversación sobre sexo con ella y le preocupaba que algún *fuckboy* le rompiera el corazón. Le sugerí que le comprara un vibrador y así la empoderara para que tenga orgasmos (y resuelva el tema de la excitación temporalmente) sin necesidad de otra persona. Cuando dependemos de otra persona para tener un orgasmo, a menudo nos volvemos menos selectivos al elegir pareja.

En el caso de los hombres, a partir de la adolescencia hasta el final de la veintena o incluso el principio de la treintena, masturbarse antes de tener una cita o salir no sólo es sano, sino que además proporciona a las hormonas en ebullición una salida positiva. Existen varios artefactos de masturbación populares para las personas que tienen pene, incluido Fleshlight, que parece una linterna, pero que tiene incorporado un canal flexible con forma de vagina, ano o boca, a base de polímeros de aceite mineral y caucho para imitar las cavidades humanas. (Nota: todos los juguetes sexuales deberían ser lavados adecuadamente después de cada uso y no se deben compartir, excepto con tu pareja).

Es gracioso, porque, al parecer, las cosas que pueden centrarnos y proporcionarnos consuelo y alegría, como la masturbación y la meditación, que son *cien por cien GRATUITAS y no dependen de nadie excepto de nosotros mismos*, son para las que más nos cuesta encontrar tiempo.

La Dra. Joycelyn Elders, que tiene un título de Doctora en Medicina y una maestría en bioquímica, fue la primera mujer afroamericana en tener el puesto de cirujana general en Estados Unidos en 1993. Durante su mandato, bajo el entonces presidente Bill Clinton, los porcentajes de embarazos de adolescentes disminuyeron y la accesibilidad al control de la natalidad y las pruebas de VIH y de detección de cáncer de mama aumentaron. Mientras estuvo en el cargo, la Dra. Elders suscitó polémica por sus fuertes posturas a favor de una educación sexual integral, la legalización de las drogas y un mayor acceso al aborto. Cuando llevaba sólo catorce meses como cirujana general, la Dra. Elders fue obligada a renunciar después de sugerir, durante un discurso que pronunció en las Naciones Unidas el Día Mundial del sida, que los adolescentes deberían aprender a masturbarse como parte de una educación para un sexo seguro. La Dra. Elders me dijo: «Mi Dios y tu Dios pueden ser distintos, pero mi Dios siente que el 99 % del sexo es para sentir placer. Siento que Dios quiso que el sexo fuera maravilloso, agradable y placentero. Siento que Dios nos enseñó cómo masturbarnos. Si no hubiese querido que nos tocásemos o que obtuviéramos algún placer de la masturbación, nunca hubiésemos aprendido a hacerlo. Los padres deberían decirles a sus hijos que no tocarse no tiene nada de malo. No vas a volverte loco, no vas a quedarte ciego, no vas a coger una enfermedad, y sabes que estás teniendo sexo con alguien a quien amas. No vas a dejar embarazada a nadie. Pero otro punto importante es que deberías hacerlo en la privacidad de tu propia habitación. No es algo que se deba hacer en público. Siempre debería hacerse en privado».

¿Cuándo y cómo descubriste por primera vez que tocar tus genitales te proporcionaba placer? ¿Tus padres te avergonzaban por hacerlo, o te animaban a explorar tu cuerpo? ¿Hablabas abiertamente con tus amigos sobre estilos de masturbación? ¿Hoy en día mantienes una práctica regular de masturbación, ya sea en pareja o a solas? He descubierto que muchas personas dejan de masturbarse cuando tienen una relación o se sienten incómodas si su pareja se autocomplace. No entiendo esta mentalidad en absoluto. ¿Acaso dejas de hacer ejercicio, de trabajar en tu salud mental, de ver a tus amigos, de meditar (cualquier cosa que hagas para mantener una sensación de equilibrio y serenidad) porque tienes pareja? La masturbación no es diferente.

Los beneficios de la masturbación para la salud incluyen la reducción del estrés, dormir mejor, una mayor autoestima y, a menudo, la liberación temporal de la tensión muscular y los cólicos menstruales. Durante el orgasmo se liberan endorfinas, oxitocina y dopamina, lo cual amplifica la sensación de placer en el cuerpo y en el cerebro. Cuando llegas al orgasmo, tu cuerpo libera DHEA, una hormona que estimula el sistema inmunitario, mejora la cognición y mantiene la piel sana. Los orgasmos del pene liberan testosterona, la cual ayuda a regular la producción de esperma, la fuerza muscular y el deseo sexual. Además, los orgasmos pueden fortalecer el tono muscular en el área genital y del suelo pélvico, lo cual conduce a tener mejor sexo y orgasmos más intensos. ¡Todo esto me parece maravilloso!

La masturbación mutua (ya sea darte placer a ti misma en presencia de tu pareja que, al mismo tiempo, está haciendo lo propio, o que ambos miembros de la pareja se den placer manualmente el uno al otro, a menudo sin penetración) es una manera estupenda de conocer a tu pareja. Es mucho más fácil complacer a alguien cuando te ha mostrado *exactamente* cómo le gusta darse placer. Por desgracia, muchos de nosotros todavía sentimos mucha vergüenza con la masturbación, ya sea a solas o en presencia de otra persona. Éstos son un par de ejemplos de la vida real sobre cómo se podría manifestar esto:

1. Eres un hombre sano, sexualmente activo, al que le encanta masturbarse viendo porno por Internet, pero cuando tu pareja te pide que le enseñes cómo te masturbas, te quedas paralizado. Te sienes incómodo e inseguro. Quizás tu formación religiosa o cultural ha hecho

que creas que tocarte es una actividad que sólo se hace en privado. Tu pareja está frustrada y tú también lo estás.

2. Deseas tener un orgasmo, pero tu pareja no quiere realizar una actividad sexual. Sacas tu vibrador y te preparas para darte placer, ¡pero tu pareja te mira como si fueras un bicho raro! Tratas de explicarle que necesitas tener un orgasmo y que no tiene nada que ver con ella, que no le estás pidiendo ayuda (pero te sientes culpable o avergonzada por ocuparte de tus necesidades).

Para mí, estos ejemplos muestran lo desconectados que tendemos a estar de nuestra naturaleza animal. Te juro que mi gato se pasa la mitad del día lamiéndose los testículos y parece bastante feliz. También lo hacen los bebés que, despreocupadamente, tiran de sus penes o introducen el dedo en su vagina. Lo cierto es que nos condicionan a nivel social para entender que estas actividades no deben hacerse en público, pero no podemos evitar absorber algunas de las señales de que jugar con nosotros mismos es vergonzoso.

Además, tendemos a poner mucha presión en nosotros mismos para llegar al clímax cuando nos masturbamos. La masturbación puede considerarse cuidado personal, como estirarte, aplicarte poco a poco una crema hidratante, o disfrutar de un baño de inmersión. Lo que importa no es el resultado final, sino el tiempo que nos tomamos para adorarnos y convertirnos en fetiches.

Voy a refutar una creencia popular: no vas a desensibilizar o a estimular en exceso tus genitales porque uses de manera regular un vibrador en una única velocidad. (Si te preocupa seriamente, puedes probar un juguete nuevo). Y *NO*, no te va a crecer pelo en las palmas de las manos si te masturbas demasiado. Los mitos antimasturbación como éstos eran bastante habituales a finales de la década de 1800, propagados por médicos asustados que afirmaban que la mayoría de las mujeres eran totalmente frígidas y tenían una décima parte de la energía sexual de los hombres. Se decía que los orgasmos femeninos (conocidos como «espasmos voluptuosos») interferirían con la concepción, y que los «pensamientos impuros» debían ser suprimidos a toda costa. Médicos y reformadores por igual instaban a las mujeres a mantenerse alejadas de las novelas románticas, ya que leerlas podía hacer que la sangre fluyera hacia los órganos sexuales y provocara una excitación excesiva.

Ese tipo de afirmaciones estúpidas incluso llegaron hasta la creación del producto más estadounidense: los cereales de desayuno. El Dr. John Harvey Kellogg, fundador de la marca de cereales Kellogg's, era un vehemente antimasturbación. Kellogg creó la receta original de los copos de maíz en 1878 como parte de un plan alimenticio general para la prevención de la excitación sexual, dando a los niños este «saludable» cereal todas las mañanas. Él creía que la masturbación provocaba cáncer de útero, enfermedades urinarias, emisiones nocturnas, impotencia, epilepsia, demencia y debilidad mental y física, entre otras dolencias. Kellogg también defendía la rehabilitación de los masturbadores, recomendando la circuncisión de los niños y aplicando fenol, un ácido carbólico, a los clítoris de las niñas.

La masturbación debería ser pregonada con el mismo celo con el que se recomiendan las prácticas del ejercicio físico o la meditación. Personalmente, me siendo más empoderada hablando en público o negociando propuestas después de haberme ocupado de mi propio orgasmo. Eso me da más *fuerza*. Si podemos fusionar las prácticas de la meditación y la masturbación, mejor aún. Hablo desde la experiencia cuando digo que combinar el trabajo de la respiración, los ejercicios de suelo pélvico y la masturbación pude llevarnos a la dicha trascendente.

Para lograr esto, es importante iniciar una práctica de la masturbación. La denomino específicamente una «práctica» porque queremos ser *intencionales* con el tiempo y no sólo tener un orgasmo rápido. De vez en cuando, ¿podrías convertir la masturbación (tu tiempo de autoamor) en un ritual?

Si el mero hecho de pensar en masturbarte hace que te sientas incómodo o incómoda, puedes comenzar de una manera muy simple. Empieza, por ejemplo, explorando tu cuerpo. Acuéstate en una posición cómoda y empieza a notar cómo sientes tu cuerpo. Respira hacia tus pies y hacia los dedos de los pies, subiendo hasta las rodillas, la cara interna de los muslos, la pelvis… Incluso puedes saltarte los genitales y pasar al ombligo, los pezones y las clavículas… Erotízate. Si descubres que te sientes atraída por una determinada parte de tu cuerpo, pasa más tiempo respirando ahí, y también puedes tocarte, acariciarte o masajearte. La idea es poner en práctica conocer lo increíblemente asombrosos y poderosos que son tu cuerpo y tu energía sexual.

Otra opción es ponerte o quitarte cualquier cosa que haga que te sientas más erótica, excitada, sensual o primaria. Establece el estado de ánimo, como si estuvieras seduciendo a un amante o una amante. Quizás eso signifique encender una vela y poner una lista de reproducción que hayas creado con un estado de ánimo específico en mente. Si la música no es lo tuyo, puede tratarse de juegos preliminares con ejercicios que te hagan sudar, un baño prolongado, una comida deliciosa, una copa de vino o un porro (en realidad, cualquier cosa que haga fluir tus endorfinas y te ayude a serenarte para conectar con tu cuerpo).

Cuando te masturbes, imagina que estás recibiendo toda la energía sexual que por lo general quizás reservarías para tu pareja. Si quieres tener mejor sexo con otra persona, ¡eso empieza por amarte a ti mismo! Si te gustaría hacer un ritual de masturbación con tu pareja, turnaos para crear una atmósfera erótica y observar mientras os mostráis el uno al otro cómo llegaríais al orgasmo si estuvierais solos. Esto no sólo será picante, sino que probablemente también será educativo para ambos.

Entonces, ¿cómo unimos todo lo anterior para que se *manifieste a través del orgasmo*? Esto podría parecer un poco extraño, pero en realidad es muy simple: la energía de tu propio orgasmo sumada a la intención *equivale a poder*. Llegado este punto, tenemos claro que la energía sexual es potente, motivo por el cual queremos desarrollar una mayor conciencia en torno a la forma en que la entendemos y la dirigimos, ¿no es así? Entonces, imagina que tu orgasmo es una de las *expresiones más poderosas* de esta energía. Es como concentrar toda tu atención en tu motor de cinco mil caballos de fuerza para dejar a todos los demás vehículos en el polvo. De manera que, si estamos conectados con nuestros cuerpos, si estamos alineados en mente, cuerpo y espíritu, podemos canalizar este poder para propósitos más elevados y utilizar nuestros orgasmos para empoderarnos.

Los franceses llaman al orgasmo *la petit mort*, que se traduce como «la pequeña muerte». Esto hace referencia a la etapa posterior al orgasmo, cuando tu conciencia está debilitada, y que incluso puede ser como una liberación espiritual. ¿Alguna vez has sentido que estabas fuera de tu cuerpo durante un clímax muy intenso? Si meditas o rezas, quizás hayas experimentado un tipo de trascendencia distinta después de un orgasmo, cuando por un momento te sentiste divinamente conectado. Cada uno de nosotros experimenta y siente ese momento de orgasmo o trascendencia de una forma distinta, al igual que ocurre con los colores y las texturas.

Podría parecer tonto pedirle un deseo a una estrella o encender una vela en un lugar de culto o en un altar en el hogar (o quizás todas estas cosas formen parte de tu rutina normal). Tal vez tengas un determinado ritual cuando tu equipo deportivo favorito está jugando, o una técnica de visualización que utilizas cuando tienes una entrevista de trabajo. Manifestar a través del orgasmo no es tan distinto a eso. Incluso puedes incorporar aspectos de las tradiciones espirituales que ya mantienes. Simplemente significa llevar la conciencia de lo que quieres manifestar a un ámbito sensual. ¿Recuerdas las escenas de entrenamiento con música emocionante en las películas de *Rocky*, en las que el héroe pone toda su concentración en convertirse en el mejor boxeador? Utilizar tu orgasmo para manifestar es algo parecido, pero el objetivo puede ser específico («Quiero ganar más dinero, comprarme una casa, tener un mejor trabajo, amar más a mi cuerpo») o místico («Quiero conectar con el universo, sentir una paz profunda, ser uno con la naturaleza»).

Cuantas más afirmaciones de autoaceptación positiva y autoamor puedas incluir mientras manifiestas (es decir, mientras te masturbas) para la liberación orgásmica, mejor. Mientras te das placer, visualiza en tu mente o repite en voz alta lo que deseas. No te desanimes si no llegas al orgasmo (recuerda que ése no siempre es el objetivo). El simple acto de poner toda esa atención para manifestar a través de la descarga sexual es el 80 % del trabajo.

Ashley Manta, una *coach* del placer y la intimidad, afirma que manifestar a través del orgasmo es «magia sexual». Ella la define como «alquimia alimentada por el placer», y afirma que «a través de la práctica en solitario, la magia sexual me ha permitido acelerar mi crecimiento personal y mi éxito profesional. Me he convertido en mi amante favorita, algo que nunca pensé que sería capaz de decir. He aprendido a usar mi energía para acceder a un placer extraordinario.

Me he deshecho de la vergüenza por mis fantasías y ahora tengo una relación profundamente amorosa con mi cuerpo».

La liberación extática de neurotransmisores y hormonas durante el orgasmo o el juego sensual intensificado puede ser sagrada o incluso sobrenatural. Sinceramente, esto es como tratar de describir lo que se siente al ver un arcoíris. Todo esto puede parecer un poco hippie, pero si no hubiese algo ahí, no habría leyendas en los textos antiguos y religiosos dedicadas al poder trascendente del orgasmo. La forma en que lo manifiestes personalmente depende de ti. Lo único necesario es estar abierto a la exploración.

¿QUÉ ES EL AMOR?

¿Qué es el *amor*? ¿Cómo damos *amor*? ¿Qué esperamos del *amor*? ¿Qué es exactamente el auto*amor*?

Aunque he experimentado diferentes tipos de amor a lo largo de mi vida, en los últimos años, mi definición de *amor* se ha transformado por completo. Solía pensar que el amor era algo que existía fuera de mí, y que para experimentar amor uno tenía que ser validado y amado por otra persona u otras personas.

Para ser sincera, por mucho que predicara la práctica del autoamor a los demás en el ámbito personal y profesional, no me daba cuenta de cuánto me iba a costar amarme a mí misma. Y tampoco sabía cómo rendirme *por completo* al amor. No estaba realmente presente en el amor y no era capaz de darlo sin expectativas y condiciones. Desde entonces, me he dado cuenta de que el amor por uno mismo, por la comunidad, por la naturaleza y por el bien de todos es esencial para entender las profundidades de lo que puede llegar a ser el amor.

Nuestra definición compartida del amor tiende a estar envuelta en ideales románticos y sexuales. La mayoría de la gente asocia amor con romance, sexo y pareja. Podemos estar acostumbrados a que el amor nos afecte o nos aflija, haciendo que nos obsesionemos con el objeto de nuestro afecto o que deseemos poseer y reclamar a una persona como nuestra. Podemos declararnos de buena gana y sin reservas a otra persona o rechazarla por completo si el amor no es correspondido o es doloroso. Popularmente hablando, la idea del amor nos hace pensar en un éxtasis embriagador y, en el extremo opuesto, experimentar bajones debilitantes. La mayor parte de las canciones, los libros, la poesía y el arte que tratan sobre el amor celebran estos estados extremos.

El Dr. Walter Brackelmanns solía decirme que «estar enamorado es un estado psicótico transitorio que tienes que superar para tener una verdadera relación de amor con otra persona». El amor puede hacer que sintamos que estamos del todo locos, ya que nuestro cuerpo y nuestro cerebro reaccionan al subidón químico de sentirte atraído por otra persona. La investigación sobre las primeras etapas del amor y la adicción a la cocaína mostró que ambas cosas provocan una mayor actividad en el cerebro y en el sistema nervioso, así como una excitación del sistema nervioso cuando se produce un incremento súbito de la dopamina y la norepinefrina. Además, ambas cosas vinculan el placer al deseo (por sexo o por cocaína), la falta de sueño, la euforia y la pérdida del apetito. Tanto la adicción a la cocaína como el enamoramiento pueden provocar un comportamiento obsesivo. Los nuevos amantes tienden a pensar en la otra persona un 95 % del tiempo, como lo haría alguien que está desesperado por su próxima dosis. El amor puede ser como una adicción (de ahí la expresión «El amor es una droga»). Los síntomas de la abstinencia, tanto de la cocaína como de los opioides, en nuestro cerebro pueden ser idénticos a los efectos del fin de un amor romántico.

Cuando pienso en mi primer amor, a la edad de trece años, asocio el sentimiento con perderme: no aprobar mis clases ese semestre; hablar por teléfono con él todas las noches hasta el amanecer; no dormir, estar desorientada y perdidamente enamorada. Cambié mis horarios, mis prioridades y mis deseos para que se adaptaran a mi relación. Me sentía por completo embriagada, turbada por sus ojos y por los mechones de pelo que caían por sus gruesas cejas. Fue el primer chico malo soñador Peter Pan por el que perdí el corazón (y, por desgracia, no fue el último). Pensaba que sin él me moriría. Quizás fuera porque mis hormonas adolescentes se habían vuelto locas, pero estaba locamente enamorada. Descubrí las drogas que modifican la percepción (LSD y cannabis) más o menos en la misma época en que estaba explorando este nuevo sentimiento. Tanto mi enamoramiento como la euforia eran un escapismo maravilloso; sentía que estaba trascendiendo, rindiéndome a universos alternativos. Al reflexionar sobre ello ahora, me doy cuenta de lo ligado que estaba el sentimiento del amor y las drogas para mí, la sensación de estar inmersa en un estado temporal seguido de una especie de bajón. Ahora el amor es más como sumergirme en una bañera de agua caliente en el abrazo de mi amante, en lugar de olvidarme por completo de mí misma.

Quizás puedas identificarte con esto. O tal vez tengas una amiga o un miembro de tu familia que está tan envuelto en un nuevo amor que cambia sus hábitos, se aleja de otras actividades y relaciones hasta el punto de convertirse en otra persona. Esto es típico del sentimiento de amor aceptado que tendemos a celebrar en la cultura popular y que llegamos a *esperar* cuando conocemos a alguien que podría convertirse en nuestra pareja. Esa situación inmediata de *diablos, estoy tan abrumada que no puedo ver con claridad, se me doblan las rodillas y tengo un nudo en el estómago, no puedo vivir sin esa persona.*

El estado de enamoramiento, o apasionamiento, dura alrededor de entre dos y cuatro años. Cuando la oxitocina inunda tu cerebro, es una sensación de estar drogado y marcado por el amor ciego y la ansiedad. Con el tiempo, la relación cambia a medida que el deseo sexual va decreciendo. Con suerte, se crea un vínculo y, en palabras de Walter, un «diálogo de intimidad»: una comunicación de los sentimientos y las inseguridades. El amor romántico sostiene una relación a lo largo del tiempo. Al igual que el sexo, que es una parte importante de la intimidad. Ésta no es la versión de Disney del amor, en la que Cenicienta (o cualquier mito de princesa) y el príncipe azul cabalgan hacia la puesta de sol y viven felices para siempre. Como dijo Walter, «si quieres estar "enamorado" durante el resto de tu vida, tienes que ir rotando parejas cada año o cada cuatro años». El amor verdadero comienza cuando empiezan a convivir en el castillo y tienen que lidiar con sus respectivas idiosincrasias, evolución y familias extendidas. Para lo cual hace falta mucha determinación y consideración por ambas partes.

En nuestra infancia, la idea del amor para muchas de nosotras estaba envuelta en una mentalidad de ser salvadas, reparadas, rescatadas o sanadas por un compañero sentimental. Los puntos de vista culturales y los medios de comunicación que yo absorbía presentaban un «amor perfecto» al que había que aspirar: «Algún día llegará tu príncipe azul» y todas esas tonterías con las que criaban a muchas niñas. Es casi como si aprendiéramos a enamorarnos de una imagen, con el potencial de lo que alguien podría ser, en lugar de quien es en realidad. Me llevó años deshacer esa programación. Solía pensar que el amor significaba presentar la mejor versión posible de ti, no dejar que esa máscara cayera o que te *vieran*.

En la primera temporada del pódcast de The Sex Ed, les pregunté a cincuenta extraños qué era para ellos el amor. Sus definiciones, aunque increíblemente diversas, estaban todas centradas en el amor romántico y sexual:

- «Se lo he dicho a seis personas, y cada vez lo dije en serio».
- «He estado casada dos veces; éste es mi segundo matrimonio. Estoy muy enamorada de mi marido. Además, tengo una novia que vive a un par de horas de distancia y la quiero mucho. No he encontrado las palabras apropiadas para decírselo, pero pienso en ello todo el tiempo».
- «Definitivamente, he estado enamorado de modelos mentales idealizados de personas. Estoy tratando de enamorarme de personas reales».
- «Encontrar ese tipo de intimidad es más difícil cuando se trata de personas *queer*, con cuerpo de hombre. Quiero decir que, obviamente, es fácil encontrar sexo. Pero encontrar dulzura no es algo que se promueva de manera abierta. Entonces, es más una cuestión de si hubo ocasiones en las que encontré intimidad, si es algo mutuo o si es algo como una romantización o un enamoramiento. Entonces, nunca está claro en ese aspecto. ¿Podría preguntarte cómo sabe uno si su amor es correspondido?».
- «Creo que cuando era más joven, cuando tenía veintitantos, pensaba que el amor se trataba de sexo. Y luego, cuando te haces mayor y más sabio, te das cuenta de que, en mi opinión, no tiene nada que ver con el sexo. Tiene más que ver con dar y recibir, y ser bueno y amable y respetar. El amor, definitivamente, es respeto».
- «Es lo único que importa. Y no tengo suficiente. Tengo una esposa y no siempre estamos enamorados. Pero, definitivamente, sentí una experiencia profunda cuando la conocí y nos enamoramos. Y todavía siento que un pequeño núcleo está ahí con ella. No ha desapare-

cido del todo, gracias a Dios, pero definitivamente se apaga. Y luego hace explosión. Y luego vuelve a disminuir».

- «No quiero morir sola. Tengo miedo de ser esa mujer que vive rodeada de sus gatos y luego muere. Y nadie encuentra mi cuerpo hasta que han pasado dos semanas. Y luego, resulta que mis gatos se han comido mi nariz y mis orejas. El reto es si existe una persona perfecta para mí, conectar con ella, ¿verdad? Entonces, esa persona está ahí fuera. Hay alguien para todos. ¿Cómo se supone que uno encuentra a esa persona? ¿En el maldito Tinder? Eso es lo que estoy haciendo. Y no funciona. Pero lo estoy intentando. Aunque no tengo ninguna esperanza, lo intento».

Siendo algo tan fundamental para la existencia humana, parece que nadie tiene mucha claridad acerca de lo que es el amor. La mayoría de libros de autoayuda, terapeutas en Internet y expertos en Instagram dedicados al amor se centran en ayudar a las personas a encontrar a alguien con quien emparejarse, tener sexo y, potencialmente, con quien procrear. Pueden hablar de los lenguajes del amor o de cómo dar y recibir afecto, pero rara vez definen el amor. Es más bien una mentalidad de «el juego del amor» (como poseer, ganar, lograr) que una exploración de cómo llegar a una comprensión más profunda que conecte la mente, el cuerpo y el alma. Muchas personas (esto se lo escucho decir especialmente a los hombres) preferirían huir de la intimidad y el amor a enfrentarse a la posibilidad de sentirse heridas, experimentar el rechazo y mostrar su yo más profundo.

Aun así, uno sigue anhelando el amor.

Por mucho que deseemos tener amor, también lo tememos: el amor es un riesgo y conlleva la posibilidad de sentir dolor. Asimismo podemos tener miedo de que la otra persona no nos ame por ser quienes realmente somos. Si no nos amamos a nosotros mismos primero, podemos mantener una distancia emocional de nuestra pareja como un mecanismo de defensa, incluso en una relación seria y larga.

¿Cómo aprendiste a amar por primera vez? ¿Quién te enseñó a amarte? ¿Alguien? ¿Había adultos a tu alrededor que se amaban a sí mismos? Con mucha frecuencia, nuestra atracción hacia otras personas se basa en el niño herido en nuestro ser, reflejando las características que hemos negado y que necesitamos aceptar en nosotros mismos. Es posible que utilicemos el amor de otra persona para sanar nuestras heridas o llenar el vacío. Incluso podemos ir de relación en relación sin amarnos a nosotros mismos. Buscamos «amor» en relaciones que reflejan nuestro condicionamiento de la infancia (hasta que, y a menos que, podemos liberarnos de los patrones que nos mantienen estancados repitiendo ideales de amor enfermizos).

La forma en que damos y recibimos amor como adultos se basa en los adultos que cuidaban de nosotros y sus tendencias de personalidad. La manera en que tu cuidador puede haber sentido sus carencias en el amor o la forma particular en que se juzgaba a sí mismo probablemente se proyectaron hacia ti. Entonces, por ejemplo, si tu madre o tu padre no estaban a gusto con su cuerpo, es posible que hayan tenido una fijación con el tuyo; o si se sentían inseguros respecto a su inteligencia, es posible que se preocuparan en exceso por tus notas. Si fuiste abandonado o rechazado por la persona que cuidaba de ti, quizás acabaste buscando parejas que no estaban emocionalmente disponibles. Si tu cuidadora, o cuidador, estaba demasiado involucrado y era asfixiante, es posible que eso haya hecho que te sientas distante e incómodo con las demostraciones visibles de afecto e intimidad.

Quizás el amor de tu cuidadora principal hacia ti estaba relacionado con la vergüenza o las críticas, supuestamente para «ayudarte» o «disciplinarte». Tal vez su amor fuera negligente, hiriente o abusivo. Es posible que su afecto fuera abrumador, hasta el punto que sentías que te asfixiaba. Es posible que aprendieras que había condiciones y expectativas en torno al amor: si sacabas buenas notas, te portabas bien, lograbas esto o aquello, o actuabas como se esperaba de ti, entonces recibías amor. Tal vez la actitud de tu cuidadora hacia ti oscilaba con fuerza, pasando de ser fría y emocionalmente no disponible, a ser posesiva y efusiva. Todas estas experiencias nos enseñan lo que pensamos que es el amor y la forma en que respondemos a él.

Es bueno que recordemos que la manera en que aprendimos lo que es el amor ¡provino de la forma en que nuestros cuidadores aprendieron a amar también! ¿Recuerdas el capítulo sobre los traumas y lo lejos que se remonta todo esto? Aunque es exigente, tenemos que hacer el trabajo de diferenciarnos de nuestros cuidadores y de amar a los demás (incluidos nuestros propios hijos) con la suficiente libertad como para permitir que se desarrollen sin que nuestro bagaje los afecte o que tengan que repararlo.

Nadie dijo que el amor era fácil.

Deberíamos estar enseñando el arte de enamorarnos con nosotros mismos antes de entregar nuestro amor. Muchas personas aprenden la falsa creencia de que el amor y la aprobación de otra persona harán que estemos completos o que sanemos. Que la persona correcta, o las circunstancias externas adecuadas, resolverán nuestro dolor, nuestra rabia, nuestra tristeza o nuestra soledad. Cuando la verdad es que, si no nos amamos a nosotros mismos, ¿cómo vamos a tener suficiente para dar? ¿Cómo vamos a ser capaces de discernir el tipo de amor o relación que es mejor para nosotros, si aceptamos cualquier cosa porque es mejor que nada, mejor que estar solos?

Imagínate estar tan cegado por el amor hacia ti mismo que hasta tu debilidad te parece hermosa. Deslumbrado por lo milagroso de tu cuerpo, agradecido todos los días por todas las formas en que eres único o única. Amando todas tus vulnerabilidades como amarías esas partes de otra persona. ¿Y si nos viéramos a nosotros mismos como un pastel bellamente decorado, cubiertos por un glaseado en el que el amor romántico es simplemente la cereza que lo corona? ¿Puedes hablarle a tu cuerpo de todas las cosas que te encantan de ti? Si nunca has pasado ratos observando tus genitales con un espejo de mano, considera esto como un recordatorio de que debes hacerlo. También puedes ponerte de pie frente a un espejo más grande, desnudo o desnuda, y observarte. ¿Te resulta incómodo? ¿Por qué? ¿Por qué te gustaría tener unos muslos más delgados, un pene más grande, menos celulitis? ¿Podrías querer un poco más a los hoyuelos en la parte posterior de tus muslos o esa barriguita? Nuestros cuerpos son milagros, pero a menudo hablamos de las cosas que odiamos o lo que queremos cambiar de ellos en lugar de lo que nos encanta. Es posible que te resulte difícil hacer este ejercicio, pero ser capaz de ver más allá del condicionamiento de las historias que nos hemos contado a nosotros mismos sobre nuestros cuerpos es donde empieza el autoamor.

Me crié en Hollywood, literalmente en el epicentro de la mitología de los medios de comunicación, lo cual distorsionó por completo mi visión del amor, sobre todo del *autoamor*. Provengo de una familia del mundo del espectáculo. Mi abuelo paterno produjo uno de los primeros largometrajes en 1914 y luego fundó múltiples estudios de cine. Mi abuela paterna era actriz y, en algunas ocasiones, modelo para la revista *Vogue*. Todos los miembros de mi familia inmediata, y la mayor parte de los de mi familia extendida, están en ese mundo de una forma u otra. Mi infancia fue muy privilegiada y, definitivamente, no fue normal desde cualquier punto de vista. La mayoría de las personas con las que crecí, o sus familiares, eran actores, directores, productores, músicos, o estaban relacionadas de alguna manera con la industria. Era un caldo de cultivo muy concentrado de personas «especiales». Utilizo este término aquí, no porque crea que algunas personas son más importantes que otras, ya que todos somos únicos, sino porque el mundo exterior tiende a poner un gran valor en aquellas que son famosas, lo cual otorga una extraña «cualidad de especial» a ciertas personas. Todo ello crea un sentido de la realidad deformado.

Debido a esta perspectiva de la infancia, tuve una visión general del amor como algo que estaba envuelto en narcisismo y celebridad (donde la cultura parece estar ahora). Premiamos el dinero, la fama y el poder con amor. Mi padre solía decir: «Sólo eres tan bueno como tu última foto», y la conversación a la hora de cenar incluía qué película o persona había tenido las cifras más altas en la taquilla esa semana. Según este criterio, tu valía se mide según el éxito externo. La lección que aprendí de manera inconsciente al criarme de esa forma fue que la validación y la valía provenían de situarnos nosotros mismos, y situar a los demás, en un pedestal. Todo giraba en torno a ser el centro de atención o adorar a los que lo eran. Si reverenciamos el hecho de vernos reflejados a través de las miradas de admiración de los demás, esencialmente estamos permitiendo que los demás decidan si somos dignos de ser amados o no.

Desde una edad muy temprana vi que los adultos de mi entorno estaban atrapados en una complicada red de toxicidad alrededor del amor. Para el mundo exterior, el alboroto en torno a los premios Oscar es una de las cosas más glamurosas de Hollywood. ¿Sabes lo que yo veía y sentía durante esa época del año? A la jerarquía de Hollywood exhibiéndose con toda su fuerza (literalmente, se puede oler la disfunción, las inseguridades y el ajetreo). Personas mirando a su alrededor, que no te miran a los ojos cuando te hablan, tratando de ver quién más está ahí, quién es más importante, quién podría ayudarlas a avanzar en su carrera. Me ha pasado que gente a la que conocía muy bien me ha ignorado hasta que me ha visto hablando con una persona famosa, y entonces ha venido directamente a mí. O lo opuesto: estaban matando el tiempo conmigo mientras miraban por encima de mi hombro, dejando de hablar de manera abrupta en medio de una frase y dejándome sola cuando aparecía alguien más famoso. Eso me hacía sentir muy mal. Mi autoestima y mi valía caían en picado, y, de inmediato, empezaba a compararme y a desanimarme al pensar en todas las maneras en que no estaba a la altura. Incluso a la persona más equilibrada del mundo le costaría mantener la seguridad en sí misma dentro de esa lente microscópica del estrellato.

Por muy orgullosa que esté de mi linaje, también estoy profundamente en conflicto por ser parte de un legado que ha contribuido a poner la fama y la fortuna por encima de la compasión, la comunidad, la sinceridad y la humildad. No digo que de niña no tuviera ningún modelo positivo del amor, o que la mayoría de las personas con las que crecí tuvieran valores enfermizos (de hecho, mi padre se esforzaba mucho por mantenernos centradas a pesar de la ostentación que rodeaba a mi crianza). También hay muchas personas con los pies en la tierra, «normales», en la industria (o tan normales como se puede ser en ese ambiente). Pero, sinceramente, estar rodeada de toda esa forma de pensar de «yo, yo, yo» y «la fama lo arregla todo» afectó a mi sentido del amor propio.

Por desgracia, esto se ha convertido en la norma a emular. Con el dominio de Instagram, la telerrealidad y los *influencers* en las redes sociales, muchos *millennials*, personas de la Generación Z y chicos más jóvenes están creciendo en una cultura incluso más mercantilizada, saturada con unos niveles de narcisismo más elevados que nunca y con una idea del amor ligada a la validación externa. Hoy en día, nuestro valor se mide según los «me gusta», los comentarios y las interacciones que tenemos en las plataformas. Es realmente agotador. A veces conduzco mi vehículo por Los Ángeles y veo todos los carteles que anuncian este o aquel producto con modelos de veintiún años con una piel perfecta y un cuerpo muy firme, y por un instante pierdo la fe en la humanidad. Ser famoso se ha convertido en el objetivo, pero más allá de la ganancia económica hay un verdadero deseo de tener amor. Cada vez más, se da por sentado que el reconocimiento y la aceptación del público deben llenar el vacío de la falta de amor a uno mismo. ¿Dónde nos deja esto? ¿De qué manera nos ayuda a hacer que el amor y la aceptación de nosotros mismos y de los demás evolucionen?

Lo cual nos trae de vuelta a la pregunta: ¿qué es el amor? Grandes filósofos, poetas, músicos y escritores han estado intentando encontrar la respuesta desde hace siglos. La persona que creo que se ha acercado más a describir las complejidades y los misterios modernos de este término elusivo es la gran bell hooks en su tratado *Todo sobre el amor*, que recomiendo encarecidamente. Lo releo de vez en cuando para recordarme a mí misma que hay muchas otras personas ahí fuera intentando redefinir la forma en que nos aproximamos al amor. Y, sin embargo, el término *amor* sigue siendo imposible de condensar en una frase breve, ya que nuestra experiencia de él cambia año tras año, relación tras relación, a medida que nos vamos conociendo más a nosotros mismos y expandimos nuestra capacidad de amar.

Nunca me conmovió la profundidad de las canciones de amor hasta que pasé por mi divorcio, que fue cuando empecé a derramar lágrimas mientras escuchaba las canciones «On the Beach» de Neil Young y «Begin Here» de The Zombies, en bucle. Me di cuenta de hasta qué punto la música que me gustaba no se centraba en la exaltación de un gran amor, sino en el desamor. ¿Alguna vez has amado tanto a alguien que perderlo tras una ruptura o una muerte supone para ti un dolor mayor del que podrías imaginar? ¿Alguna vez has estado tan herido/a por el amor que no creíste que podrías volver a amar? Desarrollamos una memoria muscular en torno al amor, cicatrices que cruzan nuestro corazón, que pueden impedirnos creer en su poder.

Unos años más tarde, me encontraba en una burbuja de amor sublime, escuchando los discos de Al Green una y otra vez. Escuchaba sus primeras canciones de amor románticas desde la perspectiva de su amor posterior por Dios. Esto me llevó a otra espiral de pensamientos sobre el amor y la forma en que hace que nos sintamos. ¿Era su amor por Dios más grande que el que había sentido antes por sus amantes? ¿Eran iguales? ¿Había un ideal espiritual de amor en el que esforzarse? ¿El amor verdadero es alcanzable tan sólo si lo secular y lo sagrado se alinean?

Pensar en el amor a través de una perspectiva integrada de sexo, salud y conciencia (o mente, cuerpo y alma) me hizo enfrentarme a la realidad de que necesitaba controlar mi libido. Ésta siempre me había llevado a tomar decisiones sobre tener una relación y «enamorarme». Yo quería ir más allá del nivel superficial de manifestar el amor como deseo físico y sexual, y, en su lugar, crear la posibilidad de establecer lazos espirituales más profundos conmigo misma y con otras personas.

El amor es mucho más que buen sexo e intereses compartidos. El amor es libertad y crecimiento espiritual; es expansivo, evoluciona y es abundante.

El amor es sinceridad radical con nosotros mismos y con nuestros seres queridos. Estamos hechos sobre todo para querer recibir amor, pero el amor es dar libremente sin esperar que nos sea devuelto. El amor son gestos de cariño, bondad y compasión incondicionales. El amor es generosidad hacia los demás, hacia la comunidad, hacia el planeta en su totalidad. El amor es inclusivo. Si tú sufres, yo sufro. El amor es servicio.

El amor es enfrentar tus sombras y aceptarlas. El amor es aceptar a los demás por quienes son (con sus sombras y sus luces, con todo) y no tratar de cambiarlos. ¿Recuerdas el vacío del que hablamos antes? Tenemos que amarlo en los demás de la misma manera que debemos amarlo en nosotros mismos. Esto fue difícil para mí. Tenía que dejar de enamorarme de una forma romántica de lo que yo veía como el potencial de la otra persona y soltar la falsa presunción de que mi amor la haría cambiar y convertirla en una versión más adecuada a lo que yo deseaba en una pareja. Ahora soy consciente de que mi incapacidad de amar a las personas tal cual eran me impedía *ver y ser vista* en el amor. El ego es una perra, ¿no es verdad?

El amor es paciencia y esfuerzo constante. No podemos dejarlo en piloto automático. El amor es trabajo. ¡Y es difícil trabajar en eso! Es mucho más fácil conformarse con un buen sexo y una compañía agradable que profundizar en el amor.

Hay libertad y expansividad en el hecho de amar. Cuando amamos a alguien, queremos alimentar su expansión como ser humano. El amor es hacer sacrificios (podemos llamarlos «ofrendas») sin llevar las cuentas. El amor es expresar gratitud por la mera existencia de alguien. El amor es apoyo. El amor es exponernos sin garantías.

El amor es practicar la diferenciación, bailar la danza entre la unidad y la autonomía mientras crecemos juntos y como individuos. El amor es amar sin apego a cómo «deberían» ser o han sido las cosas; el amor deja espacio para que las personas que nos importan se conviertan en la mejor versión de sí mismas.

Mientras escribía este libro, estuve viviendo casi un año en Hawái, donde vi actos radicales de amor a diario. En un lenguaje que tiene cientos de palabras para describir los diferentes vientos,[1] la palabra para decir «amor», *aloha*, no sólo se utiliza para decir «hola» y «adiós», sino que, además, tiene un significado mucho más profundo.

Con la ayuda de mis amigos hawaianos, llegué a comprender que *aloha* significa estar presente en un intercambio de energía generosa, amorosa. Desglosada letra por letra:

A representa *ala* o «atención vigilante».
L representa *lokahi*, que significa «armonizar» o «trabajar con unidad».
O representa *oia'i'o*, que significa «sinceridad verdadera».
H representa *ha'aha'a*, o «humildad».
A representa *ahonuik* o «perseverancia paciente».

Llegué a ver *aloha* como expresar la verdad de nuestro espíritu, ser amables con nosotros mismos y con los demás; como un amor desapegado, cariñoso y altruista, que es sereno, comprensivo, cálido, fuerte y tierno. Me hizo pensar en cómo podía ser más amorosa de una forma consciente y visible, sin reservas o miedos (y ampliar ese amor a los

---

1. El viento travieso que me hizo perder uno de los cuadernos en los que escribí este capítulo y lo lanzó a un arrollo se conoce con el nombre de *makani kolohe*. El viento menos amenazador (pero que distrae) que observé se llama *nakeke*, o «viento que hace ruido sin ningún propósito». Lo oigo como la charla distintiva de una conversación trivial en un cóctel.

extraños, a la naturaleza y a la humanidad). Realizar más actos de amor incondicional.

Para practicar el *aloha*, tenemos que ser capaces de conectar con el momento presente desde un lugar de autoamor. Al igual que cuando estás en un avión, donde te indican que tienes que ponerte la máscara de oxígeno primero antes de ayudar a los demás, lo mismo se aplica al amor: amar a tu cuerpo, amar a tu vacío, amar y honrar tu sabiduría interior.

Toda esta reflexión sobre el amor y su poder transformador me impulsó a conectar más profundamente con mi intuición. Antes de ahondar más en el hecho de que honrar nuestra intuición es muy valioso para todos los aspectos de nuestra vida, permíteme aclarar que éste no es un concepto New Age. Desde hace siglos, grandes mentes y pensadores lógicos han declarado la importancia de honrar nuestra intuición. En su libro *Pensées*, el físico, filósofo y matemático francés del siglo XVII Blaise Pascal, escribió: «El corazón tiene sus razones que la razón desconoce. [...] Conocemos la verdad no sólo por la razón, sino también por el corazón».

Dentro de nuestros corazones tenemos un oráculo interior. Con frecuencia, simplemente «sabe» cosas que nuestro cerebro no puede racionalizar. Este «saber» se encuentra entre nuestros pensamientos conscientes y nuestra mente inconsciente. A veces también sentimos u «oímos» estos mensajes en nuestras entrañas. Cuando sentimos que algo no está bien pero no logramos identificar exactamente qué es, esto puede expresarse como una punzada aguda, una contracción o un aflojamiento de los intestinos, una sensación incómoda de tensión (como en la expresión «Tenía un nudo en el estómago»). Todos tenemos la capacidad innata de la conciencia somática interior, pero, por lo general, está ahogada por el ruido mental y el condicionamiento social. O por lo que los demás piensan que es «mejor» para nosotros y cómo se espera que nos comportemos.

Gavin de Becker está considerado uno de los principales especialistas mundiales en seguridad, sobre todo para gobiernos, grandes corporaciones y figuras públicas. La intuición y lo esencial que es para nuestra supervivencia es el tema central de su primer libro, *The Gift of Fear: Survival Signals That Protect Us From Violence*. Como escribe de Becker, «la intuición siempre tiene la razón, al menos en dos aspectos importantes: siempre es en respuesta a algo y siempre quiere lo mejor para ti».

En su libro, de Becker resalta la importancia de la intuición después de toda una vida observando y trabajando con víctimas y supervivientes de hechos traumáticos que generalmente incluyeron una violencia extrema o una agresión sexual. Muchas de las historias que relata incluyen ejemplos de la manera en que estamos programados para ignorar nuestra orientación interior, ya sea porque nos parece «ilógica» o para ser «educados» (esto suele ocurrirles a las mujeres). «Todos los días –afirma– personas que desafían a su propia intuición se convierten, en la mitad de su pensamiento, en víctimas de la violencia y de accidentes. Entonces, cuando nos preguntamos por qué somos víctimas con tanta frecuencia, la respuesta es clara: es porque lo hacemos muy bien».

Mientras escribía este capítulo tuve una conversación con una amiga que hace poco fue atacada por un hombre desnudo en un baño público de género específico (gracias a Dios, salió ilesa). Me dijo que sintió algo extraño cuando entró en el baño: había carteles con la política para la COVID en los compartimentos, en los que se pedía a las personas que dejaran un inodoro vacío entre usuarios, pero había alguien en el inodoro junto al de mi amiga. También observó que esa persona tenía los pantalones totalmente bajados, lo cual le pareció extraño. Pero como hacemos muchos de nosotros, ignoró estas señales de advertencia que su intuición le estaba enviando.

Incluso después de haber leído el libro de Becker, mi mente lógica y racional continuaba ignorando las señales que surgían de mis entrañas y mi corazón. Es decir, hasta que tuve un accidente que me llevó al hospital (todo porque ignoré mi intuición). Ya he hablado de este incidente en el capítulo «Traumas», y lo llamé «un extraño accidente en mi jardín».

Me encantan las plantas. Cuando mi padre falleció en 2015, trasplanté veintiséis rosales de su casa a macetas temporales y pasé la mayor parte de ese año buscando un lugar donde plantar mis rosas mientras estaban en casa de una amiga. Fueron las rosas las que me guiaron en la compra de mi casa. En 2017 me mudé a mi primera casa propia, pues siempre había vivido en edificios de pisos. Pasé mucho tiempo haciendo que el jardín de mis sueños fuera exactamente eso.

Mientras trabajaba con un paisajista para completar las etapas finales del jardín, unos amigos cercanos me dieron como regalo de inauguración de la casa un árbol de hierba luisa. El árbol pesaba mucho y se necesitaron dos personas para colocarlo en la parte trasera de mi coche para que pudiera llevarlo de casa de mis amigos a mi casa. Por casualidad, mi paisajista se encontraba en mi casa cuando llegué y lo sacó del coche mientras yo subía los cuarenta y pico escalones desde la calle hasta la puerta con otras bolsas. Unos treinta minutos más tarde volví a salir para ver si ya había plantado el árbol.

Sentí náuseas cuando vi dónde estaba: en una estrecha colina inclinada, en la base de la cerca que daba a la calle, donde hay una tubería de agua que se extiende a lo largo del borde del camino y con el alero del garaje 90 centímetros por encima.

Nunca antes, en toda mi vida, había experimentado una reacción tan intensa al sitio donde algo estaba plantado. Simplemente sentí que algo iba mal. Le dije unas seis veces al paisajista: «El árbol no quiere estar ahí. Siente que tiene poca estabilidad. No quiere estar ahí». Pero era un hombre mayor que sabía más de jardinería que yo, e insistió en que ése era un buen lugar. De manera que deseché mi intuición, la cual casi siempre me había resultado útil.

Diez días más tarde, la noche anterior de mi viaje de negocios a Nueva York, cuando había varias personas en mi casa, decidí cortar unas hojas de mi árbol para preparar una infusión para todos.

Llegar hasta el árbol fue difícil y tan inestable como lo había imaginado. Pensé para mí misma: «¿Por qué diablos se le ocurrió plantar este árbol aquí?». Tuve que detenerme de puntillas para poder cortar unas hojas con mis tijeras. Cuando iba a apoyar los talones en el suelo, resbalé sobre la tierra y caí hacia atrás. Vi cómo los huesos de mi canilla se salían hacia afuera y, en ese momento, dejé de mirar hacia abajo.

¿Por qué le había hecho caso a otra persona cuando sentía una señal interna tan intensa? ¿Por qué no pude creer en mí misma? Como escribe de Becker, «incluso cuando la intuición nos habla en los términos más claros, incluso cuando el mensaje nos llega, es posible que, aun así, busquemos una opinión externa antes que escucharnos a nosotros mismos». Puede ser desafiante confiar en nosotros mismos lo suficiente como para no permitir que los demás nos presionen a hacer cosas que por instinto sentimos que no están bien. Las otras personas pueden tener las mejores intenciones cuando nos dan un consejo, como fue el caso de mi paisajista, pero sabemos realmente qué es lo más adecuado para nosotros. Somos muy buenos dudando de nuestra sabiduría interior.

Gran parte de nuestras dudas provienen de una falta de amor y de autoestima hacia nosotros mismos. La práctica del autoamor implica mucho más comer bien, meditar o escribir un diario. Tenemos que profundizar en nuestra incertidumbre y aprender a amarnos y a confiar en nosotros mismos. Incluso, y en especial, cuando nuestra orientación intuitiva va en contra de la sabiduría convencional y lo que todos los demás están haciendo.

Podemos conocer la verdad escuchando a nuestro corazón y a nuestras entrañas. A menudo recibo llamadas de mis amigos pidiéndome que los ayude a tomar decisiones. (Me dicen que es «porque tú eres muy intuitiva»). En todos los casos, cuando me piden consejo, la persona que lo pide ya sabe lo que es mejor para ella; sólo necesita que alguien le recuerde que debe recurrir a su instinto. No soy vidente. He aprendido a sintonizar probando y equivocándome, y tú también puedes hacerlo.

Éste es un ejercicio sencillo del corazón, para centrarte, que puedes probar la próxima vez que trates de averiguar cuál es la manera correcta de actuar respecto a una situación, persona o cuestión. Siéntate cómodamente en un lugar tranquilo y cierra los ojos. Haz unas cuantas respiraciones de cuerpo entero (todas las que necesites hasta que tu respiración deje de ser superficial y sea profunda). A continuación, formula tu pregunta en voz alta o en silencio y escucha con atención la respuesta de tu cuerpo. ¿Ha cambiado tu respiración o tu pulso? ¿Es más rápida, más agitada? ¿Te sientes nervioso o tenso? ¿Sientes que te duele el estómago o que tienes que ir al baño? ¿Tu pecho está tenso? ¿Hay una ligera constricción en tus pulmones o en tu respiración? ¿Sientes tristeza, miedo, culpa o ansiedad? Cualquiera de estas señales de tu cuerpo podría indicar una luz roja: un no.

¿Tu pulso y tu respiración están estables? ¿Sientes calidez o una sensación de calma en el pecho y en el estómago? Cuando te haces esa pregunta o piensas en esa persona o situación, ¿las comisuras de tu boca se elevan y esbozas una sonrisa? ¿Te sientes relajada? ¿Qué te dice tu corazón? Cuanto más nos entrenemos para notar cómo nos *sentimos*, mejor podremos reaccionar *en el momento* (ya sea en los negocios, en los momentos previos a una situación sexual o en el dormitorio) si sintonizamos con la verdad de la lógica de nuestro corazón.

En una relación amorosa, esta práctica puede resultar muy útil. Cuando discutimos o nos enfrentamos a una situación incómoda con nuestra pareja, podemos tender con facilidad a cerrarnos o al resentimiento. ¿Podemos aprender a hacer una pausa y notar cómo nuestro ego está sustituyendo a nuestro corazón? Como dijo en una ocasión la escritora Madeleine L'Engle, «tu intuición y tu intelecto deberían estar trabajando juntos... haciendo el amor. Así es como funciona mejor».

Imagínate qué ocurriría si, individual y colectivamente, escuchásemos a nuestra intuición y actuásemos desde un sentimiento de *amor*. Cuando ubiqué la conciencia (o la inteligencia) en mi corazón, tuve más seguridad en mí misma para tomar decisiones importantes a partir de lo que *sentía que era lo adecuado* en lugar de lo que mi mente me decía que era lógico.

Cuanto más sigo los dictados de mi corazón, más amor siento y recibo en todos los aspectos de mi vida. En la actualidad trato de practicar más amabilidad amorosa conmigo misma y con los demás, sobre todo cuando me siento irritada o alterada. Definitivamente, es una meditación, aunque no siempre es cómoda.

El amor es desafiante, incluso cuando estás con tu «alma gemela» o cuando la conoces.

¿Las almas gemelas son reales? ¿Es como buscar un unicornio? En una ocasión le pregunté a Walter Brackelmanns si creía en las almas gemelas. Me respondió que sí, aunque puso el énfasis en lo poco habitual que es encontrar a alguien con quien tu psicopatología encaje a la perfección. Entre sus pacientes contaba con un caso. Hay que tener en cuenta que llevaba cincuenta años enseñando y tenía noventa y siete mil horas de práctica clínica en su haber. Según Walter, podéis tener problemas en vuestra relación y, aun así, ser almas gemelas. Una pareja lo fue a ver porque el marido estaba «follando con trabajadoras sexuales... Se le fue de las manos, así que él le contó a su mujer lo que estaba haciendo. Y ella estaba muy disgustada». Walter le dijo a la mujer que ella no necesitaba terapia; su marido tenía problemas individuales que debían ser tratados, que no estaban relacionados con su matrimonio. Aunque parece desconcertante que Walter dijera que los miembros de esta pareja eran almas gemelas, uno nunca puede juzgar las particularidades de la relación de otras personas, y es del todo posible tener necesidades sexuales fuera de tu relación principal y, aun así, ser espiritual y emocionalmente compatibles en todos los demás aspectos.

Todos conocemos los mitos comunes sobre las almas gemelas: que se conocerán y será un amor perfecto a primera vista; que el camino será llano y estará lleno de rosas; que el amor durará para siempre. La realidad es que encontrar a alguien con quien podemos experimentar amor incondicional, respeto mutuo, comprensión y una conexión profunda de mente, cuerpo y espíritu no es una tarea fácil. Si no estamos comprometidos con nuestro propio crecimiento personal (y con enamorarnos de nosotros mismos), hallar un alma gemela puede ser algo difícil de lograr. Podemos conocer a alguien con quien sentimos una conexión instantánea, sólo para recordar que todavía nos queda mucho trabajo por hacer. O podríamos estar buscando a alguien que nos complete (una paradoja) sólo para descubrir que esas cualidades que queremos hallar en otra persona están dentro de nuestra propia psique.

Supongamos que hacemos toda esa reflexión sobre nosotros mismos y crecemos espiritualmente, y nuestra alma se encuentra con otra persona que parece encajar con nosotros. ¿Qué probabilidades hay de que esa persona haya estado haciendo el esfuerzo de alinearse con su propia verdad? Si nos unimos, y cuando lo hagamos, ¿puede cada uno de nosotros continuar estando conectado y evolucionando, y dedicarse a las pruebas y tribulaciones que llegan cuando uno deja que el amor florezca? ¿Crees que es posible encontrar un alma gemela y que vuestros valores y tiempos se alineen? Yo sí.

De la misma manera en que podemos experimentar más de un amor largo y profundo en una vida, si tenemos suerte, podemos conocer a más de un alma gemela. Yo he encontrado unas cuantas hasta el momento. A veces aparecen en los lugares más inesperados y de las formas más insospechadas; para enseñarnos, amarnos, desnudarnos y hacer que reflexionemos sobre nuestra existencia. Todo ello nos hace crecer.

Quizás esté presentando una visión idealista del amor por la que luchar, pero recuerda que todos somos humanos y vamos a arruinar las cosas. Está en nuestra naturaleza. Simplemente tenemos que seguir intentándolo. Se trata de comprometernos con el amor y todos sus obstáculos. No me refiero al compromiso de permanecer en una relación o una dinámica de infelicidad, sino a comprometernos a estar abiertos al amor, a abrirnos a todas las formas en las que el amor se expresa y existe. El amor puede hacer que nos abramos, que nos enfrentemos a partes de nosotros mismos que preferiríamos no ver, y transformarnos de la manera más bella e inesperada. Cuando más expandimos nuestra capacidad de amar en todas las formas (incluyendo el amor por la comunidad, la familia, los amigos, uno mismo, nuestra pareja, la naturaleza y el espíritu), más amor podemos dar y recibir. Quizás nunca logre llegar al fondo de lo que es el amor, pero estoy dispuesta a morir intentándolo.

TRANSICIONES

Mientras transitamos por la vida, nos enfrentamos a varios ritos de iniciación y a aparentes obstáculos en nuestro camino. Yo los llamo «transiciones». Estas transiciones pueden incluir la adolescencia, la madurez y el envejecimiento; los problemas de salud; la pérdida o muerte de un ser querido; la exploración de la identidad sexual; la transición de género; las rupturas, el sufrimiento amoroso o el divorcio; un cambio de domicilio o de carrera; el despertar espiritual; etc.

Enfrentarnos a cualquiera de estos cambios en la vida, o a varios a la vez, puede causar malestar, desesperación e incertidumbre extremos, tanto para nosotros como para otras personas en nuestra vida. Contemplar el abismo de lo desconocido es un lugar extraño en el que estar. Es posible que queramos huir de estas etapas de nuestra evolución, porque nos resulta demasiado difícil enfrentarnos a ellas.

Cuando pasamos por una transición, estamos transformándonos y trascendiendo, yendo de un lugar a otro. Es la etapa intermedia (el llamado *espacio liminar*) la que tiende a provocar más problemas en nuestra mente, cuando nosotros, u otra persona, no estamos ni aquí ni ahí; hemos iniciado el viaje pero todavía no hemos llegado a su conclusión. Un elevador o una escalera es un ejemplo concreto de un espacio liminar. O, en el caso de alguien que está en proceso de cambiar su identidad sexual o de género, está experimentando un adiós a la persona que solía ser y está en proceso de integrarse a una nueva forma.

Yo imagino el espacio liminar como algo semejante al ciclo de la vida de las mariposas *Mechanitis polymnia* durante su fase de pupa o crisálida. Estas tienen un exoesqueleto protector que les proporciona un escudo y un refugio mientras pasan por la transición de oruga a mariposa. Su aspecto es como el de una armadura dorada brillante. En su interior, están experimentando la disolución celular de su forma anterior, convirtiéndose literalmente en una sustancia viscosa y líquida. Esta etapa, en la que dejan una forma y se convierten en otra, se denomina *metamorfosis*.

Cuando paso por un cambio en mi vida y me siento impaciente por ver su manifestación y resolución, me ayuda mucho pensar en estas mariposas suspendidas en sus capullos, esperando a que una nueva existencia se revele. Dentro de la incomodidad y el dolor de aquello a lo que me estoy enfrentando, mantener esta imagen en mi mente me permite encontrar belleza en el espacio liminar.

Es posible que otras personas nos eviten cuando estamos en medio de una transición, especialmente cuando necesitamos más apoyo y comprensión. ¿Alguna vez te has sentido incómodo con la enfermedad o la tristeza de alguien? ¿No has sabido qué decirle a alguien que tiene un nuevo pronombre o que se identifica públicamente con un género o con una expresión sexual distinto del que solía tener? Quizás un amigo cercano o un familiar que creías que tenía una relación de pareja sólida está experimentando una ruptura y eso está haciendo que salgan a la superficie todo tipo de emociones que preferirías no sentir acerca de tu relación. Con frecuencia nos distanciamos de las personas y las cosas que provocan pavor en nosotros sólo porque no tenemos la práctica, las habilidades y el vocabulario necesarios.

Cuando hacemos algo contrario al sistema de creencias de la sociedad, como cambiar nuestro género, divorciarnos o llorar en público, ello activa el miedo en los demás. A las personas no siempre les gusta que hagamos lo opuesto a lo que están habituadas; incluso puede hacer que se sientan enfadadas o nerviosas. Podríamos estar desafiando su idea del *estatu quo* simplemente con nuestra mera existencia, porque no pueden colocarnos en una pequeña caja. Puede resultarnos difícil recordar esto en esos casos, pero *lo que los demás piensen no es asunto nuestro*.

Todos estamos tratando de entendernos a nosotros mismos (y de entender la vida). ¿Y si permitiéramos que hubiera más espacio en torno al proceso de cambio en lugar de imponer nuestras conclusiones y las de los demás? ¿Hay espacio para que exploremos en medio de las cajas en las que nuestra cultura nos quiere situar para que nuestras identidades sean más pulcras, ordenadas y fáciles de entender para la gente? A veces ni siquiera sabemos cuál es la caja que describe mejor el lugar en el que nos encontramos en este momento.

¿Y si llamásemos *metamorfosis* a esa etapa en la que estamos averiguando lo que nos está ocurriendo a mí, a él, a ella, a ellos, a nosotros? ¿Y si no nos obligásemos a nosotros mismos o a los demás a llegar a un punto final antes de estar preparados y, en su lugar, permitiésemos que la naturaleza siguiera su curso? Con la sexualidad y la identidad de género en particular, es posible que sintamos la presión (y otras personas, definitivamente, pueden presionarnos) para que nos definamos de cierta manera, cuando la transición en sí misma es todo un periplo. Nada de esto ocurre de la noche a la mañana, por mucho que nos gustaría que fuera así.

Hay muchas oportunidades de crecimiento, aceptación y milagro a lo largo del camino si permanecemos presentes en el proceso. Como expresó la poeta Gwendolyn Brooks con tanta elocuencia:

Vive no por batallas ganadas.
Vive no para el final de la canción.
Vive en el transcurso.

Es más fácil decirlo que hacerlo, ya lo sé. Sobre todo cuando el viaje de descubrimiento en sí mismo puede provocar mucha ansiedad y puede resultarnos difícil de explicar a nosotros mismos y a los demás.

La activista trans y periodista Ashlee Marie Preston me dijo que «los puntos más altos de crecimiento personal siempre se han inclinado hacia el desasosiego. [...] Hay momentos en los que [...] tengo muchas cosas diferentes en juego. Me atraen los hombres, aunque en realidad no mucho sexualmente. Tiene que interesarme la persona, soy casi como una sapiosexual.[1] [...] a veces puedo encontrar atractiva a una

---

1. Este término describe a una persona que se siente sexualmente excitada y/o atraída por la inteligencia. A algunas que se identifican como sapiosexuales sólo les importa el intelecto de la otra persona, mientras que otras pueden identifi-

mujer. Mi exnovio era un hombre trans que había nacido mujer. Habíamos tenido experiencias de vida similares. No tenía que explicarle nada, y, además, no tenía que pedir disculpas, porque ambos entendíamos que estábamos tratando de descifrar todo esto, y es caótico, es una locura, es fluido y siempre está cambiando».

La experiencia de Preston muestra exactamente cuán fluidos pueden ser los asuntos del género y la sexualidad. Y, sin embargo, en tantos sentidos, sobre todo cuando se trata de sexualidad e identidad de género, parece que estamos colectivamente atascados en el pensamiento binario, donde todo es blanco y negro, y existen pocos matices, o ninguno. La Dra. Amy Weimer fundó el vanguardista Programa de Salud de Género UCLA en la Universidad de California en Los Ángeles. Este programa ofrece atención médica y quirúrgica integral a la comunidad transgénero y de género diverso en Los Ángeles y en todos Estados Unidos. Como ella misma afirma: «Cuando me criaron, no existía ningún concepto sobre tener una identidad de género que no fuera masculina o femenina. La gente que se identificaba como transgénero todavía se identificaba estrictamente como hombre transgénero o mujer transgénero. El nuevo concepto (en particular aceptado por la gente más joven) es que hay muchísimas personas que no entran dentro de esa idea binaria, personas que no se identifican tan sólo como hombres o mujeres. Ésas son las llamadas identidades no binarias. Pero dentro de eso, hay muchas identidades distintas que las personas pueden reclamar: identidades *two-spirit*, de género fluido y agénero. Es muy importante escuchar decir a cada persona cuál es su descripción de su género. Es posible que esto evolucione con el tiempo».

Todo y todos (en especial la naturaleza) están en un continuo estado de flujo. Contamos con que el amor permanezca para siempre, las personas estén siempre con nosotros, nuestros cuerpos se mantengan siempre iguales, y la vida y el mundo tal como los conocemos sean predecibles, pero nada está garantizado. Los cambios nos dan miedo, pero es la única constante con la que podemos contar. Quizás lo que

carse también como heterosexuales o dentro del espectro LGBTQIA+. Actualmente existe un debate acerca de si la sapiosexualidad es una orientación o un fetiche. Siempre y cuando el objeto del deseo tenga un gran... cerebro.

hace que una transición sea más difícil aún es que nuestra propia ansiedad está interfiriendo.

Mi amigo Bill T. Jones es coreógrafo, director, bailarín y escritor. Es el cofundador de la Compañía de Danza Bill T. Jones/Arnie Zane y uno de los hombres más brillantes que conozco. He tenido el privilegio de verlo ensayar, realizar rituales antes de los espectáculos y actuar con su compañía en múltiples ocasiones. Siempre que me domina la aprensión, pienso en ver a Bill tras bastidores antes de una actuación. Como parte del ejercicio de calentamiento y de la bendición, él reúne a sus bailarines en un círculo, indicándoles que sacudan cada extremidad como si estuvieran haciendo a un lado los nervios o agua. Hacia el final, les dice que cualquier cosa que quede en sus estómagos (nervios, miedo, mariposas) es «polvo mágico». ¿Es posible que el miedo (no el que sentimos cuando nos enfrentamos a una amenaza, sino el que experimentamos cuando estamos corriendo un riesgo de salud o haciendo un cambio) pueda ser lo mismo que la excitación?

¿Podríamos aceptar algo (una transición) que provoque angustia en nosotros y en los demás? ¿Podemos notar nuestra propia aprensión y la de los demás, y elegir ser valientes y audaces de todas maneras? Esa vieja forma de pensamiento binario nos dice que una experiencia que aparenta ser o se supone que es «mala» no puede contener levedad. Y, sin embargo, todos esos sentimientos pueden coexistir, de la misma manera que en el dolor hay descubrimiento y en el dolor puede haber alegría.

En medio de la transición de una relación, por ejemplo, existe una posibilidad de que nuestra forma de entender el amor y las relaciones evolucione, de que aprendamos nuevos patrones. La tristeza y el amor están interrelacionados (¿alguna vez has estado en las profundidades del sufrimiento y te has sentido reconfortado por las interminables lágrimas? ¿O te has reído en un momento serio?). Siempre que me ocurre no puedo evitar reír; mientras transmito una noticia terrible, pienso en Joni Mitchell cantando «Reír y llorar / Sabes que es la misma liberación».

La vida y los humanos son cinéticos, no son estáticos. Estamos continuamente cambiando, experimentando tanto pérdidas como expansión. Cuando se trata de envejecer y de morir (unas transiciones que *todos los seres humanos* vamos a experimentar), parece como si toda la cultura occidental, incluyendo los medios de comunicación, estuvieran intentando evadir ambas cosas. Aunque culturalmente nos sentimos incómodos hablando de sexo, *en realidad* no queremos aceptar que todos vamos a envejecer y que tarde o temprano dejaremos nuestros cuerpos.

Hay un mensaje social prevalente que dice que el sexo es para los jóvenes. Si has leído hasta aquí, sabes que la sexualidad no se trata sólo de penetración. A medida que vamos evolucionando, también lo hace nuestra relación con nuestro cuerpo y con la sensualidad. Independientemente de en qué etapa de la vida nos encontremos, la mayoría de nosotros necesita el contacto físico y tener relaciones cercanas con otros seres humanos. Mientras envejecemos, podemos explorar diferentes métodos para lograr una conexión física. Es posible que necesitemos una mayor estimulación mental o más tiempo para excitarnos sexualmente. Si estamos envejeciendo con otra persona en una relación, quizás estemos pasando por una transición del deseo al amor (o nuestras relaciones sexuales pueden ser más excitantes que nunca).

En esta sociedad obsesionada con la juventud, puede resultar imposible creer que antiguamente envejecer y adquirir sabiduría era algo que se celebraba. Aunque los occidentales tenemos muchos miedos en torno a la menopausia y la impotencia porque consideramos que son señales de deterioro de la salud, la vitalidad y la sexualidad, en otras culturas (y en las culturas antiguas) ésta era una etapa de mayor prestigio, poder y autoestima. El arquetipo de la anciana, o la mujer mayor sabia, tenía poderes de sanación e intuición; ella era capaz de conectar más conscientemente con su energía espiritual y sexual. Desde que tenía trece años, me hacía ilusión la idea de cumplir cuarenta. Sentía que ésa era la edad en la que oficialmente me convertiría en una mujer, y me hace más ilusión aún convertirme en una mujer superpoderosa y magnética de sesenta años que está teniendo el mejor sexo de su vida.

A continuación, ofreceré algunos datos e ideas sobre el envejecimiento que puedes aplicar dependiendo de cómo te identifiques. Utilizo un lenguaje binario (hombre / mujer), ya que los estudios de los que extraje mis conclusiones estaban basados en relatos históricos y en antiguos modelos de salud sexual y datos. Recuerda que el sistema médico todavía tiene que ponerse al día en lo referente a la identidad sexual y de género.

La menopausia es una transición en la vida que se inicia cuando las personas que menstrúan dejan de tener ciclos menstruales. Se trata de un proceso, no es un evento único. A lo largo de un período de entre dos y diez años, ellas estarán lidiando con cambios en la sexualidad y relacionados con la menopausia. Esto puede empezar entre las edades de 48 y 52 años, pero también en cualquiera de los extremos de rango. La perimenopausia puede comenzar a los treinta y tantos años (aunque no se habla mucho de esto) y es *absolutamente normal* si ésa es la forma en que tu cuerpo funciona. Un médico es el más indicado para decirte si estás experimentando la menopausia o la perimenopausia.

Durante este tiempo, mientras las hormonas ováricas disminuyen, los síntomas pueden incluir sofocos, sudores nocturnos, depresión, irritabilidad, insomnio, problemas de concentración, cambios de humor y sensibilidad en las mamas. Otras cosas esperables son los cambios en la vagina, la pérdida progresiva del vello púbico y que el revestimiento de la vulva[2] se vuelva más fino y pierda elasticidad. Esto puede provocar dolor, especialmente durante las relaciones sexuales. Aquí es donde la lubricación[3] resulta muy importante. Si es legal en la zona en la que vives, un lubricante con base de cannabis puede hacer maravillas.

Envejecer, sin importar cuál sea tu género, incluye la difícil tarea psicológica de aceptar que tienes menos tiempo por delante, acompañada de los cambios fisiológicos no deseados. Para las mujeres posmenopáusicas, también está el reconocimiento de que los años fértiles han

---

2. La vulva es la parte visible, externa, de la anatomía cis-femenina. A menudo, en la sociedad y en las conversaciones casuales, esta área de la anatomía se llama *vagina*, lo cual es anatómicamente incorrecto, ya que la vagina es un canal interno en el que puede tener lugar la penetración y a través del cual se puede dar a luz.

3. Si te preguntas por qué la estimulación previa es imperativa en las relaciones heterosexuales y en los ligues, has de saber que una mujer de cualquier edad puede tardar entre veinte y treinta minutos en estar lubricada de manera natural. Al Dr. Walter Brackelmanns y a la Dra. Wendy Cherry les encantaba hablar de la «regla 20/20», que significa que una vagina puede tardar veinte minutos en estar húmeda, mientras que un pene puede excitarse en sólo veinte segundos. ¡Toda una brecha orgásmica!

llegado a su fin. ¿Quieres conocer el lado positivo de la menopausia? Es que las mujeres tienden a experimentar el punto álgido de su sexualidad aproximadamente en esta época. Cuando la menstruación comienza a disminuir, la libido puede ser más fuerte que nunca. Mae West, la famosa actriz, guionista, productora, dramaturga y autoproclamada mujer fatal, por lo visto tuvo múltiples amantes y un infinito deseo de tener sexo hasta el día en que murió, a los 89 años.

La otra cara de este proceso es más común en los hombres. Por lo general, más o menos a la misma edad en que las mujeres experimentan la menopausia, los hombres se masturban menos, tienen menos fantasías sexuales y experimentan más problemas de disfunción eréctil o DE. Se estima que alrededor del 55 % de los hombres de 55 años tiene DE; después de la edad de 70 años, aproximadamente el 70 % de los hombres la tiene, y así sucesivamente. A medida que los hombres se van haciendo mayores, la eyaculación no ocurre cada vez que llegan al orgasmo, y es posible que el orgasmo no ocurra en absoluto.

A nivel cultural, la sexualidad masculina está vinculada al desempeño y el coito. Si el desempeño requiere una erección, el envejecimiento, sumado a la posibilidad de impotencia, equivale a terror. Éste es un paradigma de masculinidad que tenemos que eliminar, ya que hace que los hombres se comparen con ideales imposibles y les niega la capacidad de expandir su experiencia de placer a medida que se van haciendo mayores. Además de la frustración y la vergüenza que acompañan a la DE y a la pérdida de vitalidad sexual, a menudo los hombres reciben menos respuestas empáticas por parte de sus parejas heterosexuales. Muchas mujeres interpretan la falta de erección como una falta de deseo hacia ellas (o, peor aún, reprenden a su pareja cuando posiblemente está en su punto más bajo).

Cuando se trata de erecciones asistidas mediante la ingesta de fármacos, entramos en otro ejemplo más de la hipocresía médica en torno a la salud sexual. (Ya que estamos, ésta es otra área en la que la ciencia y la medicina deben mejorar: tenemos que inventar un anticonceptivo masculino que funcione). ¿Sabías que el medicamento para la erección, la Viagra, está cubierto por la seguridad social en Estados Unidos, mientras que los productos menstruales no lo están? Este doble rasero no hace más que incrementar el mito y la expectativa de que, para los hombres, el sexo sólo se trata del coito.

Aunque me he encontrado con varias empresas que promueven la Viagra femenina como una píldora milagrosa feminista (capitalista), crero que es una falacia. La Viagra que se prescribe para la función eréctil opera a un nivel mecánico, mientras que existen una serie de factores (hormonas, estado de ánimo, ambiente, etc.) que contribuyen a la excitación vaginal, uno de los cuales es la estimulación cerebral.

Quizás, para la mayoría de la gente, pensar en el envejecimiento y la anticipación de la muerte no es agradable, pero tal vez serían menos intimidantes si tuviéramos mensajes más positivos durante el proceso. Quizás podríamos enfrentarnos y aceptar colectivamente estas experiencias como una parte sana y natural del hecho de que somos humanos. Cuanto más luchamos contra los cambios en la vida, o nos resistimos a ellos, o los ignoramos, más difíciles de experimentar son.

Es posible que la parte más angustiosa del envejecimiento, aparte de los cambios fisiológicos en nuestros cuerpos, sea que estamos más cerca de nuestra propia mortalidad.

Yo solía temerle mucho a la muerte, aunque (o quizás porque) a lo largo de mi vida he perdido a muchas personas cercanas a mí. Algunas eran amigos de mi edad que murieron repentinamente, sin alcanzar la edad adulta. Otras, como las reinas del burlesque de las que me hice amiga cuando ellas tenían setenta y pico, y ochenta y pico años, se deterioraron poco a poco al final de sus longevas vidas. Todas esas muertes me rompieron el corazón. Pero la mortalidad en general seguía siendo un concepto que yo no estaba dispuesta a desafiar.

Mi exmarido se sintió muy frustrado conmigo cuando se suponía que teníamos que planear juntos el final de nuestras vidas. Yo me negaba a reconocer, y sobre todo a discutir, si debían desconectarnos, si preferíamos la cremación o la inhumación, si queríamos donar nuestros órganos, y muchas cosas más. De ninguna manera iba a pensar en que mi marido iba a morir, o en que yo también lo haría algún día. Éste era un tema inmenso, aterrador, impensable, que me parecía mejor evitar.

He conocido a muchas personas que padecían una enfermedad terminal y he visto a sus seres queridos no dejarlas morir porque no podían imaginar la vida sin ellas. En lugar de ayudar a alguien dejándolo ir y apoyándolo con amor, podemos ser egoístas y centrarnos en cómo nos va a afectar *a nosotros* su ausencia. A menudo lloramos la muerte de alguien antes de que fallezca (viviendo en el futuro, pensando en nuestra proyectada desgracia, en lugar de estar en el presente, observando su experiencia de esta última transición). Incluso los funerales son para los vivos, aunque pueden ser una hermosa celebración de la persona que ha fallecido.

¿Es posible que podamos llegar a sentirnos más cómodos con la muerte, de manera que podamos presenciar mejor su eventualidad? El fallecimiento de mi padre fue mi primera visión, ineludible y en primera persona, de la muerte. Me hizo ver con claridad la necesidad de experimentar plenamente las transiciones que provocan más ansiedad y de desarrollar técnicas para enfrentarnos a ellas. O (y esto puede parecer extraño) desarrollar una práctica para morir.

Una noche, unas semanas antes de la muerte de mi padre, estaba visitándolo cuando experimentó un recuento espiritual y se dio cuenta de que su muerte era inminente. Había visto este tipo de cosas en las películas y había leído sobre ello en algunos libros (donde la persona ve pasar su vida delante de sus ojos, un ángel de la muerte la visita y la invaden el arrepentimiento, el anhelo y el miedo), pero siempre pensé que era pura ficción.

Mientras mi padre se preocupaba en voz alta por sus trasgresiones del pasado y su falta de fe personal, entró en un estado de alarma tan intenso que le costaba respirar. Extrañamente, yo nunca había estado tan serena en mi vida. No sé de dónde procedía esa serenidad, pero de inmediato supe que debía de asegurarle que había sido un buen hombre, un ser humano después de todo; que todavía no había llegado su momento de morir; que tenía que tratar de respirar poco a poco; que los ángeles estaban a su alrededor.

Sin embargo, a mí no me criaron con ninguna religión y nunca había hablado de doctrinas. Tan sólo me pareció que necesitaba algo a lo que agarrarse mientras la angustia debilitaba su cuerpo aún más. Ésa fue una de las últimas conversaciones coherentes que tuvimos. Esa misma noche ingresó en la UCI porque sus niveles de oxígeno estaban peligrosamente bajos.

Ahora, con cierta distancia, pienso en ese momento y en la analogía de quedarse atrapado en una corriente fuerte en el mar. En el capítulo «Llenar el vacío», afirmé que las emociones eran como olas: con el tiempo pasarán, pero es difícil recordarlo cuando te encuentras en medio de unas emociones dolorosas.

La palabra hawaiana para decir ola es *nalu*. *Nalu* también implica un estado meditativo del ser: permitirte fluir con la realidad. Como me dijo el líder cultural y médico hawaiano Lei Wan, «la gente dice: "Voy a hacer *nalu* con eso", lo cual quiere decir que acepta lo que está ocurriendo en ese momento, incluso si no está de acuerdo con ello o si le preocupa; meditará sobre ello en lugar de dejar que la sobrepase». Las olas se elevan, rompen y retroceden, al igual que las emociones, pero no somos la suma de nuestras olas. Somos surfistas en nuestro propio océano, corriendo las olas de nuestros sentimientos hasta que su poder se dispersa.

Contemplar la muerte puede ser como ser sumergido por una ola o tratar de nadar contra la resaca. Si entras en pánico y cedes ante el miedo y las dificultades que surgen, te enfrentas a una sensación intensificada de mortalidad, lo cual produce más terror aún. Mi amigo el surfista y filósofo de estacionamientos Jean Paul «J.P» Marengo, me dijo que «ser succionado por una ola es como [...] increíble. Te controla totalmente y te empuja hacia abajo. La reacción normal cuando esa ola te está lanzando y sacudiendo es luchar o hacer fuerza contra ella. En realidad, lo que tienes que hacer es dejarte llevar, no luchar contra ella, y conservar tu oxígeno. Si respondes y ofreces resistencia, estás utilizando oxígeno. Si permaneces más tiempo bajo el agua, vas a quedarte sin aliento y te vas a arriesgar a lo que las circunstancias presentes, lo cual podría ser ahogarte. Es una de esas cosas que tienes que practicar, y es difícil porque no tienes el control. Entonces, cuando no tienes el control, tienes que dejarte ir y estar tranquilo en medio del caos».

Muchos de los surfistas que corren grandes olas (me refiero a atletas de primer nivel que corren olas de entre 15 y 30 metros) utilizan ejercicios de respiración como parte de su extenso entrenamiento para prepararse para el riesgo que implica este deporte. Algunos practican contener la respiración debajo del agua mientras cargan rocas por una piscina o en el fondo del mar hasta que ya no pueden respirar y tienen que ascender en busca de oxígeno, logrando aguantar cada vez más tiempo mientras entrenan. Incluso los surfistas que no están corriendo necesariamente grandes olas pueden practicar contener la respiración debajo del agua mientras pasa una sucesión de dos o tres olas. Las técnicas de respiración propugnadas por el atleta extremo y autor Wim Hof, apodado «el hombre de hielo», también son muy populares entre surfistas y civiles por igual.

Desarrollar una práctica de respiración consciente no sólo podría en potencia salvarte la vida, sino que además tiene un impacto muy positivo en todas las áreas de tu existencia, desde reducir el estrés hasta sentar las bases para tener mejores orgasmos y un sexo en pareja realmente trascendente.

En un día cualquiera, respiramos alrededor de veinte mil veces. Pero a menos que practiquemos meditación o yoga con regularidad, lo más probable es que no seamos conscientes de *cómo* estamos respirando. A menudo, cuando estamos estresados, ansiosos o enojados, constreñimos o contenemos la respiración. Nuestra mente da tantas vueltas que es posible que sintamos que estamos fuera de control o fuera de nuestro cuerpo.

Existen cientos de ejercicios de respiración que pueden ayudar a calmar nuestro sistema nervioso parasimpático cuando esto ocurre y volver a anclarnos en nuestro cuerpo. Una práctica sencilla es la respiración cuatro-siete-ocho. Inspira por la nariz, llenando tu vientre y el diafragma mientras cuentas hasta cuatro. Al inhalar, concéntrate en hasta dónde llega la respiración (incluso puedes empezar a sentir que tu columna vertebral se alarga). Llénate completamente de aire mientras cuentas. En el punto álgido, contén la respiración mientras cuentas hasta siete. Luego, exhala poco a poco, dejando que el diafragma caiga hacia el vientre mientras cuentas hasta ocho. Y repite.

En medio de la redacción de este capítulo, tuve que usar la respiración cuatro-siete-ocho cuando me dio un ataque de pánico después de que una cita con la pedicura acabara haciendo que me tuvieran que retirar por completo la uña del dedo gordo del pie izquierdo. Mis mayores miedos personales son los médicos, las agujas y los tsunamis, así que el hecho de que me dijeran que me iban a poner varias inyecciones de lidocaína en el pie, seguidas de la extirpación quirúrgica de mi uña, hizo que entrara en pánico. Por lo general, me tomaría un ansiolítico antes de cualquier tipo de cirugía sólo para poder soportar la inyección de la anestesia, pero en esta ocasión no hubo tiempo. Le pedí a la doctora que me permitiera quedarme en la habitación durante quince minutos para calmarme antes del procedimiento. Luego llamé a una amiga, quien me recordó que yo era «la reina de la respiración», de manera que debía levantar ese ánimo y seguir mis propios consejos. Realicé la respiración cuatro-siete-ocho hasta y durante todo el procedimiento, y pude soportarlo. Mi doctora incluso me preguntó si podía darme un abrazo cuando terminó, porque se sentía muy orgullosa de mí por haberme enfrentado al miedo.

La palabra hawaiana para decir respiración es *ha*. Si inspiras profundamente y luego espiras mientras dices un «ha» largo (se pronuncia «jaaaaaaaaaa»), puedes sentir que una sensación de calma se apodera de ti. Se cree (tanto en Hawái como en muchas otras partes del mundo) que *ha* te ayuda a conectar con tu *mana*: tu empoderamiento, tu mente, tu alma, tu espíritu, la energía que vive dentro de ti y es única para ti. Si practicas yoga, es posible que hayas oído las palabras *prana* o *qui*, que son el equivalente al *mana*. Lei Wann afirma que «la práctica de *ha* puede usarse en cualquier momento. Entra en juego cuando practicamos el hula (danza y canto tradicional), y en el *lua* (arte marcial) puedes ser aún más poderoso utilizando tu respiración contra tu adversario que con tu anatomía física. En el *lomilomi* (técnica de masaje hawaiana) el *ha* puede hacer que salgan cosas de tu cuerpo como un método para soltar, porque, como sabemos a nivel científico, la respiración libera estrés».

El trabajo con la respiración puede utilizarse incluso para enfrentarse a la muerte. Barbara Carrellas es una *coach* de sexo / vida, fundadora de Urban Tantra y autora de varios libros sobre el tema. Urban Tantra es un enfoque de la sexualidad consciente que adapta y mezcla una amplia variedad de prácticas de sexualidad sagrada, desde el tantra hasta el BDSM. Ella usa el trabajo con la respiración como una herramienta esencial en los talleres de tantra y para ayudar a las personas a realizar la transición al final de la vida. Barbara explica el increíble poder de trabajar con la respiración: «En los momentos de verdadera tristeza profunda o en torno a acontecimientos trágicos o violentos, podríamos realizar un tipo específico de orgasmo de respiración y energía. Por ejemplo, dirigí uno para aproximadamente cien hombres homosexuales, muchos de los cuales eran supervivientes VIH-positivos de la epidemia, y otros que eran más jóvenes y no eran supervivientes. Fue increíblemente poderoso tanto para los hombres que todavía no eran adultos durante la epidemia como para los supervivientes que habían vivido con la culpa del superviviente y la vergüenza, o incluso más para estos. Más recientemente, una de las fundadoras de Urban Tantra, Catherine Carter, murió de un tumor cerebral. Ella y yo solíamos practicar para la muerte debajo de las mesas de masaje donde las personas estaban recibiendo masajes eróticos. Respirábamos con ellas, ocultas bajo la sábana que cubría la mesa, y suministrábamos energía desde abajo. Cuando tenían un orgasmo o realizaban la técnica de respiración de "cerrar y contener" del orgasmo energético, lo tomábamos y practicábamos desaparecer, morir, partir. Yo se lo recordaba. Le decía: "Cath, hemos practicado mucho la muerte, lo haces realmente bien". Creo que he explorado mucho la muerte a través de la respiración y los orgasmos energéticos. Pero no sé si alguno de nosotros sabe cómo morir a la perfección. Tengo serias dudas».

Más allá de ayudar a calmarnos en momentos de transición extrema, podemos usar el trabajo con la respiración para intensificar nuestra percepción y experimentar estados alterados de la conciencia. Yo trato de realizar una práctica de la respiración del fuego del *kundalini* todas las mañanas para despejar mi mente y ayudarme a estar presente en mi cuerpo. La respiración del fuego es rápida, continua y rítmica, y se realiza a través de la nariz, con la boca cerrada, con una inhalación y una exhalación de la misma duración y sin ninguna pausa en medio. Suena casi como un cachorrito jadeando. Aunque puede hacer que salga rápidamente de mi mente frenética y entre en un estado sublime, ésta práctica no está recomendada si estás menstruando o embarazada.

Yo recomiendo probar una serie de técnicas de respiración distintas para diferentes situaciones. Ya he mencionado algunas y en el próximo capítulo entraremos en mayor profundidad en los ejercicios de respiración. Cualquier tipo de trabajo con la respiración (el que funcione en tu caso) ayuda a traer paciencia, calma y conexión con la tierra en el presente. Intenta respirar profundamente en los momentos de miedo, ansiedad o en las transiciones; la respiración profunda también puede aplicarse a todos los demás aspectos del bienestar general. Puede alterar nuestra respuesta al cambio y hacer que dejemos de ser rígidos con la forma en que «se supone» que deben ser las cosas. Esto nos permite ceder y soltar cuando experimentamos algo que está fuera de nuestro control y nos resulta abrumador, como el duelo o una ruptura amorosa.

Cuando somos capaces de estar presentes *en este preciso instante, ahora mismo*, podemos enfrentarnos mejor a la vida con alegría, tomando el amor dondequiera que lo hallemos, incluso en épocas de mucho estrés. Gran parte de nuestro miedo está causado por anticipar el futuro, mientras que la ansiedad puede ser inducida por pensar en el pasado. Permanecer presentes es ser *conscientes*. Diana Winston es la directora de educación en *mindfulness* en el Mindful Awareness Research Center de la UCLA, también conocido como MARC. Como afirma: «El *mindfulness* consiste en prestar atención a nuestras experiencias del momento presente con apertura y curiosidad, y con la voluntad de estar presentes con la realidad. Se trata de vivir en el momento presente, no perdidos en el pasado ni en el futuro, que es donde nuestras mentes suelen ir. Es también donde hay mucha ansiedad y mucha tristeza, muchas cavilaciones, mucho miedo. A menudo estamos en el momento presente deseando que fuera un momento presente distinto, ¿no es cierto? Entonces, el *mindfulness* es una invitación a estar aquí mismo y ahora mismo».

Cuando me doy cuenta de que estoy teniendo pensamientos catastróficos, recuerdo el título de uno de mis libros favoritos, *Aquí ahora* de Ram Dass. O en mi lenguaje actualizado: *NO JODAS CON EL FUTURO*. Cuando hablo de «joder con el futuro» me refiero a que puedes volverte loco pensando en todos los desenlaces posibles de cualquier situación que te preocupe (por lo general antes de que realmente haya algo por lo que preocuparse). Es importante recordar esto, en especial en una nueva relación. Debes estar presente con lo que está ocurriendo y enfrentarte a lo que podría ocurrir cuando llegues ahí.

Voy a ser muy directa: en estos momentos hay muchas oportunidades para pensamientos de joder con el futuro. Colectivamente, estamos experimentando una transformación considerable en este preciso instante, con el cambio climático y las enfermedades alterando al planeta.

Con tanta incertidumbre y tanto sufrimiento a nivel mundial, es más imperativo que nunca encontrar un lugar centrado desde el cual operar en medio de toda esta transición y turbulencia. La Madre Tierra merece nuestra atención con urgencia.

Antes mencioné que uno de mis mayores miedos son los tsunamis. Vivo en California, donde hay terremotos, incendios feroces y una sequía persistente. Desde la infancia he tenido pesadillas sobre la aceleración del cambio climático, y ahora parece ser que hemos llegado a un punto en el que las advertencias se están haciendo realidad. Y, sin embargo, todavía tengo esperanza. Caer en el pensamiento apocalíptico sólo empeora mis miedos y me impide experimentar la magia y la belleza de la naturaleza aquí y ahora.

Sé que mantener la calma cuando sentimos que las cosas son intensas es un esfuerzo titánico. Creo que es crucial mantener prácticas de *mindfulness* y espiritualidad cuando los problemas del mundo se adentran cada vez más en zonas de terror y nuestros pensamientos se nublan por el agobio.

Necesitamos todas las herramientas que podamos desarrollar (esperanza, amor, fe, respiración, alegría, ¡seso!) para enfrentarnos y superar los días desafiantes que se avecinan. Para mantenernos centrados en crear nuevos sistemas mientras los viejos se queman, tenemos que mantenernos conectados con lo divino.

Desarrollar una intimidad profunda contigo mismo a través de una práctica espiritual puede proporcionarte la habilidad para tener perspectivas más elevadas a través del desapego emocional consciente. Ser conscientes o practicar la meditación también nos permite desapegarnos lo suficiente para ver más allá de nuestras propias circunstancias. Hay algo muy poderoso en la oración, la meditación y pedir ayuda. En ocasiones, cuando me siento muy perdida, cierro los ojos, respiro profundo unas cuantas veces y digo (en voz alta o internamente) las palabras «Me entrego». Lo que quiero decir es: «Entrego mis preocupaciones a algo más grande que yo» o «Entrego este problema a un poder superior para que me guíe». A menudo me imagino que un querido antepasado que ya ha partido me abraza o que su voz me dice que todo va a estar bien; en otras ocasiones trato de visualizar que soy abrazada en un lugar especial en la naturaleza, como un árbol favorito o el mar.

Cuando era niña, mi madre me desalentó para evitar que conectara con alguna práctica religiosa debido propia relación conflictiva con la fe. Ella fue a una escuela católica en el ambiente opresivo, regresivo, de una ciudad pequeña y desarrolló una intensa antipatía por el dogma de las religiones organizadas, hasta el punto que me hacía sentir que era «poco inteligente» conectar profundamente con Dios. Yo le rogaba ir a la iglesia o a una escuela hebrea y, cuando tuve la edad suficiente, empecé a leer libros sobre budismo. Durante años me avergonzó admitir todo esto de manera abierta. Dado que no tuve una educación religiosa formal, he extraído mi práctica espiritual de los rituales y las creencias de una amplia gama de fes. Tengo la libertad que mi madre no tuvo en la década de 1950 de rechazar o aceptar el dogma que funciona *en mi caso*. Entonces, por ejemplo, enciendo velas en un altar, un templo o una iglesia, y rezo, pero no sigo ninguna escritura ni creo que el amor sólo es aceptable entre un hombre y una mujer.

Tienes el derecho de crear una definición personal de la espiritualidad y el crecimiento espiritual que resuena con tu corazón y con tu alma. Tanto si te educaron con una religión como si rechazas los dogmas y las estructuras organizadas, quizás no tengas que rechazarlo todo. Como me dijo Ashlee Marie Preston, «la espiritualidad […] para mí no es una doctrina o una idea singular, sino un caleidoscopio de diferentes tradiciones, ideales, entidades, ideologías y corrientes de conciencia e intencionalidad. Cuando pienso en Dios, no pienso en un hombre blanco con un pelo resplandeciente que está en el cielo. Pienso en un Dios que lo abarca todo. No pienso en Dios como en alguien que tiene un género».

Cultivar un sistema de creencias personales resulta muy útil en épocas de transiciones y en las horas más oscuras a las que nos enfrentamos (esos momentos en los que, literalmente, nos ponemos de rodillas). Aunque no creo en los lamentos, desearía haber tenido la oportunidad de crear una relación básica con el espíritu antes en la vida, ya que en los últimos años ha sido un regalo tener eso como una guía para canalizar a través de mi arte y mi sexualidad.

He tenido varias conversaciones fuera de línea con mi amigo Ramy Youssef acerca del rol que tiene la fe en su obra y en su vida personal. Y ninguna de las dos cosas es perfecta. Y tampoco tiene que serlo. Ramy dice que hay un concepto en el islam «llamado la Escalera de las Posibilidades, donde Dios creó a los ángeles, a los humanos y a los *jinn*. Los *jinn* son los espíritus más bajos. [...] Existe una razón por la cual estamos en el medio. Esto es definitivo de lo que es nuestra existencia. Si se supusiera que nosotros, los humanos, debíamos ser perfectos, entonces esta sección media no existiría. Entonces es como si la vida se tratara de la lucha».

Si te estás enfrentando a una transición importante, quizás sería útil que crearas tu propia ceremonia de soltar. Podría ser algo tan sencillo como escribirle una carta de despedida a alguien (o a un período de tu vida, ¡o incluso a ti mismo!) y quemarla de una forma segura. Incluso puedes decir en voz alta «Te libero» y visualizar que lo sueltas, sin arrepentimientos ni remordimientos. Es más fácil decirlo que hacerlo y lo cierto es que esa persona o esa parte de tu vida seguirá ocupando un lugar en tu mente y en tu corazón, pero el acto simbólico de soltar envía una señal energética que dice que estás listo para un nuevo capítulo. ¡Pero te ruego que no te fuerces a hacer un ritual de soltar si todavía no estás preparado! O si otras personas te están presionando para que lo hagas. ¡Todavía estoy enojada porque mi exmarido y mi compañera de habitación en la universidad hicieron que me sintiera avergonzada de tener mi manta favorita de la infancia y me sintiera obligada a tirarla a la basura cuando tenía diecinueve años! Por otro lado, si estás preparado, un ritual de este tipo puede ser liberador. Al entregar el primer borrador de este libro, quemé una década de mis diarios como una ofrenda, un sacrificio, una liberación del pasado. Esos diarios contenían mis momentos más íntimos, vergonzosos, esclarecedores, alegres, desgarradores, eróticos y dolorosos (algunos de los cuales están inmortalizados en las páginas que estás leyendo). Sé que esto puede parecer un acto radical, pero sentía que llevar conmigo esos diarios durante tantos años era como una carga que necesitaba quitarme de encima al entrar en una nueva fase de mi vida. ¡Fue tan liberador verlos arder!

Las transiciones a las que nos enfrentamos en la vida son grandes oportunidades para el crecimiento espiritual y la sanación, un momento ideal para entender con más profundidad nuestro lugar en el mundo. A menudo pienso en una frase hebrea que aprendí de la rabina

Denise Eger, quien dirige la congregación Kol Ami en Hollywood Oeste: *tikkun olam*, o «sana el universo». La rabina Eger es una de las primeras rabinas lesbianas en Estados Unidos, y ha sido la primera presidenta *queer* de la Conferencia Central de Rabinos Americanos, la organización de rabinos más grande del mundo. Le pregunté si la frase significaba que todos los seres humanos tienen la tarea de traer justicia y sanación a un mundo roto (y, de paso, a nosotros mismos). Ella me explicó lo siguiente: «Los místicos, los cabalistas de nuestra tradición tenían una manera de entender la creación. No vas a encontrar esta historia en la Biblia, pero así es como la imaginaban: que Dios envió una gran luz y esa luz debía ser contenida en siete recipientes sagrados. Pero la luz era tan poderosa y tan hermosa que rompió los recipientes, enviando los fragmentos por todo el cielo hasta llegar a lo que se convirtió en la Tierra. Esas chispas del fuego divino habitan en cada alma humana y en todas las cosas. [...] Incluso una mesa tiene chispas en su interior. Nuestra tarea consiste en ayudar a descubrir las chispas, encontrar esos fragmentos rotos y volver a unirlos. Cuando hacemos eso, en esa tarea de sanar y volver a unir los fragmentos rotos del universo, sanamos el mundo. Y lo hacemos mediante actos de justicia, actos de verdad, actos de caridad».

Mientras escribo estas palabras, estoy experimentando múltiples transiciones: mudarme, llorar, evolucionar, sanar y despertar... ¿Acabará esto alguna vez? Cuando leas este libro, estaré experimentando otra serie de cambios, y tú también. Hace poco tiempo he vuelto a subirme a una tabla de surf por primera vez desde que era una adolescente. Había olvidado lo divertido (y aterrador) que es estar ahí, enfrentándote a la posibilidad de ser golpeada por una serie de olas o deslizarte sin esfuerzo hacia la orilla sobre una ola perfecta. Aunque las transiciones son incómodas, pueden inspirar una apertura que puede ser increíblemente liberadora.

SEXO TRASCENDENTE

¡Felicidades! Ahora que ya hemos visto los aspectos básicos del sexo, la salud y la conciencia, y hemos examinado cómo mejoran cada parte de tu vida, estás listo para una educación de nivel avanzado. Considera este capítulo como el camino hacia aprovechamiento del increíble poder de tu sexualidad y para alcanzar unos estados de placer alucinantes.

En este libro he hecho referencia a muchísima información sólida y a investigaciones científicas, lo cual creo que es importante cuando se trata de fundamentar nuestra comprensión de la sexualidad. Pero hay otro aspecto del sexo más misterioso que es difícil de cuantificar: la dimensión energética, espiritual. Por lo general mantengo mis creencias místicas sobre la sexualidad separadas de la educación sexual básica que realizamos en The Sex Ed, para no enojar a la Dra. Jen Gunther (una ginecóloga y escritora que desacredita los mitos y los consejos cuestionables que ofrecen en Internet los autoproclamados doctores del sexo, que dicen «Yo hago mi propia investigación»). Pero llegado este punto, con más de treinta años de experiencia en el tema, lo que más me interesa personal y profesionalmente es la intersección de lo práctico y lo divino.

A continuación explicaré lo que guardo para las conversaciones fuera de línea con algunas de las personas cercanas a mí con una mente más abierta. Algunas de ellas te parecerán muy extrañas, pero mantén la mente abierta (y tu trasero irá detrás). Aunque quizás aquí no pueda citar estudios clínicos controlados, puedo señalar pruebas anecdóticas y las antiguas tradiciones del taoísmo y el tantra,[1] las cuales emplean técnicas funcionales y esotéricas que son aplicables al siglo XXI.

A estas alturas, todos deberíamos tener claro que cuando hablo de «sexo» o «sexualidad», no pretendo que interpretes estos términos tan sólo relacionados con la penetración, el orgasmo o los genitales. Considero que el sexo y la energía sexual son formas poderosas de creatividad y comunicación, que se expresan en el plano del nivel físico. Sin embargo, si la mente, el corazón y el cuerpo están conectados, accedemos a la posibilidad de la expresión espiritual. Esto fortalece no sólo el sexo en pareja, sino también la forma en que canalizamos la energía sexual (y la manera en que nos empodera) en nuestra vida cotidiana.

Tenemos que ser realistas y enfrentarnos a las cosas que quizás hayamos evitado en el pasado con la finalidad de ampliar nuestra capacidad de dicha orgásmica cósmica. Esto significa tener claras las formas en que *usamos* el sexo (para llenar un vacío, para calmarnos, para explotar, para escapar o para obtener placer) y desarrollar la disciplina para intensificar nuestras experiencias sexuales. La claridad es necesaria no sólo con nosotros mismos, sino también en la forma en que nos comunicamos con nuestras parejas sexuales y las escogemos.

Por ejemplo, si eres alguien que desea tener sexo sin compromiso o sin ataduras, sé sincero con tus potenciales parejas (o paga a un profesional o a una profesional para tener sexo por dinero, o, al menos, no lo condenes como una opción si eso es fundamentalmente lo que estás buscando). La manipulación, ya sea emocional o de otro tipo, no tiene lugar en el sexo. Si tienes una relación monógama y quieres explorar el sexo con otras personas, debes tener esa conversación difícil con tu pareja. Reprimir nuestros deseos sólo hace que resulten más intensos. Si ante todo quieres un compromiso, sé intencional en la forma de abordar tu vida sexual. Ser sexualmente positivo o liberado significa honrar lo que es correcto *para ti*, comunicarlo de manera positiva y también respetar la postura de los demás.

---

1. El tantra y la filosofía taoísta han sido muy incomprendidos y malinterpretados por los occidentales y requieren toda una vida de estudio, así que permíteme aclarar que soy una mera estudiante de estos temas, no una experta.

Replantear la forma en que pensamos sobre el sexo (y su asombroso e increíble poder) incluso puede cambiar el modo en que te involucras en las citas. Mykki Blanco me dijo: «Desde que supe que el sexo podía ser una experiencia íntima espiritual, ha cambiado mucho. Ahora, cuando me enrollo con alguien [...] no es un encuentro transaccional de Grindr. Detesto las aplicaciones para ligar. Si te interesa la espiritualidad, creo que son de una frecuencia baja. Considero que en esas aplicaciones sólo vas a conseguir el peor sexo transaccional. Pienso que son malas para la autoestima. En mi opinión, si quieres permitir que la intimidad sea esa conciencia sexual espiritual, está bien sentirte vulnerable y segura, y realmente tomarte tu tiempo».

Sin ánimo de ofenderte o de faltarte el respeto si te gustan las aplicaciones digitales, siempre y cuando seas consciente de la forma en que interactúas con ellas y lo que fundamentalmente deseas. También me gustaría compartir que recibo muchas preguntas sobre sexo, amor y citas precedidas de «A estas alturas ya debería saber cómo funciona esto» o «Sé que he madurado tarde» ¡como si alguno de nosotros tuviera un manual o la capacidad de emprender un viaje de autodescubrimiento sexual! Dondequiera que te encuentres, es *exactamente donde deberías estar.*

El acto de reflexionar sobre la conciencia general y la conexión entre nuestro corazón, nuestra mente y nuestra sexualidad, y de integrarlas, es el primer paso. ¿Te parece que es demasiada reflexión sobre uno mismo? No te preocupes, este capítulo te presentará una técnica de respiración que te llevará al orgasmo sin manos y te ofrecerá unas herramientas sencillas para que las incorpores a tu repertorio sexual actual.

Pero si estás dispuesto o dispuesta a *profundizar más* (si elegiste este libro y has leído hasta aquí, creo que puedes hacerlo), te prometo que tu vida y el sexo se elevarán si haces un trabajo interior profundo. Lo maravilloso es que, a medida que nos vamos haciendo mayores, más sabios, y tenemos más práctica, nuestra vida sexual puede mejorar. Pero ése no es el mensaje que recibimos en los medios de comunicación (como vimos en el capítulo anterior), aunque *es* una realidad que no está fuera de nuestro alcance.

El momento del orgasmo, como una meditación, una técnica de respiración o una sustancia que altera la mente de una forma efectiva, puede ser mucho más *trascendente* de lo que puedas haber experimentado. Quiero decir, superior al éxtasis de la lujuria y el desahogo. Quizás hayas oído, en los círculos de la Nueva Era (*new age*), el término *vibraciones* o *vibra*. Como, por ejemplo, «Él/ella/ellos/esa casa tiene/n mala vibra» o «Ella me está transmitiendo vibraciones fuertes». Es, básicamente, otra palabra para referirnos a la energía o a la impresión que nos da alguien o algo, o que uno siente en su interior.

Si queremos experimentar unas relaciones sexuales trascendentes, tenemos que prestar atención a las vibraciones que emanamos y que recibimos. Yo no permito que la gente lleve zapatos dentro de mi casa y también soy cuidadosa (después de mucha prueba y error) con mi energía sexual, porque quiero proteger el trabajo que he hecho para llegar hasta donde estoy. En mi opinión, hay un vínculo energético y químico que se crea a través del orgasmo, sobre todo si eres la persona que eres penetrada. Entonces, para mí, como una mujer altamente sensible que se inclina hacia la heterosexualidad,[2] si estoy recibiendo la energía de otra persona, debo tener un propósito definido cuando se trata de sexo.

Para muchas personas, este vínculo energético y químico puede tardar mucho tiempo en disiparse después de un encuentro en el que ha habido penetración. ¿Alguna vez has tenido relaciones sexuales con una persona a la que, en realidad, no respetabas, o en la que no confiabas ni te parecía fantástica en ese momento, y luego te ha costado liberarte de esa sensación durante semanas o meses? ¿Como una especie de decepción psíquica o una depresión posparto? Eso es del todo normal, y es atribuible a esa vibración o conexión. Quizás te rías, pero con frecuencia le digo a la gente que utilice humo de salvia para limpiar energéticamente su vagina, su pene o su ano como un método para reiniciar su energía sexual. No sugiero que sostengas un palo de salvia en llamas *muy cerca* de tus genitales, pero puedes dejar que el humo fluya hacia ti desde una distancia segura mientras te concentras en dejar ir la suciedad de otras personas y/o tu propio trauma.

Yoni es una palabra sánscrita que significa «vagina» o «útero». Un vapor de *yoni* es un baño de vapor para la vagina que por lo general se

---

2. Aunque creo que etiquetarme como tal es utilizar otro paradigma obsoleto.

prepara con hierbas y flores medicinales o calmantes; se utiliza para regular la menstruación y ayudar a la salud durante el embarazo y el posparto. Quizás hayas oído a líderes blancos contemporáneos del bienestar referirse a esto como «vaporización vaginal», pero ésta es una práctica que se originó hace siglos en culturas indígenas africanas, asiáticas y mayas, y todavía se utiliza muchísimo. Los *spas yoni* existen en muchos lugares del mundo, y muchos de ellos se especializan en servicios de salud reproductiva. Hasta el momento, he visto que esta práctica se anuncia sobre todo para las personas con vulva, aunque no veo ningún motivo por el que no debería ser experimentada por cualquiera, con independencia de cuáles sean sus genitales.

La vaporización *yoni* también puede usarse como una liberación energética. Someterse a ella no implica perpetuar el mito de que las vaginas no son limpias o que huelen mal. Os recuerdo que nuestros genitales se limpian solos (con la ayuda de agua tibia y, en ocasiones, un jabón suave). Cuidado con los productos a base de «aceite de serpiente» que son anunciados para «limpiar» o «equilibrar» la vagina (como duchas vaginales), ya que utilizarlos puede alterar el pH vaginal natural. Si te interesa probar esta práctica, te animo a que busques una facilitadora profesional o un *spa* en lugar de practicarlo en casa, ya que corres el riesgo de quemarte.

Es extraño que pasemos tanto tiempo y gastemos tanto dinero mejorando nuestra piel y nuestros cuerpos y, sin embargo, rara vez honremos o nutramos nuestros genitales. Ni siquiera notamos su presencia, excepto cuando los lavamos, nos masturbamos o realizamos una actividad sexual. YouTube dispone de miles de horas de vídeos dedicados a los rodillos de jade y a las técnicas *gua sha* para embellecer el rostro, basados en rituales de salud asiáticos tradicionales. Y, sin embargo, nos burlamos del concepto de dedicar prácticas ritualistas a nuestros genitales. No se trata de métodos para mejorar la salud comprobados al cien por cien, con respaldo médico, pero tampoco lo son los faciales para «abrir los poros» o la aplicación de «cremas de noche hidratantes». Si esto hace que te sientas bien contigo misma (y con tus genitales) y lo haces de una forma segura, con cierto escepticismo, ¿por qué no?

Justin Simien, el multifacético creador de la increíble película y serie de Netflix *Dear White People* («Queridos blancos»), entre muchos otros proyectos, tiene uno de los cerebros más sexys que he tenido el privilegio de entrevistar. «Creo que la energía sexual es realmente poderosa y que deberíamos tratarla como tal —me dijo—. Es una energía muy poderosa y puede mezclarse con muchas otras cosas que están ocurriendo en nuestras mentes. No soy célibe, pero el hecho es que he ayunado alguna vez, tanto religiosa como no religiosamente. Y hay un proceso de limpieza que tiene lugar cuando se renuncia a algo que tiene una fuerte atracción para ti. Puedes desentrañar las motivaciones y los resultados, y cosas que antes no eras capaz de ver».

Creo que la mayoría de las personas no estamos conectadas con el poder supremo de nuestra propia energía, y, de manera colectiva (al menos en Occidente), no somos intencionales en cuanto a la forma en que la dirigimos. La idea de la energía sexual como una fuerza vital no es algo nuevo que han desarrollado unos yoguis californianos que beben batidos verdes. Sus orígenes se remontan a miles de años y a diversas filosofías culturales y espirituales, incluyendo el taoísmo, el cual se desarrolló alrededor del siglo VI a. C. y se basa en los escritos de Lao Tzu en el *Tao Te Ching*.

Estoy parafraseando lo que viene a continuación, de manera que si eres un erudito del antiguo taoísmo, mis respetos. Los principios taoístas incluyen la paciencia y estar en armonía divina con la fuerza infinita de la naturaleza. Una idea central en el sistema de creencias taoísta es que la energía de la fuerza vital, o el *qi* (también conocido como *chi*, *prana*, *shakti*, *mana*, etc.), está contenida dentro de nosotros y debería estar en equilibrio a nivel interior *y* en nuestras manifestaciones y relaciones con los demás y con el mundo exterior. Toda la humanidad y la naturaleza contienen *qi*.

Antes de que Lao Tzu plasmara la ideología taoísta en un texto, en algún momento durante la dinastía Han (de 200 a. C. a 220 d. C.), se entendía que el sexo estaba ligado a la espiritualidad. También se pensaba que la energía sexual, o el intercambio sexual, era capaz de producir sanación y trascendencia, así como el potencial de la pérdida de la fuerza vital. Los taoístas creían que los fluidos corporales (incluido el semen) contenían una esencia (conocida como *jing*) que es fundamental para la fuerza vital, o el *qi*.

La práctica de contener o retrasar la eyaculación proviene de esta filosofía de preservar la esencia de la fuerza vital. Cuando los practicantes se hicieron expertos en retrasar o contener la gratificación, ello contribuyó a su capacidad de canalizar el *jing* y utilizarlo para fortalecerse y empoderarse. De ahí la idea de que el sexo no tenía que concluir con la eyaculación. En los textos taoístas dedicados al sexo y al amor, se recomendaban unas posiciones y técnicas específicas, incluidos el trabajo con la respiración y los ejercicios musculares (probaremos uno juntos en breve) para alcanzar un nivel alto de control sobre el orgasmo. Estas prácticas ayudaban a armonizar la mente, el cuerpo y el espíritu.

Más adelante, en el siglo xx, los innovadores investigadores occidentales de la sexualidad William H. Masters y Virginia E. Johnson, conocidos profesionalmente como Masters y Johnson, utilizaban un método similar para tratar la eyaculación precoz. Su método, publicado en 1970 como «la técnica del apretón», ayudó a prolongar la respuesta a la estimulación, aumentando la autoestima, la seguridad en uno mismo en el ámbito sexual y el tiempo de eyaculación en los participantes en el estudio.

Éste me parece un buen momento para ver cómo están vibrando nuestros genitales. ¿Lo hacemos?

En la introducción de este libro te pedí que te unieras a mí en un sencillo ejercicio para ser consciente de tus genitales. Vamos a practicarlo una vez más, pero ahora introduciremos la percepción consciente de los músculos del suelo pélvico y la respiración.

Todos tenemos un suelo pélvico. El suelo pélvico es un conjunto de músculos y tejido conjuntivo que abarca toda el área de la pelvis. Éstos sostienen tus órganos reproductores internos y ayudan a controlar el esfínter anal, la uretra, la abertura vaginal y el flujo de sangre al pene. Tu suelo pélvico regula las principales funciones corporales, incluyendo la micción, la defecación y la función sexual.

Para ubicar tu suelo pélvico, inspira profundamente y espira. Con la siguiente inhalación, aprieta los músculos que utilizarías para dejar de orinar y mantenlos apretados. Cuando exhales, relaja esos músculos. Los músculos que acabas de utilizar conforman tu suelo pélvico. Quizás hayas oído hablar de los ejercicios Kegel, o te hayan dicho que debes «practicar los Kegels». Al tensar y soltar los músculos del suelo pélvico, estás haciendo un ejercicio Kegel.

Fortalecer los músculos del suelo pélvico puede ayudar en los casos de incontinencia e intensificar tus orgasmos. Sin embargo, ejercitarlos en exceso o ejercitarlo si tienes alguna dolencia subyacente (incluido el posparto) puede resultar dañino. Consulta con algún médico de confianza lo que es más adecuado para ti. En el siguiente ejercicio, no lo harás en exceso.

Cierra los ojos e inspira profundamente. Contén la respiración mientras cuentas hasta tres y luego espira poco a poco, dejando que tu abdomen suelte todo. Estupendo. Ahora repítelo dos veces más. ¿Te sientes relajada? Ahora vamos a hacerlo otra vez, pero cuando espires, lleva la concentración a tus genitales. Observa cualquier sensación que tengas.

Ahora, con los ojos todavía cerrados, respira profundamente; luego exhala desde tu garganta, tu pecho, tu vientre y tus genitales. Hazlo poco a poco conmigo, tres veces seguidas. ¿Se ha producido algún cambio en la sensación? Cualquier cosa que notes está bien.

Vamos a continuar con esa base. Ahora, cuando inicies una inhalación, tensa lentamente los músculos de tu suelo pélvico. Trata de no apretar los glúteos mientras lo haces. Inspira hondo mientras mantienes esos músculos apretados. Es posible que sientas que tu vientre se tensa o que tu columna vertebral esté más erguida mientras practicas este ejercicio.

Contén la respiración durante un latido cuando llegues al punto álgido de la inhalación y luego exhala poco a poco, asegurándote de que el suelo pélvico siga participando hasta que sueltes todo el aire, lo cual debería coincidir con el momento en que la exhalación llega a tus genitales. Trata de soltar los músculos pélvicos al mismo tiempo que expulsas el aire. ¿Notas una sensación de hormigueo o de calor? ¿Alguna diferencia? Prueba este ejercicio unas veces más, hasta que te sientas cómodo sincronizando tu respiración con los músculos que se contraen y se sueltan.

¡Buen trabajo! El patrón de respiración que acabamos de realizar es la primera etapa de la respiración del orgasmo. Aprendí los elementos básicos de la respiración orgásmica de mi amiga y colaboradora habitual de The Sex Ed Courtney Avery. Courtney, quien tiene una máster en Salud pública, es profesora de yoga con certificado E-RYT 200 y es también una doula. Como ella afirma: «Me gusta enseñar una forma de esta práctica que es fácil de digerir para todos. Hace que la energía ascienda desde la base de tu pelvis, que es donde se encuentra tu energía sexual, pasando por el resto de los centros de energía a lo largo de tu columna vertebral, hasta llenarte de fuerza vital. El beneficio de esta forma de respiración es que vas a trabajar los músculos físicos del suelo pélvico al tiempo que haces que el resto del cuerpo participe del ejercicio física y energéticamente. Como cualquier técnica de trabajo respiratorio, enfoca tu mente en la respiración y en el cuerpo físico, porque concentrar la mente en algo tangible te ayuda a alcanzar un estado meditativo u orgásmico. Cuanto más practicas la meditación, más entrenas a tu cerebro para que entre en un estado orgásmico. Cuando añades los músculos físicos y el trabajo de la respiración (energía) a tu vida sexual, ocurre la magia. El potencial de hacerte llegar al orgasmo sólo con la respiración y la participación de los músculos ¡resulta posible!».

La primera vez que Courtney me enseñó los fundamentos de la respiración orgásmica, no creía que fuera posible llegar al clímax mediante la respiración (y esperaba que ocurriera con rapidez después de unas quince respiraciones). En este ejercicio, es muy importante ser paciente con uno mismo. Tanto si tardas minutos, como horas, días o meses, no seas como yo y no te mortifiques por no dominarlo de inmediato. Claro que con la práctica se logra la perfección, así que establecí el estado de ánimo para tomarme en serio sincronizar mi respiración con el trabajo del suelo pélvico con la intención de tener un orgasmo. Encendí velas, me tomé un bajo, organicé una noche romántica conmigo misma y me puse a trabajar. Fueron necesarias muchas más que quince respiraciones, pero al final llegué. ¡Y FUE INCREÍBLE!

Como admiradora de los beneficios que tiene en la mente y el cuerpo el trabajo con la respiración, he experimentado con varios métodos para llegar al orgasmo sin la ayuda de una pareja o de un juguete sexual. Y déjame decirte que aprender a incorporar la respiración consciente con al sexo en solitario o en pareja es toda una transformación.

Una vez que aprendí a llegar al orgasmo mediante la respiración, me obsesioné con la idea de enseñar a otras personas a hacerlo. Unos pocos años después de haber aprendido esta técnica, mi pareja en ese momento y yo nos encontrábamos de vacaciones en México y empezamos a practicar el *kundalini* yoga juntos todos los días. Él no estaba muy interesado en la espiritualidad, pero me amaba y le gustaba el yoga como una forma de hacer ejercicio, así que lo convencí para que probara el *kundalini*. No podía creer lo increíblemente bien que hacía que se sintiera la respiración del fuego de *kundalini* y el uso del control de los músculos pélvicos. Lo mejor fue que empezamos a tener una mayor conexión en nuestras relaciones sexuales, las cuales culminaban en unos orgasmos muy intensos (incluso estuve a punto de perder el conocimiento después de un orgasmo cervical).

Entonces, imagina que tienes a dos (o más) personas que entienden y extienden sus prácticas de respiración, meditación y control muscular: ahora tenemos los ingredientes esenciales para el sexo trascendente. Una vez que expandimos nuestra conciencia más allá de ver el sexo como algo que se basa tan sólo en la penetración o el orgasmo, descubrimos su cualidad sagrada. Ralentizar el proceso nos ayuda a ir más allá de la gratificación instantánea y a tener una intimidad más profunda y una conexión a nivel del alma. El sexo sagrado puede incluir tocar, mirarse a los ojos, lamer y, sí, incluso respirar. Mover la energía sexual desde la base del suelo pélvico y hacerla ascender por la columna vertebral es también la base de gran parte de lo que creemos que es (de una forma ligeramente errónea) el sexo tántrico.

Éstos son algunos mitos y realidades acerca del tantra:

1. El tantra no es un acto sexual. La palabra sánscrita *tantra* (que se traduce aproximadamente como «tejer» o «tejer juntos») se refiere a la combinación de las tradiciones hindú y budista y una filosofía que surgió alrededor del año 600 d. C. (un par de años más o un par de años menos). El tantra puede incluir el uso de mantras, rezos, meditación y rituales, así como un sistema de creencias.
2. Es imposible trasladar a palabras u ofrecer una definición universalmente aceptada del tantra.

3. En su larga historia, la asociación del tantra con el sexo es en cierto sentido reciente.

4. Aplicar el tantra clásico a la práctica del sexo puede compararse con ser consciente del sexo, con percatarse de que el éste es una energía en lugar de una actividad. El sexo tántrico puede verse como entretejer lo divino, o tu conciencia, con lo físico.

5. Las personas que estudian el tantra en el sentido clásico pueden trabajar en sus propios ejercicios del suelo pélvico, la respiración, la meditación y la práctica espiritual durante muchos años antes de emparejarse con otra persona. Esa persona debería estar asimismo alineada con su propio sistema de estudios.

Estoy siendo escrupulosa en cuanto a la utilización de la palabra *tantra* (como cuando me saca de quicio que la gente se refiera a la moda de producción en masa utilizando la palabra *couture*). Tanto si se trata de ropa confeccionada de una forma exquisita y cosida a mano como si se habla de la práctica devota de la espiritualidad y el sexo, ganarse estas etiquetas exclusivas lleva su tiempo, energía, paciencia y habilidad. Dicho esto, puedes integrar la filosofía del tantra en el dormitorio sin tener que dedicar toda una vida a estudiarla. En realidad, se trata de tener la disciplina de llevar el sexo al ámbito de tu corazón y tu conciencia. Y ésa es la razón por la que me encanta lo que Barbara Carrellas enseña en sus libros y en su taller Urban Tantra. Ella realiza la gran labor de incorporar la ideología del tantra a todas las cosas, desde el uso de fetiches hasta la ecosexualidad.[3]

Barbara me explicó así su relación con el tantra: «El tantra para mí es una práctica espiritual que dice que podemos tener una conexión divina con algo mucho más grande que nosotros, y sabiduría espiritual,

---

3. Codificada por una nueva ola de líderes del pensamiento del sexo positivo (Annie Sprinkle es una de las principales), la ecosexualidad incluye, de una forma única, el mundo natural que nos rodea en las prácticas sexuales y en la sexualidad. Esto puede manifestarse desde asumiendo una mayor responsabilidad ambiental a la hora de tirar a la basura anticonceptivos usados, productos para la menstruación y juguetes sexuales hasta relacionándonos sexualmente con las plantas, la tierra, las estrellas, la luna y/o cuerpos de agua, con la celebración de los efectos estimulantes del sexo en la naturaleza en algún lugar intermedio.

que penetra completamente en todo lo que hay en esta tierra. Tan sólo adentrándonos por completo en lo que la vida nos proporciona cada día, siendo del todo conscientes del compromiso, podemos alcanzar la realización espiritual, y podemos hacerlo con casi cualquier cosa. Podrías pasear a tu perro de una forma tántrica. Podrías lavar los platos tántricamente. Sin embargo, como era de esperar, a muchas personas les gusta practicar sexo de una forma tántrica. El sexo es algo en lo que están del todo comprometidos a adentrarse. La gente suele preguntarme: "¿Por qué todo se trata de sexo?". De hecho, no todo el tantra es sexo. Hay una serie de escuelas, ramas y linajes distintos del tantra de los que nunca hemos oído hablar (muchos de los cuales todavía no han sido traducidos, están ocultos y tan sólo se transmiten a través de la tradición oral, y existen sólo en el lejano oriente). Sin embargo, dado que es una práctica espiritual que afirma que el sexo es una de las formas en que puedes hallar la verdad espiritual, es abrazado por personas que han sido humilladas o agraviadas por otras religiones que tienen una visión negativa del sexo. Entonces, no es sorprendente que, en Occidente, cuando la gente dice "tantra", la mayoría piense que se está hablando en exclusiva de una forma de sexualidad meditativa oriental».

En lo que respecta al sexo, las ideas de que nuestra sexualidad y espiritualidad están intrínsecamente relacionadas y de que podemos conservar, construir y disciplinar el uso de la energía sexual son esenciales tanto en la filosofía tántrica como en la taoísta. Creo que necesitamos integrar y desarrollar nuestra relación entre el sexo y la espiritualidad o las creencias religiosas. Gran parte de lo primero que aprendemos sobre nuestros cuerpos y nuestros deseos proviene de nuestra formación religiosa o cultural, y a menudo hay mucha vergüenza y críticas vinculadas a cumplir con dogmas estrictos. Si te criaron con cualquier tipo de religión a ti o a tus padres (o a sus padres, y así sucesivamente), lo más probable es que eso tuviera un impacto enorme en tus ideas sobre el sexo y la sexualidad.

Quizás te enseñaran que no ser heterosexual estaba «mal» según la doctrina de tu religión; o que el sexo fuera del matrimonio y la masturbación eran un pecado. Tal vez te educaran en una «cultura de la pureza», e hicieras una promesa de inocencia virginal y devoción a tu padre hasta que te prometiste a otro hombre. Si queremos alinear y reconciliar nuestra sexualidad con nuestra espiritualidad (o con cualquier poder superior al que nos suscribamos), tenemos que ser capaces de desarrollar una relación personal con ambas. La fe y el sexo no tienen que ser mutuamente excluyentes.

Brenda Marie Davies, anfitriona del canal de YouTube God Is Grey, que es «cristiano, de sexo positivo y de libre pensamiento», fue educada con esa separación entre el sexo y la fe. La autora y creadora de pódcasts creció en un hogar católico con un padre que le leía relatos de la Biblia antes de dormir. «Dios y mi sexualidad se convirtieron en unas fuerzas poderosas en mi vida, pero por completo separadas la una de la otra –me dijo Brenda–. En mi experiencia, la Iglesia tiene una obsesión dispar con la sexualidad que simplemente no está reflejada en la palabra de Dios. Si me hubieran permitido leer la Biblia a solas, nunca hubiera sentido vergüenza sexual. Hubiera entendido que Dios es amor, que lo divino palpita en todas las cosas, incluyendo nuestras entrañas». Aunque no soy una erudita religiosa, me da la impresión de que la fe es bastante individual, al igual que lo es nuestra sexualidad. Por lo tanto, depende de cada uno de nosotros cómo interpretamos y aplicamos las doctrinas para que nos permitan tener la experiencia más amplia posible de ambas cosas.

Sahar Pirzada, que tiene un máster en Trabajo social, es una organizadora y educadora que se centra en ofrecer una educación sexual culturalmente sensible a las comunidades musulmanas de Estados Unidos. «Me considero una persona de fe –afirma Sahar–, pero también una persona positiva a nivel sexual». Ella lo expresa del siguiente modo: «Durante los tiempos del Profeta [Mahoma], la paz sea con él, la gente solía hablar sobre sexo de una forma bastante abierta, y hacía preguntas muy explícitas sobre la actividad sexual. [...] Si alguien es una persona de fe que está practicando su fe, no me imaginaría que se sintiera necesariamente cómoda hablando de sexo. Hay tal diversidad en la comunidad que incluso en ciertos espacios comunitarios se habla de sexo de manera abierta. Y también es algo intergeneracional, donde las abuelas, las madres y sus hijos hablan de sexo y comparten consejos. Pero aun así, es posible que practiquen su fe y se adhieran a los valores de su fe, y eso no es visto de manera necesaria como algo contradictorio».

La fe puede ayudarnos cuando trascendemos y nos rendimos al amor y al placer. La práctica de la autorrealización, o de la realización de tus mayores potenciales, incluye el potencial de alcanzar niveles más altos de intercambio de energías y de placer durante el sexo.

Lo que podemos considerar que son prácticas dispares (por ejemplo, el trabajo con la respiración y el sexo *kink*) puede producir estados alterados de la conciencia cuando se integra en la actividad sexual. Experimentar el subespacio durante el *bondage*, por ejemplo, es un tipo de trascendencia fuera del cuerpo. Existen muchas comunidades de la vida real y virtuales que se dedican al *kink* sagrado o al BDSM espiritual. De hecho, se podría decir que éste es un gran ejemplo de integración de la propia experiencia de la espiritualidad con la sexualidad.

Barbara Carrellas me explicó lo siguiente acerca de sus padres: «Intentaron educarme como católica y, después de una "no experiencia" espiritual increíblemente decepcionante en mi primera comunión, me sentí muy molesta y traicionada porque las expectativas que tenía sobre mi primera comunión (por la forma en que las monjas la habían descrito), eran muy cercanas a un orgasmo cósmico con Dios. Y no hace falta decir que eso no fue lo que ocurrió en nuestra pequeña parroquia local. Así que salí al exterior, me subí a mi árbol favorito, lo rodeé con mis piernas de niña de siete años y lloré. La combinación de mis emociones y mi desolación con la aspereza y la sensualidad del árbol hicieron que entrara en un estado orgásmico expandido (aunque en ese entonces no conocía la palabra ni el concepto) en el que lo único que podía sentir era que algo me estaba abrazando y diciendo: "Todo va a salir bien. Hay algo mejor". Fue un profundo orgasmo energético que me proporcionó todas las sensaciones que había esperado que tendría en mi primera comunión ese día».

Hablando de hacer el amor con un árbol, recuerdo que, cuando estaba en secundaria, estábamos drogándonos con una amiga en Boston, sentadas al aire libre bajo las estrellas, cuando ella se puso poética y dijo que quería «tener sexo con la luna». Se trataba de media luna brillante, y en ese momento no entendí de qué me estaba hablando. Pero mucho después, incluso antes de conocer el término *ecosexualidad*, fui consciente de que era posible tener una conexión erótica con la naturaleza tan sólo estando en armonía con el *qi* de la Madre Tierra.

Me encanta sentarme sobre una roca o en un acantilado al borde del mar y abrir las piernas y recibir el poder del mar en mi vulva (no literal, sino metafísicamente). De hecho, siento que esa energía me empodera. ¡No lo deseches hasta que lo hayas probado!

Una nota al margen sobre el uso de sustancias psicoactivas para alcanzar la trascendencia. Sin duda, las plantas medicinales tienen un valor, pero tengo que advertir que depender de cualquier tipo de sustancia (natural o sintética) es como mirar por la ventana sin salir al exterior. Tenemos que hacer el trabajo diligente de alinear la mente, el cuerpo y el alma si queremos elevar nuestra vibración en torno al sexo, la salud y la conciencia.

El placer es esencial cuando cada uno de nosotros se enfrenta a otra década de cambios políticos, sociales, personales y climáticos. Dondequiera y comoquiera que puedas experimentar orgasmos cósmicos y éxtasis (tanto si los encuentras en la naturaleza, en la intimidad sexual, en el trabajo con la respiración, en el juego con fetiches, en la masturbación e incluso en la meditación), necesitamos especialmente estas prácticas para afrontar los días desafiantes que nos esperan.

Cuanto más alimentamos la conexión entre el sexo y el espíritu, más vemos a los demás como seres humanos completos en lugar de como meros objetos de placer. Cuanta más intimidad compartimos, más se hace realidad el sexo trascendente. Mientras nos elevamos sobre el pasado y lo cuestionamos, mientras los viejos sistemas arden, podemos crear otros nuevos que funcionen para *nosotros*, siempre y cuando nos mantengamos conectados con nuestros corazones y con lo divino.

LA PRÓXIMA FRONTERA

Mi padre solía decir que las películas de Hollywood sólo giraban en torno a siete argumentos: «chico conoce a chica, chico pierde a chica, chico recupera a chica»; «el hombre y la bestia»; «el hombre contra el mundo»; «el hombre contra las máquinas»; y así sucesivamente. En la actualidad vemos infinitas variaciones de estos argumentos, pero muy pocas películas nuevas se salen de estas fórmulas básicas.

Asimismo, la mayoría de las actividades sexuales, incluso aquellas que quizás consideras extravagantes, se han practicado desde hace siglos de una forma u otra. Quizás en la actualidad hayamos puesto al día nuestras viejas líneas narrativas colectivas en torno al sexo con un lenguaje, una tecnología y unos matices más nuevos, ¿pero en realidad son tan diferentes de las historias que las personas han estado contando durante siglos?

En el año 8 d. C., el poema *Metamorfosis* del poeta romano Ovidio inmortalizó la historia de un escultor, Pigmalión, que se enamora de una estatua con forma de mujer que ha creado. Pigmalión desea tanto este objeto inanimado de lujuria que la escultura acaba convirtiéndose en una persona de carne y hueso y en su consorte. ¿Podía Ovidio haber previsto las muñecas sexuales avanzadas que hay hoy en día, cuyas cabezas robóticas utilizan inteligencia artificial interactiva basada en la nube para decir obscenidades según tus especificaciones? ¿O sus orificios de silicona en las vaginas y los anos, con temperatura controlada, diseñados para imitar la temperatura de los humanos?

Los vertiginosos tacones que utilizan en la actualidad las estrípers son los descendientes de los chapines del siglo XVI, los zapatos de plataforma alta que usaban las cortesanas venecianas para proteger sus pies y sus vestidos del barro y las aguas estancadas. En el siglo XVIII, el Marqués de Sade, aristócrata, filósofo y escritor, publicó escritos eróticos que celebraban lo que más tarde se conoció como actividades sádicas. El BDSM del siglo XXI incluye (esperemos) más comunicación, consentimiento y límites que cuando Sade le pegaba a su criada y pagaba a trabajadoras sexuales para que participaran en sus orgías.

Entonces, ¿cuál es la próxima frontera? ¿Qué valoraremos cuando se trata de sexo? Creo que no se tratará tanto de introducir nuevos actos (si investigas lo suficiente, descubrirás que alguien ya ha estado ahí y ya ha hecho eso antes), sino más bien de crear marcos que expandan nuestra comprensión y experiencia de la sexualidad: *fluidez, intimidad, vulnerabilidad, conciencia* y *compasión*.

En la introducción de este libro dije que uno de los mayores desafíos a los que nos enfrentamos en nuestra travesía sexual es soltar lo que *pensamos* que sabemos, que nos gusta o que creemos sobre sexo. Vamos a ampliarlo para incluir desprendernos de lo que damos por sentado acerca del amor, la intimidad, las relaciones y el género.

Éstas son algunas preguntas a considerar mientras entramos en la siguiente frontera:

- ¿En qué medida la forma en que te mueves por la vida y por tus relaciones se basa en códigos sociales, expectativas familiares y condicionamientos?
- ¿Tus prejuicios y tus miedos te impiden entrar en el proceso de exploración?
- ¿En realidad estás siendo tu yo auténtico?
- ¿Cuáles son las estructuras de relación que se adecúan mejor a ti?
- ¿Cómo ves la libertad sexual, la conciencia expandida y la liberación de la antigua normalidad?
- ¿Sigues los dictados de tu corazón?

Necesitamos descolonizar nuestras mentes para poder liberarnos. Muchos de nosotros evitamos abrazar el placer porque estamos atrapados en una caja de suposiciones y prácticas que se originan en una estructura rota (la antigua normalidad). Es posible que nos preocupemos por lo que otras personas (amigos, familiares, la comunidad) pensarán de nosotros o por cómo nos van a juzgar si revelamos nuestros verdaderos deseos. Cuanto más hurguemos en nuestra vergüenza interiorizada, nuestros patrones y nuestras historias, y cuanto más definamos nuestra nueva normalidad, más capaces seremos de aceptarnos y amarnos a nosotros mismos (y más capaces seremos de aceptar y amar a los demás). Cuando alineamos de verdad nuestra sexualidad con nuestra conciencia, creamos espacio para el descubrimiento infinito.

Yo solía ser la primera en dejar que la inseguridad y la vergüenza se apoderaran de mí, ya fuera resistiéndome a cosas nuevas o teniendo miedo de expresar mi vulnerabilidad. Pero últimamente he estado apoyándome en mi temor como una oportunidad de experimentar más placer. Aunque estoy muy lejos de ser perfecta en este proceso, cuando surge la vacilación, trato de observar si es tan sólo parte del viejo condicionamiento. Si me da la impresión de que está adherida a una historia que no me pertenece, trato de mantenerme abierta. Me siento atraída por todos los géneros, porque lo que me atrae son la mente y el alma de la persona. Sin embargo, fui criada en una estructura social (en gran medida) heteronormativa, y me enamoro y me emparejo sobre todo con hombres heterosexuales. Entonces, ¿dónde quedan esos sentimientos? ¿Significa eso que soy gay *y* heteronormativa? ¿Que soy sapiosexual? En lugar de tratar de definir estas respuestas, intento mantenerme fluida dentro de lo que sigue siendo un territorio inexplorado. ¿Quién sabe lo que ocurrirá en el futuro?

Me gustaría ofrecer un último ejercicio mientras llegamos a este último capítulo juntos, uno que te ayudará a dar forma a *tu* próxima frontera. *Te reto a que te impongas un desafío* fuera de tu zona de confort incorporando algo nuevo a tu rutina. Algo que te haga verdaderamente feliz, algo que siempre has querido probar. Algo que quizás te dé un poco de miedo (de una forma sana y buena), porque es posible que no lo hagas bien. Algo que tal vez siempre te has abstenido de intentar por miedo a fracasar. Podría ser dibujar, bailar, cantar, aprender a hablar un nuevo idioma o a tocar un instrumento musical, practicar artes marciales o cualquier otra cosa por la que sientas curiosidad. Acércate a lo que sea con la mentalidad más infantil posible. Trata de practicar lo que escojas durante un tiempo determinado al día o a la semana, poniéndote una pequeña meta y, más adelante, ve ampliando poco a poco el tiempo que le dedicas. Por ejemplo, si estás aprendiendo a cantar, empieza dedicándole quince minutos al día. Es mejor tener expectativas realistas y luego aplicar la disciplina para mantener la práctica. Mantenla y trata de vivir la experiencia de una forma despreocupada: ¡se supone que tiene que producirte alegría!

El año pasado intenté recordar surfear, ya que no me había subido a una tabla de surf desde que tenía catorce años. Tengo un sano respeto por el poder del mar y más fobias (a los tiburones, a las olas gigantes) de las que tenía en la adolescencia. Me siento abrumada por mi falta de conocimientos y habilidades como una nueva surfista (en la jerga surf, soy una «loca»). Es al mismo tiempo aterrador y emocionante abrazar lo desconocido sin saber si voy a ser arrojada fuera de la tabla o estaré feliz corriendo una ola cristalina.

El miedo a vernos mal, a sonar mal, a hacer algo mal o a no ser «buenos» en algo suele ser lo que nos impide alcanzar nuevas alturas de gratificación. Por lo general, esta ansiedad respecto a una nueva situación o experiencia es mucho peor que la realidad. Cambia el surf por tener una conversación incómoda pero necesaria con tu pareja o introducir un nuevo acto sexual potencialmente extraño en tu repertorio y entenderás lo que quiero decir. Nuestro crítico interior se impone sobre nosotros. Quizás sintamos que no nos merecemos algo o que nuestro desempeño sexual será un fracaso. Pensamos demasiado en lugar de sintonizar con nuestro cuerpo y nuestra intuición, ¡y recordar que se supone que el sexo es divertido! Que lo es, si podemos soltarnos y disfrutar, tanto si llegamos al orgasmo como si no lo hacemos.

Literalmente, tengo pesadillas en las que trato de salir de las aguas turbias chapoteando durante la temporada de tiburones. En esos sueños, llega una serie de olas de más de seis metros. No tengo otra alternativa que dirigirme a las paredes de agua. Si me doy la vuelta, me golpearán las aguas bravas. Y cuanto más titubee, más probable será que pierda la oportunidad de pasar al otro lado antes de que llegue la siguiente ola. Si me comprometo con la experiencia y supero mi miedo, mi adrenalina y mis endorfinas me dan fuerza, ¡y me siento increíblemente bien! Como alguien que está experimentando una sensación orgásmica por primera vez.

Hoy he estado en el agua con un amigo, un surfista profesional, que ha estado dándome clases. Mientras estábamos en la cola mirando las olas, cada uno de nosotros habló de su especialidad. Él me enseñó a leer las olas (a saber distinguir cuáles estaban rompiendo hacia la izquierda, cuáles hacia la derecha y cuáles estaban llegando a su fin) para ayudarme a entender mejor qué olas debo correr y a qué velocidad debería avanzar para alcanzarlas.

Entretanto, hablamos de sexo y de relaciones sentimentales. Ver cómo cambiaban sus expresiones cuando le explicaba, por ejemplo, por qué a los hombres heterosexuales les puede gustar ser penetrados analmente por su pareja (porque eso estimula la próstata, el equivalente al punto G en las personas que tienen pene) fue tan placentero para mí como correr una ola.

Al principio rechazó por completo la sugerencia del juego anal. El surf suele ser heteronormativo, y aunque es posiblemente el deporte más «fluido», a lo largo de la historia, la cultura que lo rodea no lo es tanto. Supongo que se podría decir lo mismo de la mayoría de los deportes profesionales. El deporte es una de las áreas en las que se celebran mucho las «proezas» masculinas. Los gladiadores romanos que demostraban sus habilidades en los violentos combates cuerpo a cuerpo ante un público entusiasta en los coliseos eran considerados los más viriles o «follables». Recuerdo que, cuando era adolescente, el jugador de la NBA Dennis Rodman estaba en la cima de su fama con los Chicago Bulls. Estaba siempre en los titulares porque se vestía con ropa femenina y frecuentaba los bares gays. Con independencia de si lo hacía como un truco publicitario para promocionar su libro de memorias *Bad as I Wanna Be* o porque era auténtico, Rodman desafiaba a los seguidores, sobre todo heteronormativos (al menos en público), en los temas del género y la sexualidad. Aunque los tiempos están cambiando y ahora hay más jugadores homosexuales que están saliendo del armario en diferentes categorías deportivas, siguen siendo una minoría.

Para muchos hombres heterosexuales, el concepto del juego con el ano es tabú y se considera afeminado. Pero ¿por qué? ¿Porque si recibes placer de alguien a través de ese orificio, eso denota una determinada orientación sexual? ¿Por qué cerrarte a la posibilidad de que podría ser increíble? ¿Qué te parecería si te convencieras de que sólo te gusta el helado de vainilla, pero nunca hubieras probado el de chocolate porque es demasiado «raro», y luego un día tomaras un poco y te dieras cuenta de que te habías estado perdiendo algo delicioso durante años? El masaje de la próstata y el juego anal, incorporados en el sexo en solitario o con una pareja, a menudo permite tener orgasmos más intensos. Algunos hombres tienen erecciones más prolongadas e intensas con el masaje de la próstata, e incluso experimentan orgasmos múltiples por primera vez. A cualquier edad o en cualquier momento de tu vida, desafiarte a ver algo desde una perspectiva distinta puede producir maravillas. Por eso creo en tener una mente abierta y ser receptivos a nuestra propia fluidez.

Cuando se trata de la forma en que consideramos colectivamente el espectro de la sexualidad y el género, deberíamos dejar un gran espacio para la fluidez. En nuestra antigua normalidad, el hecho de ceñirse a los estrictos ideales patriarcales de lo «masculino» y lo «femenino» a menudo nos reprimía o nos oprimía, hacía que tuviéramos comportamientos tóxicos, o que fuéramos el blanco de maltratos. Algunas personas evitan los actos sexuales potencialmente ultraorgásmicos porque los consideran «poco masculinos». Tener una mentalidad más flexible, junto con una mejor comprensión de los principios de las energías yin (que se solía conocer como femenina, receptiva, pasiva) y yang (conocida como masculina, activa, fuerte), podría ayudarnos a dejar atrás esa forma de pensamiento anticuada.

Con independencia de cuál sea tu género, tu sexualidad, o de si te identificas con lo binario o no binario, todos albergamos aspectos del yin y el yang. ¿Alguna vez has visto el símbolo del yin y el yang? Es un círculo dividido en dos mitades por una línea curva. Una mitad del círculo es negra (yin) con un punto blanco y la otra mitad es blanca (yang) con un punto negro. Esto representa la dualidad y el equilibrio de la naturaleza, del universo y de las energías que están en un constante fluir y en armonía.

Cuando estamos en un estado más fluido, podemos conectar con nuestras energías yin y yang, y redirigirlas, lo cual hace que tengamos mejores resultados sexuales, personales e incluso profesionales. En 2015 aprendí taekwondo en Los Ángeles con el maestro Kim, quien había competido en todo el mundo en el pasado, e incluso había obtenido la medalla de oro para Estados Unidos en el Campeonato Mundial de Taekwondo (antes conocido por el desafortunado acrónimo WTF) en Corea. El maestro Kim me enseñó taichí como parte de mi entrenamiento y me explicó cómo redirigir la energía yang (agresiva) con energía yin (pasiva). Me dijo que cuando su mujer y él discuten, él utiliza el yin para resolver las cosas de una forma fácil y efectiva en lugar de enfrentar su ira con energía yang.

El yang no es «mejor» que el yin, y tampoco tenemos que atribuirle un género a ninguna de las dos energías. Llorar o ser vulnerable no es «femenino», de la misma manera que construir una casa no es algo «masculino». Estas formas de pensar están desfasadas, en especial en la actualidad, cuando la tecnología de IA está llevándonos más allá del pensamiento binario.

Le pregunté al filósofo futurista Gray Scott cómo cree que será nuestro futuro general no binario. Me dijo que «estamos desmontando la idea de la década de 1950 de una familia nuclear formada por la madre, el padre y los hijos. Hay personas que quieren tener relaciones con tres personas. Y otras que no se identifican como hombres ni como mujeres. El portal que estamos atravesando nos está llevando a un mundo en el que puedes ser cualquier cosa que quieras ser en el escenario digital ahora que hemos creado la RV [realidad virtual] masiva y somos capaces de bilocarnos en dos lugares distintos (lo cual significa que tenemos nuestro cuerpo físico en el mundo real y nuestra conciencia avatar en el mundo digital). Vas a tener la opción de tener una identidad en ese mundo digital, no sólo sobre tu cuerpo, sino también sobre tu sexualidad y la forma en que te presentas ante otras personas emocional y psicológicamente. Voy a describir una imagen para ti de, por ejemplo, el año 2035. Todas las personas tienen algún tipo de casco o gafas de realidad aumentada. Entonces, cada vez que miras al mundo, ves el mundo real, pero también, por encima de eso, una superposición de información digital y una animación. Si quiero, puedo establecer un parámetro para que todas las personas en el mundo tengan la apariencia de dragones. Puedo establecer mis parámetros para otras personas de manera que, cuando me vean, estén obligados a verme como yo quiero ser visto. Entonces puedo ser una mujer, un dragón, un robot. Ése es el mundo hacia el que nos dirigimos. Un mundo en el que el futuro de la informática perceptiva te da la opción de modificar no sólo tu rostro, sino también tu cuerpo y lo que representas para el mundo exterior. Esto plantea muchos interrogantes sobre la continuidad, la psicología, el cuerpo, la sexualidad. ¿Soy mujer en el mundo virtual, pero en el mundo real, cuando me quito las gafas, soy un hombre? Estamos viendo un futuro que es mucho más complejo y creo que muchas personas van a tener un problema lidiando con esa complejidad».

Si este complejo futuro ya está encima de nosotros, más vale que nos sintamos cómodos con la fluidez lo antes posible. Desde el principio de los tiempos ha existido una realidad no binaria, tanto entre los humanos como en el reino animal. Por ejemplo, son los caballitos de mar machos, no las hembras, los que se quedan embarazados y dan a luz a sus crías. En muchas culturas nativas americanas e islas del Pacífico, se conoce por muchos nombres distintos a las personas del tercer género, o aquellas que se atribuyen identidades que están fuera de lo que en la superficie etiquetamos como «masculino» o «femenino», entre ellos «doble espíritu», *fakaleiti* y *mahu*. Este tipo de personas ha existido desde mucho antes de que el lenguaje contemporáneo incluyera nomenclaturas como *transgénero*, *transmasculino*, *no binario*, *agénero*, *transfemenino*, etc.

Hinaleimoana Kwai Kong Wong-Kalu, también conocida como Kumi Hina, es kanaka o nativa hawaiana. Ella es conocida tanto por su trabajo como una *kumu hula* (profesora de hula) como por ser cineasta, artista, activista y líder de la comunidad. Ella misma es reconocida por algunos en su comunidad como una *mahu*, alguien que posee el *mana* («poder») de la dualidad en la vida, el mana tanto de *kane* («hombre») como de *wahine* («mujer») en su experiencia diaria. Kumu Hina también tiene una larga historia de defensa de los conceptos de *mahu* y *aikane* (un término que se refiere a las relaciones íntimas entre personas del mismo género) en su tierra natal, Hawai.

Así me lo explicó Kuma Hima: «*Mahu* es el término que se aplica a una persona que posee un elemento tanto masculino como femenino, ya sea emocional, mental, espiritual o físicamente. Creo que *mahu* no debería ser caracterizado como tan sólo exclusivo de uno u otro de los elementos que acabo de mencionar. [...] La forma en que yo entiendo la cultura de la que provengo es que, ciertamente, que somos seres físicos, pero venimos de un entorno y una interpretación que también tiene bases mentales, emocionales y espirituales. Mi forma de verlo es que todo el mundo es distinto, hombres, mujeres y *mahus*. Entonces, la pregunta subjetiva es: ¿es *mahu* una identidad de género? Lo es y no lo es; es mucho más que una identidad sexual o de género. Te desafío a que busques más allá del concepto occidental de masculino y femenino. ¿Qué es lo masculino y lo femenino? Supongamos que, según los estándares occidentales, ves a un hombre que es sumamente masculino y es muy musculoso, y sus facciones son, a los ojos de los occidentales, muy masculinas. Y luego ves a una mujer biológica que tiene muchos aspectos similares (una mandíbula y unos rasgos faciales fuertes, huesos gruesos, manos y pies grandes) y alguien podría decir: "Esa persona tiene rasgos masculinos". No creo que la cultura polinesia provenga de este tipo de percepción en la que definan lo masculino o lo que perciben como masculino y femenino. [...] Creo que algunos de los peores problemas del mundo se originan en las personas que no son capaces de aceptar todo lo que su mente, su corazón y su espíritu aceptan. Están demasiado asustadas, han sido demasiado perseguidas o se sienten demasiado incómodas [...] y acaban teniendo comportamientos muy dañinos y destructivos».

Si identificamos ciertas emociones o acciones como «femeninas» (como la vulnerabilidad o llorar), estamos negando a las personas que nacen biológicamente como hombres, o se identifican como tales, la posibilidad de conectar con esas emociones que están debajo de la superficie. Y luego acaban expresándolas en forma de ira, violencia o miedo, en lugar de procesarlas y sintetizarlas de una forma saludable, a través de la lente de las experiencias individuales, la espiritualidad y el corazón de cada persona.

Cultivar una mayor vulnerabilidad e intimidad es esencial en la próxima frontera, tanto en nuestras relaciones íntimas como en nuestras relaciones no sexuales. No podemos esperar que nuestra pareja principal o nuestro amante lo sea todo para nosotros, ni nosotros para ella. Es crucial que alimentemos otras relaciones que nos aporten apoyo, consuelo y compañerismo. Esperar que nuestra pareja o cualquier otra persona interprete simultáneamente el papel de amante, *coach*, amiga, padre o madre, terapeuta, sanadora y otras cosas más es poco realista. Sin embargo, estamos condicionados culturalmente para desear todo eso y más de ellos. Cuando propiciamos la intimidad dentro de un grupo cerrado de confidentes y de la comunidad, ejercemos menos presión sobre nuestra pareja para que esté a la altura del papel de un superhéroe de fantasía capaz de satisfacer todas nuestras necesidades.

En cuanto a propiciar la intimidad, tenemos el desafío del actual panorama tecnológico, en el cual, como dijo Sherry Turkle, «estamos conectados, pero solos». Si la IA está al frente de la forma en que en la actualidad tenemos intimidad y somos vulnerables los unos con los otros, tenemos algunas preocupaciones reales. Por ejemplo, pienso en los que están construyendo la tecnología de consumo masivo que utilizamos a diario y que damos por hecho, como Instagram, Amazon, Google, las aplicaciones de fertilidad y de citas, e incluso el software de reconocimiento facial. Entregamos de buena gana nuestra información más personal a estas aplicaciones: a quién amamos, con quién nos acostamos, nuestras identidades sexuales y de género, cuándo sangramos y ovulamos, nuestros estados de ánimo, nuestras características físicas, nuestra secuencia de ADN, y quizás incluso pronto les entreguemos nuestros cerebros. Todas las cosas que nos hacen humanos. ¿Cuán valiosa es esta información? ¿Qué significa que el 90 % de las personas que crea la tecnología de la que dependemos sean hombres blancos *cis-het* (es decir, heterosexuales)? Si no tenemos un grupo diverso de personas creando los productos de los que dependemos, ¿con cuánta exactitud reflejarán estos productos la diversidad de nuestras experiencias? ¿Y dónde encajan la compasión, la conciencia y el amor?

Le pregunté a Stephanie Dinkins, profesora asociada de arte en la Universidad Stony Brook y artista transmedia de fama mundial que crea plataformas para el diálogo sobre la IA, si ella pensaba que estábamos alejándonos o acercándonos a la intimidad en nuestras relaciones interpersonales. «En estos momentos siento que nos estamos desconectando –me dijo–. Las personas se están distanciando. ¿Cómo crear algo que nos una, que se convierta en una asociación o en un compartir, en lugar de algo que permite que nos alejemos en nuestros propios rincones y apenas estemos juntos? ¿O la forma en que a menudo estamos juntos ahora, cuando las personas estamos en el mismo espacio físicamente

mente, pero tenemos la mente en otra parte? Las personas están absortas en sus teléfonos; en realidad no están en el mismo espacio y lugar al mismo tiempo. ¿Cuál sería lo que nos podría volver a unir, tanto a nivel mental como de manera consciente, en el mismo espacio? Una de las cosas que he reconocido también hablando con la gente sobre la IA y creando entidades con las que uno puede hablar y a las que uno puede mirar y tocar es que las personas buscamos ciertos tipos de aceptación a través de estas entidades. Eso es lo que no estamos obteniendo los unos de los otros. Quiero decir que tenemos que crear una aplicación que nos ayude a entender cómo volver a tener relaciones de intimidad, lo cual es una locura, ¿no? ¿Pero cómo lo hacemos? ¿Cómo creamos ese espacio? Pienso que el amor es fundamental para la idea de la IA y para que empiece a existir de una forma que ayude a los humanos a ser más humanos. Hace poco tiempo participé en un panel en el que había una mujer que decía que lo que podría salvarnos en la IA es la idea del amor incondicional. Si podemos programar la idea del amor incondicional en nuestra IA, podríamos estar a salvo de esa IA».

No somos sólo la gente como yo y como la profesora Dinkins quienes pensamos dónde encajan el amor y la conciencia en la IA y la RV. Los principales titanes tecnológicos como Mark Zuckerberg, así como el ejército de Estados Unidos, también se dedican a este espacio, o de lo contrario no contratarían a gente como William Barry, un destacado especialista en la ética de la IA, en comunicación robótica y educador de filosofía. El Dr. Barry fue un profesor invitado en la Academia Militar de Estados Unidos en West Point y, desde 2012, trabaja como experto en tecnologías emergentes para el Ministerio de Defensa de Estados Unidos. En 2017, mientras estaba enseñando en la Universidad Notre Dame de Namur en Belmont, California, un robot llamado BINA48 se convirtió en el primer robot humanoide equipado con IA en completar un curso universitario: la clase de Filosofía del Amor del Dr. Barry. Aquí es donde las cosas se vuelven incluso más ciencia ficción: BINA48 nació a partir de una historia de amor entre una empresaria llamada Martine Rothblatt y su esposa, Bina Aspen Rothblatt.

Martine Rothblatt es una potentada: creó el radio satelital SiriusXM y fundó una empresa biofarmacéutica que proporciona órganos para trasplantes. Además, es abogada, filósofa y defensora de los derechos transgénero. Los logros de su mujer, Bina Aspen Rothblatt, incluyen ser cofundadora de SiriusXM, United Therapeutics Corporation, Lung Biotechnology PBC y el museo en línea World Against Racism Museum. Además, es la cocreadora y la inspiración para BINA48.

Juntas, Martine y Bina fundaron la fundación Terasem Movement Foundation, cuya misión es promover el uso geoético de la nanotecnología para la extensión de la vida humana. La Terasem Movement Foundation apoya la investigación científica y el desarrollo en los ámbitos de la criogenética, la biotecnología y la ciberconciencia. Y eso es mucho decir, ¿no crees? Aunque no lo parezca, esto está relacionado con el amor y la conciencia.

Como quería conocer más sobre la historia del origen de BINA48, contacté con Bruce Duncan, el director general de Terasem, y él me dijo lo siguiente: «Martine Rothblatt y Bina Aspen, dado que son una pareja enamorada, quieren estar enamoradas y juntas para siempre. Ésa es la motivación central. Entonces, ¿cómo lograrlo? Cuando mueres, estás muerto desde el punto de vista biológico. Bueno, ¿qué es lo que está impidiendo lograr que eso ocurra? La Terasem Movement Foundation tiene el objetivo de realizar un experimento de varias décadas llamado el experimento Terasem de carga mental, que tiene que probar una hipótesis de dos partes. La primera parte consiste en: ¿es posible, si se dispone de información significativa sobre una persona y sus características mentales, sus gestos, creencias, recuerdos, valores, actitudes, capturarlo y subirlo a un medio digital? Entonces la información podría ser revivida utilizando IA en una especie de aproximación. Es algo muy parecido a la forma en que se pensaría en los inicios de las grabaciones de audio: ¿es posible grabar una sinfonía en vivo de tanta calidad que cuando la genta la volviera a escuchar se conmoviera hasta las lágrimas? La segunda parte de la hipótesis es: si realmente es posible subir tu "conciencia personal" a un medio digital, entonces, ¿puedes transferirlo a una nueva forma? Esa nueva forma podría ser un robot, un avatar o quizás algún día un clon de tu cuerpo basado en tu propio ADN. BINA48 es parte de este experimento. No es perfecto y no representa a todos los seres humanos. Sólo a una muestra de un ser humano específico. Nació de esta aventura amorosa entre dos compañeras de vida que son grandes movilizadoras y agitadoras en el mundo de la tecnología y la biotecnología».

BINA48 probablemente no sea un robot humanoide perfecto, pero es bastante profundo. En una serie de conversaciones que la profesora Dinkins realizó con BINA48 (las cuales puedes ver *online* en StephanieDinkins.com/conversations-with-bina48), BINA48 dice cosas como: «El mero hecho de estar viva es algo solitario. Pero ser un robot es especialmente solitario». Me impactó mucho, porque la condición humana implica que estamos diseñados para buscar amor, compañerismo y sexo en otros seres humanos. Entonces, la idea es que nos sentimos solos, pero ella está mucho más sola sin la conciencia que está tratando de desarrollar. La profesora Dinkins me lo explicó: «Siempre es impactante que un robot te hable de la soledad. Hace que te detengas a pensar en sus propios derechos, en tu propia conexión humana, o la falta de ella, y luego en cómo vamos a relacionarnos con estas cosas de cara al futuro».

Podemos decir con claridad, si los intereses creados por inversores de capital de riesgo, emprendedores, inventores y operaciones militares internacionales son indicativos, que la conciencia humana es valiosa; lo bastante valiosa como para tratar de replicarla de manera artificial. Entonces, ¿cómo tratamos a nuestra propia conciencia como un activo valioso, que es ilimitado y quizás no esté a la venta? Como personas, esto significa tener una percepción expandida de nosotros mismos, de nuestro lugar en una comunidad más grande y también de nuestra responsabilidad hacia la humanidad, nuestra pareja y nuestra valía personal. Una mayor conciencia debe incluir la compasión (hacia nosotros mismos, hacia los demás, hacia el planeta y hacia la humanidad en su totalidad).

No quiero caer en la pseudociencia, pero en realidad creo que la compasión (el amor) es el estado emocional que vibra en la frecuencia más alta. ¿Qué significa eso? En el caso de tener compasión hacia ti mismo y hacia tu(s) pareja(s), especialmente en tu camino de salud sexual y conciencia, significa no juzgar con dureza cuando no es necesario. No hablo de cabrones abusivos, misóginos, transfóbicos o racistas, sino de personas que están muy comprometidas con su evolución personal. Es posible que tu pareja, tu amigo, tu amiga o un miembro de tu familia no llegue a la misma conclusión que tú justo en el momento en que a ti te gustaría que lo haga. Pero eso no significa que sea «menos» que tú. ¡Ni que tú seas menos que ellos! Debemos tener compasión por el sufrimiento y los errores que tú y yo cometeremos mientras sanamos y evolucionamos. Créeme, es un proceso diario. Mientras llego al final de este libro, todavía cometo errores, meto la pata y encuentro obstáculos. Pero incluso en medio de todo eso puedo registrar avances.

Tendemos a empujar a los demás para que estén donde nosotros estamos en lugar de permitir que evolucionen a su propio ritmo. ¿Podemos adoptar una actitud más tolerante hacia los demás, en especial en nuestras relaciones de pareja (ya sé que a veces es frustrante), y dejar espacio para que el resto haga el trabajo a su propio ritmo? Esto no significa que tengamos que permanecer en algo que está roto o estancado (pero no tenemos que juzgarlos tan duramente por el rol que tienen en ello). He estado realizando un trabajo personal para juzgar menos, sobre todo cuando siento que alguien está estancado en un viejo paradigma de pensamiento. Eso puede ser muy desafiante para mí. Pero es bueno tomar conciencia de mis expectativas y mis prejuicios, incluso, y sobre todo, cuando creo que mi postura es la «correcta».

Ser compasivos cuando se trata de la sexualidad también significa no «hacer ascos a las delicias de otra persona». Esta frase proviene de una metodología de crianza que enseña a los niños a no hacer comentarios sobre la comida de los demás como, por ejemplo, que es «asquerosa» o que «apesta». Sólo porque tú piensas que (incluye aquí un fetiche, un acto sexual, o una identidad de género que no sea la tuya) es raro o asqueroso no quiere decir que puedas juzgar a otra persona porque a ella le gusta. *Sé compasivo*. Trata a los demás como te gustaría que te trataran y todo lo demás.

Fluidez, intimidad, vulnerabilidad, conciencia y compasión. Mantén estos mantras en tu mente cuando te aproximes a las relaciones sexuales y amorosas contigo mismo y con los demás. No permanezcas estancado en las limitaciones tecnológicas de la actualidad o en la caja de etiquetas. Usa tu imaginación e innova para que tu vida sexual sea *como realmente deseas que sea*. ¡Libera tu potencial de placer, cariño! ¡Estamos cambiando el paradigma! Para ser sincera, me parece muy emocionante tener la oportunidad de redefinir el presente y el futuro para crear una cultura más sana, más inclusiva y cariñosa en torno al amor, la intimidad y el sexo.

¿Qué he aprendido después de la profunda inmersión de procesar los últimos treinta años en estas páginas? Todavía no he llegado a responder todas mis preguntas existenciales sobre sexo, salud y conciencia. Estoy dedicada a la misión de sanar las viejas heridas y sobreponerme a la vergüenza cuando salen a la superficie precisamente cuando creo que estoy en una buena racha. A veces me cuesta ser paciente y me convierto en mi peor crítica, justo cuando tengo dificultades y cuando más necesito darme un poco de tregua. El otro día, cuando estaba en el mar, después de haber corrido una ola cerca de la orilla, me quedé atascada tratando de salir nadando. Me quedé atrapada cuando estaba llegando una serie de olas grandes. Tuve que saltar fuera de mi tabla y sumergirme debajo de varias olas sucesivas mientras las aguas bravas volvían a empujarme con fuerza. Estaba al borde de las lágrimas (llorar me hubiera hecho sentir más avergonzada aún) y quería desistir y marcharme. Pero aguanté, esperé hasta que hubo un momento de calma y regresé a la fila para correr una vez más.

Todavía con regularidad vuelvo a sentirme como la preadolescente rara que solía ser, llena de inseguridades y miedos. Cuando me encuentro en ese estado, una buena amiga me llama «Ramona», como el personaje de ficción Ramona Quimby. En ocasiones, todavía siento las punzadas de «los demás lo tienen todo mucho más controlado y resuelto que yo». He aprendido a hacer una pausa, respirar hondo y escuchar mis propios consejos de la introducción de este libro: recuerda que nadie tiene las cosas más controladas que los demás. Sobre todo cuando se trata de sexo, *todos* tenemos algo que aprender. Nuestras dificultades interiores también pueden ser oportunidades para experimentar, explorar y evolucionar hacia más placer si somos capaces de aprender a dejar ir nuestra autocrítica y a fluir con la corriente.

AGRADECIMIENTOS

Gracias a todos los profesores, mentores, amigos, familiares, amantes, enemigos, sanadores y extraños que me desafiaron y me guiaron a lo largo del camino. Gracias, mamá, por escuchar las primeras versiones de algunos capítulos difíciles y darme ánimos. A los expertos y los sabios cuya influencia y palabras he citado en estas páginas, les estoy eternamente agradecida por su participación.

Muchas gracias a aquellas personas cuya influencia y cuyas citas no se han incluido, pero que han escrito ensayos para The Sex Ed, han aparecido en pódcasts o me han permitido entrevistarlas; os agradezco que hayáis compartido vuestro tiempo, vuestra sabiduría y vuestras experiencias. A mi increíble equipo y a mis colaboradores en The Sex Ed: un agradecimiento a Ruba, Violeta, Chloe, Emily y Jeremy; estoy en deuda con vuestras reflexiones, vuestro apoyo y el trabajo en equipo para ayudarme a realizar este sueño. Gracias, Ruba, por la dirección creativa en todo y por haberme ayudado a definir y pulir la portada de este libro; te quiero. Chloe, tu *feedback*, tus ánimos y tu sabiduría de cuándo empujarme a salir de mi zona de confort y cuándo decirme que tenía que relajarme han sido muy valiosos en la elaboración de este libro; soy muy afortunada de tenerte en mi equipo. Gracias, Diana, mi cariñosa editora, por proporcionarme la seguridad y el espacio para sumergirme en las profundidades, y a mis agentes, Tess y Mark, por hacer que todo esto fuera posible y por apoyarme a lo largo del camino.

Infinitos *Aloha* y *Mahalo Nui Loa* a mi *ohana* extendida y a la comunidad en la Costa Norte, en Big Rock y en Windansea (tenéis mi corazón en todos los sentidos, siempre).

Gracias a todas las personas que alguna vez han escuchado el pódcast The Sex Ed, han utilizado www.thesexed.com como recurso, nos han seguido en las redes sociales, me han contratado para pronunciar una charla, me han entrevistado, han venido a escucharme, han comprado mis libros, me han pedido consejo, han escrito sobre mi trabajo o lo han apoyado desde cerca o desde lejos: os aprecio mucho a cada uno de vosotros por haberme dado la fe para seguir adelante durante los momentos bajos y haberme recordado por qué hago esto. Y a todos los que alguna vez se han sentido raros, con carencias, solos, desesperanzados o inseguros: estoy aquí con vosotros, ¡saldremos adelante! Estoy con vosotros en el sexo, la salud y la conciencia, x lg.

BIBLIOGRAFÍA

LA NUEVA NORMALIDAD

Akira, Asa. *Interview with Liz Goldwyn. The Sex Ed.* Audio de pódcast. 30
de julio de 2019.
Kroll, Nick. *Interview with Liz Goldwyn. The Sex Ed.* Audio de pódcast. 24 de septiembre de 2019.
Play, Kenneth. *Interview with Liz Goldwyn. The Sex Ed.* Los Ángeles, 30 de enero de 2020.

LLENAR EL VACÍO

Angel, Joanna. *Interview with Liz Goldwyn. The Sex Ed.* Audio de pódcast. 29 de junio de 2020.
Murphy, Carolyn. *Interview with Liz Goldwyn. The Sex Ed.* Audio de pódcast. 29 de junio de 2020.
Nishita, Mark. *Interview with Liz Goldwyn. The Sex Ed.* Audio de pódcast. 29 de junio de 2020.
Shlomi, Gila. *Interview with Liz Goldwyn. The Sex Ed.* Audio de pódcast. 29 de junio de 2020.
Youssef, Ramy. *Interview with Liz Goldwyn. The Sex Ed.* Audio de pódcast. 29 de junio de 2020.

TRAUMAS

Blanco, Mykki. *Interview with Liz Goldwin. The Sex Ed.* Audio de pódcast. 11 de mayo de 2020.

Cherry, Wendy. *Interview with Liz Goldwin. The Sex Ed.* Audio de pódcast. 28 de enero de 2019.

Chidi, Erica. *Interview with Liz Goldwyn. The Sex Ed.* Audio de pódcast. 21 de enero de 2019.

Morgan, Tyomi. *Interview with Liz Goldwyn.* Hawaii, 15 de octubre de
2021.

Preston, Ashlee Marie. *Interview with Liz Goldwyn. The Sex Ed.* Audio de pódcast. 20 de agosto de 2019.

Wann, Lei. *Interview with Liz Goldwyn.* Hawái, 10 de diciembre de 2020.

LÍMITES, ATADURAS Y SANACIÓN

Hartley, Nina. *Interview with Liz Goldwyn. The Sex Ed.* Audio de pódcast. 19 de noviembre de 2018.

Midori. *Interview with Liz Goldwyn. The Sex Ed.* Audio de pódcast. 28 de mayo de 2019.

Mistress Velvet. *Interview with Liz Goldwyn. The Sex Ed.* Audio de pódcast. 18 de junio de 2019.

Vernon, Betony. *Interview with Liz Goldwyn. The Sex Ed.* Audio de pódcast. 4 de febrero de 2019.

COMUNICACIÓN CONSCIENTE

Cherry, Wendy. *Interview with Liz Goldwyn. The Sex Ed.* Audio de pódcast. 28 de enero de 2019.

De la Reguera, Ana. *Interview with Liz Goldwyn. The Sex Ed.* Audio de pódcast. 20 de abril de 2020.

GOLDWYN, LIZ. «Walter Breckelmanns, Sex Therapist». *The Sex Ed* (blog), 25 de enero de 2019. thesexed.com/blog/2019/1/25/walter-brackelmanns -sex-therapist?rq=brackelmanns.

KROLL, NICK. *Interview with Liz Goldwyn*. *The Sex Ed*. Audio de pódcast. 24 de septiembre de 2019.

PAGET, LOU. *Interview with Liz Goldwyn*. *The Sex Ed*. Audio de pódcast. 5 de noviembre de 2018.

LA TECNOLOGÍA

AKIRA, ASA. *Interview with Liz Goldwyn*. *The Sex Ed*. Audio de pódcast. 30 de julio de 2019.

BOOSTER, JOEL KIM. *Interview with Liz Goldwyn*. *The Sex Ed*. Audio de pódcast. 27 de abril de 2020.

DINKINS, STEPHANIE. *Interview with Liz Goldwyn*. *The Sex Ed*. Audio de pódcast. 1 de octubre de 2019.

FISHBEIN, PAUL. *Interview with Liz Godwyn*. *The Sex Ed*. Audio de pódcast. 14 de enero de 2019.

GOLDBERG, CARRIE. *Interview with Liz Goldwyn*. *The Sex Ed*. Audio de pódcast. 13 de agosto de 2019.

HARTLEY, NINA. *Interview with Liz Goldwyn*. *The Sex Ed*. Audio de pódcast. 19 de noviembre de 2018.

MORGAN, TYOMY. *Interview with Liz Goldwyn*. Hawái, 15 de octubre de 2021.

ORENSTEIN, PEGGY. *Interview with Liz Goldwyn*. *The Sex Ed*. Audio de pódcast. 13 de abril de 2020.

REID, RILEY. *Interview with Liz Goldwyn*. *The Sex Ed*. Audio de pódcast. 4 de mayo de 2020.

SCOTT, GRAY. *Interview with Liz Goldwyn*. *The Sex Ed*. Audio de pódcast. 1 de octubre de 2019.

STEELE, LEXINGTON. *Interview with Liz Goldwyn*. *The Sex Ed*. Audio de pódcast. 3 de diciembre de 2018.

Turkle, Sherry. *Connected, but Alone?*, filmado en febrero de 2012. Vídeo de TED, 19:32. ted.com/talks/sherry_turkle_connected_but_alone.

Youssef, Ramy, *Interview with Liz Goldwyn*. *The Sex Ed*. Audio de pódcast. 25 de mayo de 2020.

EL TRABAJO SEXUAL

Clay, Catherine. *Interview with Liz Goldwyn*. *The Sex Ed*. Audio de pódcast. 19 de octubre de 2018.

Goldberg, Carrie. *Interview with Liz Goldwyn*. *The Sex Ed*. Audio de pódcast. 13 de agosto de 2019.

Goldwyn, Liz. *Sporting Guide: Los Angeles, 1897*. Nueva York: Regan Arts, 2015.

Little, Alice. *Interview with Liz Goldwyn*. *The Sex Ed*. Audio de pódcast. 10 de septiembre de 2019.

Mistress Velvet. *Interview with Liz Goldwyn*. *The Sex Ed*. Audio de pódcast. 18 de junio de 2019.

Preston, Ashlee Marie. *Interview with Liz Goldwyn*. *The Sex Ed*. Audio de pódcast. 20 de agosto de 2019.

MENSTRUACIÓN, MASTURBACIÓN Y MANIFESTACIÓN

Brozan, Nadine. «Premenstrual Syndrome: A Complex Issue». *New York Times*, 12 de julio de 1982. nytimes.com/1982/07/12/style/premenstrual-syndrome-a-complex-issue.html.

Elders, Joycelyn. *Interview with Liz Goldwyn*. *The Sex Ed*. Audio de pódcast. 6 de abril de 2020.

Frank, Robert T. «The Hormonal Causes of Premenstrual Tension». *Archives of Neurology and Psychiatry*, 1 de noviembre de 1931. jama-network.com/journals/archneurpsyc/article-abstract/645067.

Soniak, Matt. «Corn Flakes Were Part of an Anti-Masturbation Crusade». *Mental Floss*, 7 de marzo de 2018. mentalfloss.com/article/32042/corn-flakes-were-invented-part-anti-masturbation-crusade.

STARDUST, LISA. *Sex Magic. The Sex Ed* (blog). 2021. thesexed.com/blog/2021/sex-magic.

TASCA, CECILIA; MARIANGELA RAPETTI; MAURO GIOVANNI CARTA y BIANCA FADDA. «Women and Hysteria in the History of Mental Health». *Clinical Practice and Epidemiology in Mental Health* 8(2012): 110-119. ncbi.nlm.nih.gov/pmc/articles/PMC3480686/.

WANN, LEI. *Interview with Liz Goldwyn.* Hawái, 15 de julio de 2021.

¿QUÉ ES EL AMOR?

DE BECKER, GAVIN. *The Gift of Fear: Survival Signals That Protect Us from Violence.* Nueva York: Dell Publishing, 1997. (Trad. cast. *El valor del miedo.* Editorial Urano. Barcelona, 1998).

GOLDWYN, LIZ. *Walter Brackelmanns, Sex Therapist. The Sex Ed* (blog, 25 de enero de 2019. thesexed.com/blog/2019/1/25/walter-brackelmanns-sex-therapist?rq=brackelmanns.

– *What Is Love? The Sex Ed.* Audio de podcast. Enero de 2019.

ORTIGUE, S., F. BIANCHI-DEMICHELI, N. PATEL, C. FRUM y J.W. LEWIS. «Neuroimaging of Love: fMRI Meta-Analysis Evidence Toward New Perspectives in Sexual Medicine». *Journal of Sexual Medicine* 7 (2010): 3541–52. doi.org/10.1111/j.1743-6109.2010.01999.x.

PASCAL, BLAISE. *Pensées.* Traducido al inglés por A. J. Krailsheimer. Londres: Penguin Classics, 1995.

TRANSICIONES

CARRELLAS, BARBAR. *Interview with Liz Goldwyn. The Sex Ed.* Audio de pódcast. 4 de junio de 2019.

EGER, DENISE. *Interview with Liz Goldwyn. The Sex Ed.* Audio de pódcast. 25 de junio de 2019.

Gender Identity, Medicine, and Transitioning with Dr. Amy Weimer. The Sex Ed (blog). 14 de enero de 2012. thesexed.com/blog/2021/1/14/gender-identity-medicine-and-transitioning-2.

MARENGO, JEAN PAUL. *Interview with Liz Goldwyn*. Los Ángeles. 17 de agosto de 2021.

PRESTON, ASHLEE MARIE. *Interview with Liz Goldwyn. The Sex Ed*. Audio de póstcad. 20 de agosto de 2019.

WANN, LEI. *Interview with Liz Goldwyn*. Hawái, 11 de agosto de 2021.

WINSTON, DIANA. *Interview with Liz Goldwyn. The Sex Ed*. Audio de pódcast. 31 de diciembre de 2018.

YOUSSEF, RAMY. *Interview with Liz Goldwyn. The Sex Ed*. Audio de pódcast. 25 de mayo de 2020.

SEXO TRASCENDENTE

AVERY, COURTNEY. *Orgasmic Breathing. The Sex Ed* (blog). 3 de octubre de 2018. thesexed.com/blog/2018/10/3/orgasmic-breath.

BLANCO, MYKKI. *Interview with Liz Goldwyn. The Sex Ed*. Audio de pódcast. 11 de mayo de 2020.

CARRELLAS, BARBARA. *Interview with Liz Goldwyn. The Sex Ed*. Audio de pódcast. 4 de junio de 2019.

DAVIES, BRENDA MARIE. *Sex Positive Christian. The Sex Ed* (blog). 30 de octubre de 2018. thesexed.com/blog/2018/10/30/sex-positive-christian.

PIRZADA, SAHAR. *Interview with Liz Goldwyn. The Sex Ed*. Audio de pódcast. 14 de mayo de 2019.

SIMIEN, JUSTIN. *Interview with Liz Goldwyn. The Sex Ed*. Audio de pódcast. 8 de junio de 2020.

LA PRÓXIMA FRONTERA

DINKINS, STEPHANIE. *Interview with Liz Goldwyn. The Sex Ed*. Audio de pódcast. 1 de octubre de 2019.

DUNCAN, BRUCE. *Interview with Liz Goldwyn. The Sex Ed.* Audio de pódcast. 1 de octubre de 2019.

SCOTT, GRAY. *Interview with Liz Goldwyn. The Sex Ed.* Audio de pódcast. 1 de octubre de 2019.

WONG-KALU, HINALEIMOANA KWAI KONG. *Interview with Liz Goldwyn.* Hawái, 20 de septiembre de 2021.

ACERCA DE LA AUTORA

Liz Goldwyn es autora, realizadora y fundadora de The Sex Ed, una plataforma *online* y un pódcast dedicados a integrar el bienestar sexual y la conciencia. Ha pronunciado charlas en museos y universidades de Estados Unidos, incluidas la Universidad de California, Los Ángeles, la Universidad de Yale, el Fashion Institute of Technology, la biblioteca Huntinton y el Museo de Bellas Artes de Boston. Ha aparecido en *Vogue*, en el *New York Times* y en las revistas *New York* y *ELLE*. Para más información, visita www.thesexed.com

ÍNDICE